建築是賦予人類尊嚴、
對引力的反抗及對力量的想望，
具體可見的型式。
建築是力量的代名詞。

——尼采

志於道，據於德，
依於仁，游於藝。

——孔子

◀ Bic祕書型原子筆裡的萬寶龍鋼筆
：比佛利山的創意藝人經紀中心。

智庫 7

貝聿銘

現代主義泰斗

I.M.PEI

MANDARIN OF MODERNISM

麥可・坎奈爾／著
蕭美惠／譯
by Michael Cannell

一位最傑出的同學——貝聿銘

王大閎

貝聿銘和我不僅是同學，而且同年，同樣在十幾歲時就離家到國外求學。他往美國，我到瑞士和英國，兩人相隔十萬八千里，如果不是因爲戰事，我們可能不會認識。

一九三九年，第二次世界大戰爆發不久，德軍以飛彈猛擊英國各都市。我奉父命告別劍橋，避往美國繼續學業，因此才在麻州的劍橋和貝聿銘初次見面，那時我和他都已二十五歲左右。我們進入哈佛大學建築研究所，因是同班同學，幾乎天天見面，成爲朋友。我一直稱呼他ＩＭ。

ＩＭ和新婚妻子艾琳當時住在市内一座小公寓樓上，房間不大：布置簡雅，客廳窗前擺著一大盆怒放的杜鵑花。壁爐架子上放了一只透明小時鐘，邊牆上有一小幅油畫，半抽象半寫實，我記得畫面上有一隻大眼睛和一只酒杯。我並沒有稱讚那畫，ＩＭ笑著對我說那是他畫著玩的，是艾琳給他的靈感。

ＩＭ愛好藝術，在校時，他有一次説想學彈鋼琴，不過沒有空學。我在英國考大學前，倒學過鋼琴，但因知難而退。他喜歡任何美的事物，更是一個美食者。他童年時住在蘇州，蘇州人很講究吃，我也住過蘇州三年，染上了愛吃的習慣。我最愛吃的是那裏湖中生產的雞頭米，ＩＭ和我都念念不忘這種美味珍品，認爲雞頭米是神仙的食物。那時劍橋沒有一家好餐館，貪嘴時，我和同學就到波士頓去吃廣東菜或瑞典自助餐解饞。

同效師門

這位未來的建築界巨人和我同在葛羅培斯門下就讀，同班有八、九位慕名來自各國的研究生。其中有位講法語，從南美智利來的男生Duhart，他常到我圖桌來看我的設計，因此我們很熟。

葛羅培斯曾出過一道他認爲重要的設計題目：預製住宅——針對一般住宅造價昂貴之缺點。他一再强調住宅的設計必須簡化，應隨汽車工業化，大量生產方能降低售價。同學們都很重視這道題目，用心設計。在全班新穎的作品中，葛羅培斯最讚賞ＩＭ和我兩人的圖樣。Duhart的設計次之，這些作品首次在一美國商業建築雜誌上刊出。

一天上午，葛羅培斯忽然約ＩＭ和我討論問題。由於美國基督教育基金會決定在中國東部建立一所華東大學（後改設在台灣，易名東海），該會決定讓他規畫設計。葛羅培斯最厭惡別人批評他的設計國際性高，缺少地區風格和色彩，所以希望他兩個中國學生能指出中國建築的精神，以作爲他設計的依據。事過多年，這件工程不知爲何最後竟落在ＩＭ手中。這事當然使葛羅培斯極不愉快。

各自西東

畢業前，我和ＩＭ同時收到普林斯頓大學來函，分別邀請我們去研究彈道學。我因已接受華盛頓中國大使館的職務，回信婉拒了這份軍事工作。他卻接受了邀請。

從此，我們分手，各自東西，他留在西方，我回到東方，兩人逐漸有了距離，只靠書信聯絡。

我由上海到台北執行建築業務，他則在紐約工作。那時，他父親貝祖詒先生和大姊圓華都居住台北，因爲貝王兩家可算是世交，所以我和貝家常有交往。

一天，我在沈家（貝圓華之夫爲沈鶴年先生）飯後閒聊，圓華談起她弟弟在紐約的近況，對我說：「ＩＭ現在一家大房地產公司做建築師。老闆是猶太人，叫齊肯多夫，ＩＭ的收入不多，問爹爹要過兩萬美金，爹爹没有答應。」

可見我這位同學才華雖高，待遇卻低，在紐約曾感到艱苦，創業不易。如果他没有魄力、想像力以及精敏的生意頭腦，他絕不會享有今天的名望和地位。

一九五一年間，他爲自己建造了一小幢木造山莊，那無疑是最單純、最優雅的傑作，房屋與周圍的樹木融合在大自然間。他的助手張肇康建築師說，老闆花了四年之久來完成這件小工程的設計和建造。

貝伯伯獨自長住台北統一飯店，貝伯母那時住在紐約。有時我會去拜候貝伯伯，陪他聊天。一次，他說剛從紐約回來，見到兒子，並且到過兒子那棟鄉下的別墅。我正想問他喜不喜歡那棟房屋，貝伯伯用蘇州話帶著失望的口氣說：「ＩＭ那所房子哪能可以住人！」

歐美人卻十分欣賞那種簡美的設計，時裝雜誌Vogue曾將那棟貝伯伯不喜歡的房子，顯著地刊登在當時發行的刊物上。

ＩＭ來台

這位爲了理想而不擇手段的同學因東海大學設計案來台，在台北逗留兩天。晚上他父親、大姊、姊夫沈鶴年和幾位要人一同在圓山飯店用餐。ＩＭ向我們談起美日戰爭爆發後，他被邀去研究彈道學的事。原來普林斯頓大學所研究的並非彈道學，而是强力燃燒彈。當時日本都市住宅多數是木造物，因此美國軍方確定用燃燒彈轟炸日本後方要比炸彈破壞力更大。最後，我同學面帶笑容很謙遜地加了一句：「所以我對抗日戰爭也算有一點小貢獻。」

這類針對後方平民的軍事行動，是美軍在日本都市投擲原子彈的前驅。

貝建築師非常重視東海大學的規畫和設計。良機難得，這是他第一次抓到機會在祖國實現他理想中的現代中國建築。他用心規畫成一所完美的現代中國式學府——今天我們所見到的東海大學。

不幸，這類新中國式建築得不到基金會的青睞，他們要的是僞西式高層樓房，因此雙方意見不一，無法達成協議。後來，基金會請來兩名顧問：de Beausset夫人和我。我們兩人都讚同貝建築師的構想，並强調，建在國土上的房屋，尤其是教育機構，應以建築形態來表現自己的文化。最後，我們果然說服了該會的主持人。

急智辯才

東海校舍工程竣工後，基金會又計畫在校區中央建立一座禮拜堂。他們仍委託原建築師設計。

ＩＭ在紐約事務所完成了這項設計，再來台時，他帶了件很美的模型。我極欣賞他特殊的造型。第二天，他親自將模型提往台中，參加東海大學的ad hoc會議（註❶）。當日，他回台北，和我在火車站附近的中國飯店晤談。我預料基金會一定不會喜歡那種獨特造型，他果然說基金會非但沒有通過他的設計，還堅持要他重新設計。他當時內心的挫折之苦可想而知。但他仍面帶笑容地用英語對我說：「我向基金會表示，如果他們一定要我redesign這禮拜堂，我要求立刻re-sign。」我暗下佩服他的急智和口才。redesign（重新設計）和resign（辭職）僅兩個字母之差，而意義卻有天地之別。

一九七〇年，日本將在大阪舉辦世界博覽會。我國爲中國館之設計，特在國內公開競圖。評選時，由葉公超、貝聿銘等十幾位評判委員投票，選出第一、二、三名。最後，不知基於什麼奧妙的因素，貝聿銘由一名評判委員搖身一變，成爲中國館的建築師。不管外人怎麼說，他所設計的中國館是博覽會中最吸引人的展覽館之一。

世紀之交

享利・米勒（Henry Miller）是由盧燕介紹才認識的一位朋友。他八十二歲那年，曾寄給我一本他的著作《朋友集》。他說得對：「一個真正的朋友就像你的皮膚一樣密切。他能將色彩、生氣和意義灌注你的生命。沒有朋友的人毫無生活可言，不論他過得多麼舒適無慮。」

ＩＭ和我的友誼並不像皮膚一樣密切，但他是一位知己，他從沒有送過我一件我不喜歡的禮物。拿我們半世紀以上的交情來講，我和他確確實實可以稱爲老朋友。

一次，他因業務來台時，曾送我一冊攝影集：主題是女子的美臀。他說在紐約書店看到這本La Promenade de König Immerlustik，就知道我一定會喜歡。

我的確非常喜歡這本特殊的書，經常翻看，也時時給好朋友欣賞。日子一久，書頁漸漸脫落。吳清友先生見到這情況後，將書帶走，並特別找到一位懂得裝訂的朋友——畫家邱秉恆將書重新裝訂過。因此這本攝影集今天有三重的紀念價值。

多年後，如果ＩＭ沒有再送我一本他朋友Biasini所著的《Grands Travaux》，我不會得知他在巴黎所受的苦。他在計畫拿破崙中庭的金字塔之前，法國總統龐畢度曾委託他設計一幢紀念性建築物。他如期交上全套圖樣，但總統粗魯無禮地置之不理。幾個月後，貝建築師才知道這件工程已交由另一法國建築師辦理。這對他的打擊使我聯想到葛羅培斯失去東海大學案的一段故事。一九八四年，ＩＭ在巴黎提出金字塔設計案後，被法國新聞界及巴黎市民攻擊了一年半多。羅浮博物館館長也劇烈反對這項設計，他無法要貝建築師重新設計（redesign）但他自己卻因此而辭職（resign）以表示最大的抗議。那時我曾向舊時的同學書面提起，巴黎市民既然能接收拿破崙從埃及奪來的戰利品——聳立在協和廣場中央的方尖石塔，他們更應該能在拿破崙廣場內接納一座矮小的金字塔。

經過四面楚歌的困擾，以及種種阻礙和刻薄評論，這座小金字塔終於在衆目注視下建立起來。但ＩＭ最後的勝利和光榮多少不免帶些Pyrrhic Victory（註❷）的酸苦。

雄心與野心

除上面所說幾點之外，ＩＭ和我別無相同之處。

他始終居留異邦，我急於回往祖國。

他胸懷壯志，從紐約麥迪遜大道進軍歐亞，抓緊機會，不顧一切地去實現自己的雄心。

我祇有野心，在台北街頭巷尾，白日燃燭，追尋一種屬於中華民族的生活與環境，渴望有一天能完成幾件深具意義的工作。

注❶：ad hoc會議，指爲特殊目的而安排的會議。

注❷：Pyrrhic Victory，指像敗戰一樣痛苦的勝利。

王大閎簡介：

北平人，一九一九年生。十九歲考入英國劍橋大學的皇家學院，先習機械工程，後又改讀建築，一年後獲該校建築學會頒發獎章；二十三歲獲碩士學位。二次大戰爆發後，又轉往哈佛大學建築研究所深造，至此與聿貝銘成爲同窗好友。

主要作品爲：國父紀念館、外交部辦公大樓、鴻霖大廈及台北市「工業研究中心」等。

前言

貝聿銘所到之處都引人注意。儘管他長袖善舞、八面玲瓏，與企業大老闆、藝術家和國家元首交情匪淺，私底下的貝聿銘仍是難以捉摸的。恍如童年時代四面高牆的祖宅，他的內心世界不是西方所能瞭解的；即使是他以前的合夥人也表示不曾真正跟他親近過。解開這團謎的線索就在上海複雜的社會階級，甚至在古老庭園的石頭和潺潺流水之間。

建築界對貝聿銘亦不甚明瞭。他是當今業界最有成就的人物，但是知識分子常將他視爲壓抑自我的卓越建築師。一如麥克奇姆．美德及懷特公司，他的建築師事務所規模龐大，與政界和社會人士往來密切。他擅長表達抽象力量的建築物，他精於將談話化爲具體成果的神秘工作，施工的一貫品質已成爲嚴苛標準。紐約時報的保羅．高伯格曾說：「貝聿銘具有商業表象，但將之提升到最高成就水準。」未若其死對頭菲利浦．强生將現代風格推廣到令人非難的地步，貝聿銘向來對現代主義充滿信心。貝聿銘童年時期的中國教導他一以貫之的價值，因此他非但沒有揚棄這種遭人中傷的風格，反而將之帶領到無人能及的精緻、抒情和美麗，使之具有人性。

所以，這本書是一位藝術家的肖像，是有關建築物、權力、移民和同化、美式奔放和中式收斂、頑固的實用主義和細緻華麗的報導，是東方與西方的故事。

目錄

貝聿銘站在完工的金字塔旁。
有一度，金字塔擊敗艾菲爾鐵
塔成為巴黎的地標。
▼

第1章　金字塔之役

一九八一年五月十日晚上八點，選務官員宣布一項令人震驚的消息：法蘭西斯・密特朗（François Mitterrand）當選法國總統。雖然先前密特朗在民意測驗中小幅領先，但大家在咖啡館酒肆中一致預期，貴族出身的現任總統季斯卡將繼續統領愛麗賽宮（Elysée Palace）。在經過保守黨統治了二十五年的法國，早已將季斯卡的中間偏右執政聯盟視爲永遠的執政黨。此外，密特朗以往的屢選屢敗，已使他背負著扶不起的阿斗的惡名；社會黨坐上總統寶座老早被人們斥爲天方夜譚。

因此，當社會黨奪得執政地位的消息在這個春天的夜晚傳播開來之後，街頭上立刻歡聲雷動。設在塞納河左岸的社會黨總部中庭搭滿了帳蓬，羣衆啜飲著香檳。汽車環繞著香榭麗舍，不停地鳴喇叭。青少年大喊：「季斯卡要領失業救濟金了！」興奮的人羣手拉著手，拿著紅玫瑰（社會黨的標幟）和酒瓶聚集在巴士底廣場（Place de la Bastille）。在這個自古即爲勞工階級的慶祝廣場上，三萬名欣喜若狂的民衆在溫暖的春雨中高唱《馬賽進行曲》。

密特朗則前往巴黎市中幾處最具歷史意義的地標，宣示本世紀以來最重大的政權移轉。在愛麗賽宮正式就職後，他意外地徒步穿過鋪滿鵝卵石、人文匯萃的拉丁區，來到萬神殿（Panthéon），全國人民從電視上看到他在暮色中莊嚴肅穆地登上階梯，手上拿了一朵玫瑰，巴黎交響樂團高奏著貝多芬的《快樂頌》。電視攝影機尾隨著他，看著他在數位社會主義英雄的墓前放置玫瑰，地下室迴盪著跫音。羣情激昂。

寧靜革命

唯一比密特朗當選總統更令人訝異的是，他復甦經濟驚人的速度。在這場所謂的「寧靜革命」中，新總統實現了競選諾言，將工作時數縮減爲每週三十五小時，增闢一週可支薪的休假，將社會福利提高四分之一，雇用萬餘名新政府員工，將最低工資提高十分之一，延宕核能計畫，其中最具爭議性的，是將主要工業和三十五家銀行收歸國營。密特朗的預算中藝術支出增加將近一倍，這是當代前所未見的大手筆。他所持的理論是：如果法國要體現所夢想的新文藝復興運動，經濟復甦就必須伴隨著文化甦醒。他說：「社會黨的計畫首先就是文化計畫。」他所追求的正是法國和俄國大革命時的那種藝術動力。意氣風發的新任文化部長賈克・朗（Jack Lang）在國會爲這項計畫辯護時指出，生活美學和生活水準同樣重要。他告訴議員：「我們以往的經濟衰敗根本上就是文化衰敗。」

密特朗發起當代法國前所未見的建築熱潮，進而掀開社會黨啓蒙運動的序幕。接下來的十年內，他一手主導巴黎城市風貌的改觀，改觀幅度之大，僅次於塞納縣首長奧斯曼男爵（Baron Haussmann）將這座中古迷宮切割出寬廣的林蔭大道。從一開始，密特朗便想起用建築師貝聿銘，這位以親切、魅力著稱的華裔美國人，他二年前設計的華盛頓國家藝廊東廂十分引人注目。密特朗也欣賞貝聿銘將拉德豐斯區（La Défense）的鄰近地帶，變成像曼哈頓一樣高樓林立的構想。貝聿銘眼看就要脫穎而出，卻在最後揭曉時刻，半途殺出一位政治立場右傾的法國建築師。

一九八一年十二月，密特朗在愛麗賽宮接見貝聿銘。貝聿銘身形修長，說話時輕聲慢語，儘管已六十四歲，臉上也有了些老人斑，他仍是精力充沛，幹勁十足。

貝聿銘操著一口仍留有中國腔的嗓音，不管什麼話題，都有法子和每個人侃侃而談。當他提到美食、抽象藝術、花園和醇酒等廣泛興趣時，整個臉龐都亮了起來。他的合夥人伊森・雷納德（Eason Leonard）說，貝聿銘的精力和他們都不一樣。

他穿著香港手工縫製的傳統西裝，看起來無懈可擊。有一名建築評論家曾形容他的服飾「很正式，但還不致於正式到讓人誤會他是名銀行家。他身上服飾所流露出的藝術氣息，讓人一目了然他的巧思創意。」笑容可掬以及圓框眼鏡後閃耀光芒的俏皮眼睛，使他文質彬彬的外表增添幾許活潑的氣息。紐約大都會美術博物館擴館工程的主要監督建築師亞瑟・羅森布雷特（Arthur Rosenblatt）說：「他就像是全球最高級餐廳的最偉大總管。」

他總是自信滿滿，而且進退有據，彷彿駐外使節一般。他知道該如何表現優雅，而不致流於奉承諂媚。當密特朗總統詢問他是否願意角逐政府工程時，貝聿銘委婉地解釋，說在事業的晚期，已不再參與競圖。一如拉德豐斯區的計畫，這種決定常常流於政治化。不過密特朗回答，他們是可以有彈性的。

大羅浮宮計畫

數週後，密特朗在首次總統記者會上，允諾要將財政部遷出北翼的黎榭里殿（Richelieu Wing），「使羅浮宮美術館恢復原來的用途」，然後將它改造成數個展覽館；他將這項大膽革新美術館的計畫命名為「大羅浮宮計畫」。它將成為各項大計畫中最璀璨的珠寶。

羅浮宮歷任館長曾不斷請命，希望進行這類大改革以拯救美術館於混亂。從塞納河對岸看過去，沿著一長排埃及無花果樹梢，綿延達半哩的金色羅浮宮，美得像張風景明信片。但在堂皇的外牆後，卻是一棟疏於管理的建築。開館近二百週年，羅浮宮已淪為西方最糟的大型博物館，是觀光客必看卻毫無樂趣可言的參觀點。不可思議的是，偌大的館中只有二間洗手間可供大眾使用。參觀者在咖啡廳四處流竄，警衛不修邊幅，黯淡的展覽館，雕像和畫框堆了厚厚的灰塵。賈克・朗上任文化部長後首次正式參觀羅浮宮時，對管理人員表示這裏的照明糟透了，地板也髒死了。

最糟的一點是，走進羅浮宮讓人如墜五里迷霧，常常在狹窄、標示不清的入口處附近摸索半天，仍不得其門而入（一名館長曾說，遊客最常問的問題是：「我們怎樣才能進去？」）。羅浮宮每年三百七十萬名參觀者，大多都會迷失在二百二十四間昏暗、落灰的廳堂，試圖找尋赫赫有名的三件作品：米羅的「維納斯」，以及薩莫德拉斯的「勝利女神」，透過防彈玻璃對著羣觀衆微笑的「蒙娜麗莎」。遊客如果要觀賞其他較不著名的收藏品，必須在骯髒、沒有任何標示的迴廊上來回奔波。即便如此，疲憊的藝品尋訪者會發現，他們想看的收藏品已遭另外收藏，只有一張告示標示著「不定時展出」。大部分參觀者都會乘興而來，敗興而去。

巴黎市民認爲羅浮宮是他們很重要的城市風景，卻鮮少入內。只有三分之一的參觀者是法國人，而其中又只有十分之一是巴黎市民。覺得非來不可的觀光客大多不會久留；入館者的平均參觀時間是一個半小時，僅紐約大都會美術館的二分之一。

羅浮宮幾已退化爲館長心目中的第三世界國家。大部分的現代化美術館都是均衡地配置展示空間和隱藏的貯藏室、辦公室和修復室等輔助設施。但是羅浮宮卻相當不平衡——展覽館將近占整棟建築物的百分之九十，因此館長稱之爲「沒有後臺的劇院」。在這種粗糙的情況下，館長偶爾會從窗口把畫搬出來，被迫將樓上有著挑高屋頂和許多窗戶的展覽館充當貯藏室，因爲地下室没有溫濕度控制。這些先天不足的條件，使館方只剩足以展出其保存不良收藏品十分之一的空間。一位參觀過後臺的訪客回憶說：「情況十分糟糕，希臘雕像放置在迴廊上，有的還被滴到油漆。整座美術館已達到無法運作的地步。」

貝聿銘雀屏中選

羅浮宮難以運作的原因之一是，它的前身是一座軍事要塞。它的雛型是奧古斯都王在西元一二〇〇年創建的，用以抵禦掠奪者。二百年後，查理五世在塞納河右岸外築起一道護城牆，將這座要塞改造成童話故事中的城堡，有著圓錐的屋頂及金色的尖塔。他在城堡內與騎士、仕女一起在長桌上，使用水晶餐具和高腳杯用餐，屋頂鑲著狩獵景況的壁畫。歷任王室房客爲求舒適，各自加以擴建和整修。拿破崙三世在做最後整建時，增建了黎榭里殿作爲寢宮及財政部。到了密特朗時代，羅浮宮就像是藏匿在亞馬遜河流域的部落，成爲一小撮活在歷史洪流的生命。它的內部結構，包括大部分的水管，百年來都原封不動。

密特朗要將羅浮宮的復興大任交給誰呢？以往重大公共工程一律要舉辦競圖，但是國會落入社會黨之後，密特朗已形同無冕王，他有權任命他喜歡的人。這位總統自認是傳統歐洲文明的審美家、愛好藝術的統治者。在索爾邦大學（Sorbonne）研讀政治之前，他的興趣是維吉爾、沙特和史特拉汶斯基等文學作家的作品。他有十本著作，曾遊歷佛羅倫斯以鑽研麥地奇王子的傳記。所以他自信不需依賴顧問團，只靠自己的審美眼光就可以了。

由於畢伊米里（Emile Biasini）的推薦，貝聿銘又獲得總統的青睞。畢伊米里是一位老練的政府官員，曾任文化部長，密特朗指派他主持一家公開機構以監督羅浮宮的重建。畢氏花了九個月的時間參觀世界各大美術館，並詢問這些館長心目中的理想人選，大家不約而同推舉貝聿銘。一九八三年初，畢氏請旅法華人畫家趙無極代為引見。在拉斐爾旅館會面時，畢氏邀請貝聿銘提出構想。貝聿銘委婉地重申他已不再參與競圖的立場。

這是鐵證。畢竟羅浮宮不但是貝聿銘事業晚期最重要的大型委託案，也是不平衡視覺的示窗，及全球最令人嚮往的地方；羅浮宮正是鞏固貝聿銘巔峯地位所需的公開舞台。法國歷史學家奧利佛・柏里爾（Oliver Bernier）說：「貝聿銘必然察覺或害怕如果競圖失敗，他會很丟臉。他必然也察覺到密特朗很急著要聘用他。」

密特朗的確很迫切地想聘用貝聿銘，所以派遣畢伊米里前往紐約直接將這份差事交給他，這是唯一沒有經過公開競圖便發包出去的政府重大工程。貝聿銘有些躊躇。「密特朗總統要求我接下這件工程時，我真的無法相信，」貝聿銘說：「他會找一名美國人來做這件法國最重要的工程，真是不可思議。我告訴總統感到非常榮幸，但我沒有當場接受。我問他是否願意給我四個月的時間，不是考慮要不要接，我早已打定主意要做這個案子，而是要考慮我有沒有能力做這件案子。」

貝聿銘沒有跟別人說起這件案子，連他的合夥人也不知情。偕同妻子盧艾琳（音譯），他悄然到巴黎旅行了三趟。他住在協和廣場上的克里雍飯店（Hôtel Crillon），穿過杜勒麗花園走到

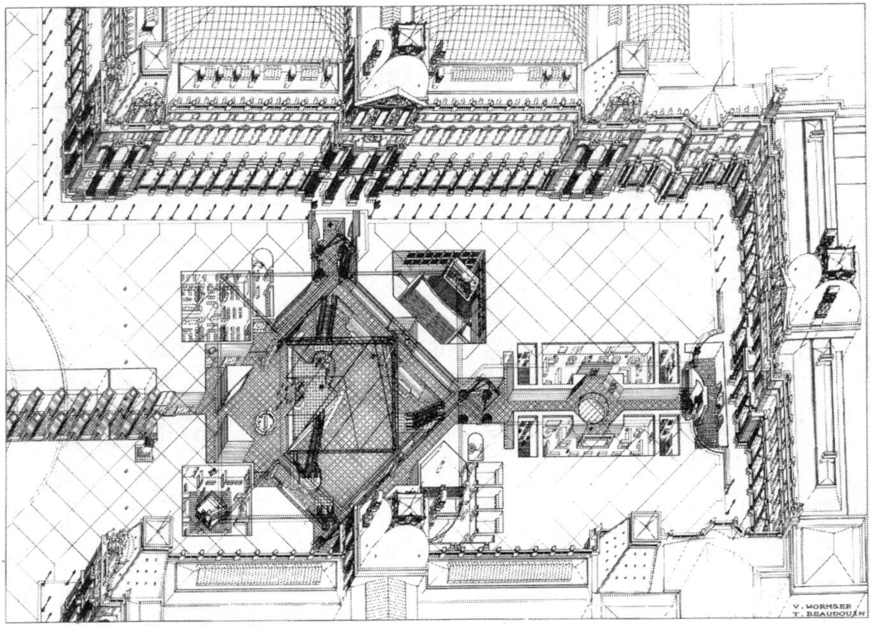

▲

地下大廳的三條走廊，清楚地通向三座翼樓的收藏室。第四條走廊則向西通往一座時髦的地下購物中心。

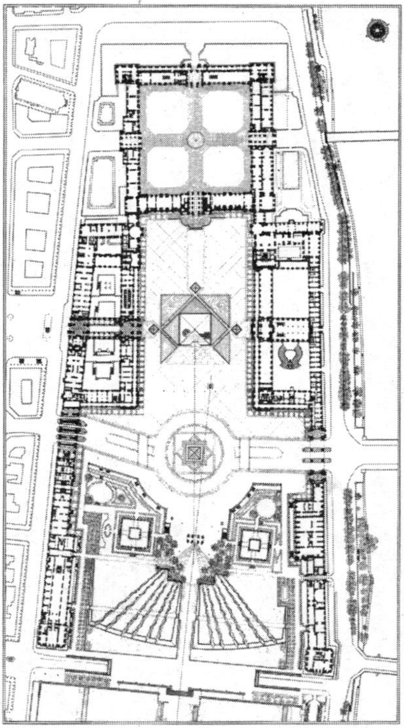

▶

財政部遷出黎榭里翼殿（左下）後，這個封閉的中庭便成爲羅浮宮的核心。

▲

貝聿銘與法國總統密特朗合影，攝於1983年6月。密特朗沒有透過例行性的公開競圖，便直接選上貝聿銘。從一開始，他們似乎就是「危險關係」。

羅浮宮只需短短的路程。他每天都在美術館和附近的街道上漫步，思索著眼前的難題：如何將現代設計融入這古典的地標。（貝聿銘說他當時想到的是中式的設計；高聲叫囂的法國文化捍衛者絕對不會不欣賞，有個美國人用中式設計來構思羅浮宮的前途。）

貝聿銘研究法國最偉大的陸景設計家安德瑞・雷諾特（André Le Nôtre）的作品，並不斷地勘查羅浮宮的地形，直到腦海中呈現一個滿意的解決之道。「如果我沒有花好幾個月的時間研究這個問題，我是不可能接下這個案子的。」他說：「我認爲羅浮宮需要改建，而且我有能力勝任。」第四度訪問時，貝聿銘向密特朗和賈克・朗提出他的構想。「當時我心中還沒有想到金字塔，不過很明顯的新羅浮宮的重心應當是拿破崙廣場。」他指的是被美術館巨大的U型廂房所包圍的碎石子中庭。法國財政部在密特朗的要求下，將黎榭里殿交還給館方時，拿破崙廣場將成爲美術館的中心點。貝聿銘提議在廣場中央設立一個新入口，引導人們走向地下大廳——如果密特朗同意的話。「非常好，」密特朗說：「非常好。」

危險關係

一九八三年密特朗挑中貝聿銘時，整個巴黎市都大吃一驚。儘管貝聿銘是位聲名卓著的建築形象塑造者，這項任命案仍引起各界議論紛紛；將他視爲無照營業者的法國建築師尤其反對。貝聿銘的兒子貝執中（音譯）回憶道：「法國人相當驚訝，有些目瞪口呆，甚至是惱羞成怒。」

就某方面來說，貝聿銘雀屏中選實在令人無法理解。巴黎人對外來的入侵相當敏感，遑論一個企圖改造國家藏寶庫的紐約佬。大力抨擊美國文化是「帝國主義」的社會黨政府，竟然會徵召一名美國建築家擔當這項歷史性任務，真叫人匪夷所思。密特朗的抉擇注定要招致四面八方的抱怨。從一開始，密特朗和貝聿銘就像是處在「危險關係」。

其次密特朗也注意到，貝聿銘的華盛頓國家藝廊擴建投合了美國民眾的喜好，將現代美術館塑造成大衆化的劇院，而不只是嚴肅的藝術陳列館。貝聿銘利用電扶梯和陽台活潑開放式大廳的設計，正可以反擊美國本土評論家，視大型藝術展覽已可悲地流於譁衆取寵的現象。可是密特朗將之詮譯爲符合社會黨訴求的文化民主化，同時能爲拯救垂死的羅浮宮及法國落伍的藝術場景注入美式活力。

密特朗度過童年的巴黎向來是藝術花都，也是畢卡索、米羅、柯爾德（Calder）及雷捷（Léger）等大師的落腳處。當前衛藝術的重鎮在一九五〇年代轉移到紐約的抽象表現派時，全世界便不再向巴黎搜尋令人興奮的新潮藝術。密特朗上任時，昔日野獸派和立體派畫家聚會的咖啡館，早已變成外國觀光客的天下。法國文藝復興的舵手賈克・朗坦承，如果想扭轉二次世界大戰後不斷走下坡的視覺藝術地位，法國必得重拾往日的光輝。華裔美籍的貝聿銘可說集兩個世界的精華於一身：他可以引進新世界的光芒與效率，但又不會太過美國化。中國人的血統使他對法國的仇外頗不以爲然，在接受美國廣播公司名女主持人黛安・索耶訪問時指出：「就這件事而言，我認爲華裔美籍的身分並無妨礙。法國人很重視歷史，我希望能説服他們，我來自一個歷史悠久的國度，所以不會漠視這個問題。」

在曼哈頓事務所八樓的私人辦公室中，貝聿銘和他最信賴的合夥人秘密草擬計畫，構思一個五英畝的地下樓層，包含寬廣的貯藏空間，運送藝術品的電車，擁有四百張坐位的視聽室、會議室，一間書店及舊館內氣氛良好的咖啡廳。貝聿銘的計畫共增加八萬二千平方呎的展覽空間，光線明亮得一如國際飯店，而且全部設在羅浮宮古老的內部結構中。從這個區域，參觀民衆可循著輻射狀的地下大道，走向三個翼樓所清楚展示的收藏品，參觀動線也由馬拉松式的一千呎縮短爲一百呎。第四條大道向西通往現代風格的地下購物中心。一九九三年十一月一百六十五間新展覽室全部開放之後，整修過的羅浮宮成爲世上最大的美術館——足足有原先規模的二倍。各館館長按照歷史軌跡，重新安放七萬件藝術品。許多塵封在發霉的貯藏室數十載的藝品，如今才得以重見天日。

羣情譁然

巴黎人在得知貝聿銘可能用某種地下設計褻瀆拿破崙廣場時，可説是痛心萬分。貝執中説，法國輿論開始尖叫：「什麼?你怎麼可以在那裏蓋東西?你會毀了巴黎，甚至是全世界，最重要的都市景觀。」事實上，這個地方白天時原本是財政部的停車場，到了夜晚則是同性戀遊盪的區域，並不是什麼高級場所。這裏唯一的特色是兩塊堆放垃圾的草坪，幾棵枯木及「美國革命女兒」協會捐贈的一尊不顯眼的拉法葉騎馬銅像。

「美術館的重心必須是拿破崙廣場。」貝聿銘說：「那才是民衆該去的地方。不過到了那裏之後他們要做些什麼好呢？你會走進一個地下空間，就像地鐵的中央大廳嗎？不，你會喜歡看到一種寬廣的空間，所以我們必須有屬於這個時代的東西。這種空間必須有量體（Volume），有光線及表面象徵。你必須能夠看著它，然後說，『啊，這就是入口。』」

貝聿銘的構想是一座七十呎高的玻璃金字塔，理論上每小時可以吸納一萬五千名訪客。他依據吉薩（Giza）的典型埃及金字塔比例來設計，旁邊還環繞著三座小金字塔及三座三角形噴水池。

貝聿銘運用這種獨特的「明亮的象徵性構造」，來避免搶盡羅浮宮的鋒頭。他認爲，再也沒有其他擴建實體，能夠優雅地跟這座被時光褪去光芒的宮殿融合在一起，可是一座透明的金字塔，可以照映出羅浮宮蜜褐色的石塊，如同向這棟建築崇高的地位致敬。金字塔是在最小的表面積內容納最大建築面積的幾何圖形，所以不會太搶眼。貝聿銘向他們保證，「這是再自然不過的答案了。」更有趣的是：由高科技材料製成的古老形體，不僅比羅浮宮更古老，同時也比它更新穎。

這不是貝聿銘設計的第一座金字塔，在此之前，他曾利用大量的金字塔照亮連接華盛頓國家藝廊與新建部分的地下迴廊；更早他也曾替劍橋甘迺迪圖書館設計過一座平頂金字塔，但這個案子後來胎死腹中。普林斯頓大學建築歷史學家羅伯・克拉克（Robert Clark）表示：「如果法國政府知道他們實際上拿到的是一座回鍋的甘迺迪紀念碑，實在非常叫人難堪。」

話又說回來，貝聿銘的金字塔頗為切合法國景觀的嚴格幾何精神。它可以完全溶入其他抽象地標之中——艾菲爾鐵塔、凱旋門以及協和廣場上的方尖石碑，成為這條莊嚴富麗的軸線端景東南的起點，經由杜勒麗花園橫越香榭麗舍大道到凱旋門，一直延伸到西邊的落日。此外，整個法國歷史上處處可見金字塔的身影：在十七世紀的花園中，在協和廣場上矗立的方尖石碑頂端，還有十八世紀建築家布利（Etienne–Louis Boullée）以及列杜克（Claude–Nicolas Ledoux）構思的大門建築物，工廠及火葬場上。事實上，羅浮宮北側還有一座金字塔廣場。

當法國歷史學家柏里爾問貝聿銘，他的靈感是否來自列杜克的紙上設計時，貝聿銘用「非常憤慨的眼光」看著他，柏里爾回憶說：「然後他說，『一點關係也沒有！』」貝聿銘否認抄襲古人的創意。他說，他是自己經過分析才選擇金字塔的。

「巴黎不要金字塔」

貝聿銘可能是有點敏感，但這是可以理解的。羅浮宮向來以排斥建築師而聞名。「羅浮宮的外觀看起或許很隨便，」約翰・羅素（John Russell）寫道：「其實它是經過縝密思考，一再規畫修改，遠較歐洲其他建築來得複雜。」三百年前路易十四邀請法蘭西斯・曼沙特（François Mansart）重新設計羅浮宮之後，曼沙特研擬了不下十五份的計畫，結果統統被打回票。一六六五年，這位太陽王又召喚另一位赫赫有名的義大利建築家貝尼尼（Giovanni Lorenzo Bernini），來完成羅浮宮的東面。身爲梵諦崗聖彼得大教堂的首席建築師及當代最著名的雕塑師，貝尼尼名聲之大，以至他的馬車在駛往巴黎的途中，都能引來羣衆夾道圍觀。國王還以王室來訪的禮節歡迎他。幾個月後，他設計的波浪狀巴洛克正面開工奠基。正要大興土木之際，法國人表現出不喜歡義式繁複設計的心態，尷尬萬分之餘，路易十四致贈貝尼尼一筆錢，一些禮物，在羞辱聲中將他送回義大利。留下一次慘痛的經驗和一尊路易十四騎在馬背上的大理石雕像，後來路易十四完全放棄羅浮宮，於一六六七年將王宮搬到凡爾賽宮去，順便把這尊雕像也帶了去。密特朗並沒有忘記那次教訓，爲了避免重蹈覆轍，密特朗公開向貝聿銘承諾：「貝尼尼遭遇的事絕不會在你身上重演。」

儘管有密特朗的一再保證，一九八四年一月二十三日貝聿銘向「歷史紀念委員會」（Commission Supérieure des Monuments Historiques）提出他的設計時，整個巴黎市立即出現巨大的反對聲浪。媒體形容委員們看到羅浮宮近似神聖的廣場上穿刺出一座玻璃金字塔時，簡直是「茫然若失」、「大吃一驚」。這個顧問團體的前任首席建築師伯特蘭・莫內（Bertrand Monnet），指責這項設計「已超出我們的心智空間」，而且是一個「龐大、破壞性十足的裝置」。

「他們輪流起身攻訐這項計畫，」貝聿銘說：「我的翻譯嚇得全身發抖，幾乎没法替我翻譯我想答辯的話。」

最後一位委員發言結束後，貝聿銘和他不知所措的同事撤退到維雷杜路（Rue Villedo）一家小酒館去。「法國真是討人厭，」設計羣裏的安娜．穆丁表示：「他們的問題充滿敵意，用字也不客氣。午餐後貝聿銘表示對這一切感到不解，覺得自己已經落入陷阱。」

幸好，這個委員會的決定並不具約束力。密特朗仍全力支持。貝聿銘表示：「只跟一個人打交道要來得輕鬆多了。」

但是密特朗的支持，並不能阻止法國人幻想著一大塊疤痕，毀了「法國美人」優雅的新古典容貌的情景。這種幻想激發出一股輿論風潮，不時讓整個巴黎市騷動起來。貝執中說：「我們發現，不是密特朗點個頭就没事了。」

在一羣歷史學者、政客及自行組成的委員會帶頭下，抨擊貝聿銘成了熱烈的運動，他們高喊著「巴黎不要金字塔」及「交出羅浮宮」，這個反金字塔派的成員包括：美術館繪畫部主管佛卡特（Bruno Foucart），他將金字塔比爲一顆寒傖的鑽石；美術館理事夏堡（André Chabaud）則認爲，這項計畫「不可行」且充斥著「建築風險」，還以辭職表示抗議；地位崇高的法國學院教授尚．杜鐸德（Jean Dutourd）寫了一篇怵目驚心的評論，指出金字塔會「倒映天空的顏色，就像達拉斯的尤恩大樓一樣。」斐聲國際的攝影家布列松（Henri Cartier Bresson）形容它

▼

拿破崙廣場下方：中間的金字塔標示著美術館入口。貝聿銘說：「你必須能夠看著它，然後說，『啊，這就是入口。』」右側體積較小的倒金字塔標示著購物街。

▲

貝聿銘構思的羅浮宮。

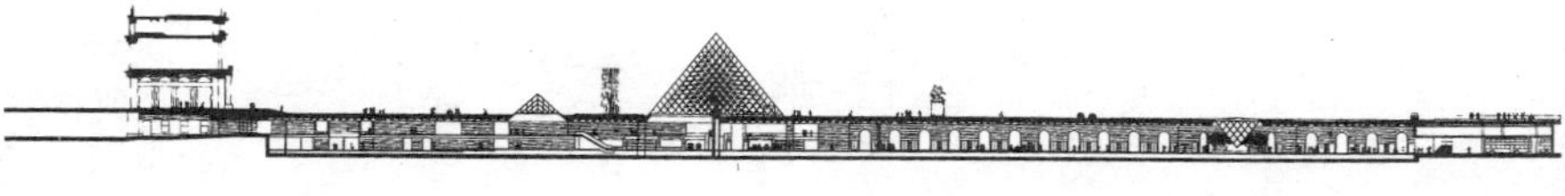

有葬禮的味道，可能比較適合拉雪茲神父公墓。

駭人的中國金字塔

一時之間，法國上下似乎都陷入反金字塔的熱潮。前任文化部長兼某反對團體的創辦人米契・蓋（Michel Guy）寫過長篇的批評文章，形容這項設計就像機場或藥房。他大力支持另一項計畫，主張將羅浮宮分割成數個較易管理的迷你羅浮宮，各自擁有出入口，使之更趨和諧。「關鍵字眼是『謙遜』，」米契・蓋接受訪問時表示：「我認爲這項計畫不謙虛，太過矯飾。」

爲了不落人後，巴黎市民縫上「爲什麼要金字塔？」的徽章，不分晝夜地表達他們的不滿。貝聿銘的女兒貝蓮（音譯）和他走在街上時，看見婦女朝著她父親的腳吐痰。她說：「我驚愕地張大了嘴，但他卻不爲所動。在一次格外不愉快的記者會後，他只是輕笑兩聲，然後說了一句『真夠瞧的』而已。」

法國報紙幸災樂禍地記錄著這場「金字塔之役」，暗喻拿破崙遠征埃及。「費加洛報」向來不掩飾它對新社會主義計畫的不滿，大力中傷密特朗對金字塔的擁護。該報一篇評論說：「整項計畫荒謬透頂。不過你對這種在紐約辦公室想出來的計畫能抱什麼希望呢？」

擅於諷刺的「鴨鳴報」週刊（Le Canard Enchaîné）連載一篇題爲「密特朗一世和他的金字塔」的小說；「巴黎人」（Parisien）則稱之爲「駭人的中國金字塔」；世界報一位評論家寫

道：「揉揉眼睛，你以爲是在作夢，好像自己是回到拍賣古堡的時代，以及好萊塢版的所羅門王、亞歷山大或埃及艷后的宮殿……羅浮宮的中庭不應被當成迪士尼樂園的別館，或是已倒閉的月神公園借屍還魂之處。」費加洛報報導一項民意測驗顯示，百分之九十的巴黎市民支持整建羅浮宮，但也有百分之九十反對金字塔。

金字塔之役不只是針對羅浮宮的口角而已，它演變成對法國文化前途的哲學爭論。法國人非常嚴肅地看待周遭的環境，他們驕傲地自詡爲品味的裁判。在這樣一個會在晚間新聞播報時裝新知，並且將著名廚師當成搖滾樂明星般崇拜的國家，再漠不關心的巴黎市民也會注意最新品味的話題，一如美國人再怎麼樣也會關切轟動一時的法院案件。帶著典型的高盧人傲慢，整個巴黎不但將貝聿銘企圖更動如詩如畫的巴黎新古典風貌視爲外來的侵略，更是對法國國家風格，亦即「法國性」的嚴重威脅。

法國精神革命

身爲法國舊日光榮的建築實體，以及大革命以來的文化焦點，羅浮宮的象徵意義遠非美國同類建築所能比擬。一言以蔽之，羅浮宮的歷史就是法國的歷史。拿破崙滑鐵盧戰敗後，普魯士及英國人占領巴黎時，再也沒有比外國士兵企圖自羅浮宮拿回拿破崙征服歐洲時所掠奪藝術品的暴行，更令法國人憤怒。藝術評論家約翰・羅素寫道：「羅浮宮的革命，事實上是『法國精神』這種難以理解的觀念革命。它和法國許多大型建築一樣，訴說著『光榮』的理念。」

整篇法國歷史都是在羅浮宮的圍牆內展開來的；它是十一位國王的寢宮，也是宮廷化妝舞會及大屠殺的場地；路易十三駕馭著由二隻高大的馬士提夫犬馱拉的嬌小車輛，巡弋宮內的長廊；凱薩琳・麥迪西將慘遭殺戮的雨格諾教徒從窗口扔出去。在不同的時代，它扮演過軍事要塞、騎術學校、監獄、市場、圖書館、兵工廠、藏寶庫、乾草堆置場、夏丹（Chardin）及其他藝術家的住家，以及法國芭蕾的發源地。難怪它的淪陷讓法國人心充滿著憤怒之火。

在這股反金字塔的熱潮背後，潛伏著一股排外情緒，他們認爲法國文化的獨立性端賴保護國家不受外國庸俗事物的騷擾，特別是美國。巴黎人害怕貝聿銘的玻璃碎片會重塑這個城市的風貌，並開門收納更多當代粗俗的事物。他們早已看到，有著十九世紀的帳篷及鐵傘的古老中央市場（Les Halles），被美式風格的購物中心所取代，也親眼目睹恐怖的商業大樓入侵蒙帕拿斯（Montparnasse）及拉德豐斯區的鄰近地帶的景象。將玻璃和鋼鐵引進這個城市的心臟地帶，貝聿銘無意間落入「品味令人懷疑的外國入侵者」、「用麥當勞漢堡及凱悅飯店等美國迷你殖民，污染歐洲的美製垃圾文化大使」等角色之中。

貝聿銘同時也被捲入一場政治權力鬥爭。下台的保守派視執政的社會黨爲自然法則可怕的扭曲者，他們鎖定金字塔爲公開詆毀密特朗總統的靶心，期使公衆唾棄他的社會主義計畫。貝聿銘的金字塔因而變成了法國權力拉鋸的支點。

法國大革命繼承者

法國元首一直牢記，君主專制以降必須以具體方式展現權力的教訓。身爲法國第一次大戰後的重整者，戴高樂總統在全國興建高速公路；龐畢度總統則在博波格區（Beaubourg）成立以他爲名的大膽風格藝術中心；季斯卡總統在美好時代奧塞火車站（Belle Epoque Orsay）的舊址，設立一座典藏十九世紀藝品的新美術館。雖然密特朗總統以凡人之王的姿態競選，但是他也無法抗拒權力的誘惑。除了羅浮宮之外，他所謂的大計畫——法國各美術館館長私下稱之爲大怪物，還包括在巴士底廣場附近的一座新穎歌劇院，以及在巴黎市軸線西端，豎立一座相當於凱旋門兩倍高度的巨型前衛拱門。儘管有幾項大計畫係由前任總統所發起的，例如，拉維雷特區（La Villette）的科學工業園區，阿拉伯研究中心以及奧塞美術館，密特朗還是很樂意替他們收尾。（他可能不敢取消這些計畫，因惟恐將來繼任的保守黨總統會對他的大羅浮宮計畫以牙還牙。）

大部分的巴黎人會坦承，總統有權在這個城市留下他的標誌。但很多人認爲，一名社會黨員用金字塔——原型權力的象徵，來照耀他的總統寶座，實在有些不妥當，甚至有些虛僞。密特朗在競選時曾允諾要保障弱勢族羣的尊嚴和安全，因爲他們抨擊季斯卡將法國分裂爲「被剝削者和剝削者」，如今他卻儼然社會主義下的太陽王。

密特朗和他的助理一廂情願地認爲，右翼政府各嗇了二十三年之後，法國的文化資源會在他們的啓蒙運動之下再度豐富起來，這種心態無疑地招致各方的怨恨。他們毫不遲疑地自認是法國大革命前進精神的繼承人。文化部長賈克・朗最常掛在嘴邊的一句話是：「在我們之前是一片黑暗，在我們之後是一片光明」。這句口號惹火了那些已經離職的文化官員，他們任勞任怨地改善許多老舊設施，同時興建有著外露糾結普普藝術般管路、廣受歡迎的龐畢度中心，是巴黎少見的前衛建築案例。

⁂ ⁂ ⁂ ⁂ ⁂

拯救金字塔

貝聿銘用他那聞名的愉悅態度承受漫長生涯中最嚴重的考驗。負責這項計畫的初級設計師米海・拉度（Mihai Radu）說：「我從不記得貝聿銘曾經沮喪或氣餒過，他認爲讓人們瞭解他的作品是工作的一部分。他是一位非常冷靜的人，每次看到了他時都是笑容可掬，連那個時候也一樣保持微笑。」

「貝聿銘是位完美的外交家，」評論家保羅・高柏格（Paul Goldberger）說：「也是一位非常聰明的大師——如同許多偉大的人物，在任何時刻都顯得非常安適，而且不受週遭强大壓力影響。」

在這夢魘般的幾個月，貝聿銘發揮他各方面的長才——社交、謀略、藝術及外交，走上公開舞台，展露出絕佳的公關手腕，擊退許多毀謗者，拯救金字塔於失敗的泥淖之中。「貝聿銘是這項工作的最佳人選，」建築師菲利浦．强生（Philip Johnson）說：「是我的話，一定會搞砸的。他是唯一能夠通過法國官僚及政治泥濘的人……貝聿銘也是位超級推銷員。他是完美的公關人員，不過在這個案子中也不全然是公關，因爲他是如此的自然。」

在美國，建築師只需贏得一個委員會，或是某位首席執行長的支持即可。不過貝聿銘發現，想在法國獲得許可就要複雜許多，在大革命後，政府肩負起傳承國家傳統的責任，造成貝聿銘必須在政府官僚及社會大衆之間擺盪。貝聿銘接受訪問時說：「假如是中國人發明官僚制度，那麼是法國人將它發揚光大。不過法國官僚至少有一個特質：一言既出，駟馬難追。」

貝聿銘鍥而不捨地要達成目標。靠著翻譯人員的幫忙，他跟任何一位願意傾聽的記者交談，不放過任何電視節目，並會晤官員以爭取支持。他優雅地辯護說，巴黎和所有城市一樣，應該要像個有生命，不斷成長的有機體，而不應該被供奉在威廉斯堡（Williamsburg）這種殖民地玻璃罩之下。而且，現代化的擴建符合羅浮宮複合式風格綜合體的傳統。它最早是有著壕溝與高塔的圓形古堡主樓，幾個世紀後變成一再修改的綜合體，爲什麼我們這個世紀不該加上自己的部分呢？他向那些認爲金字塔搶盡地盤的人解釋說，金字塔只占中庭的十三分之一。他展示電腦繪圖，證明金字塔的三角錐從香榭麗舍大道和杜勒麗花園看上去很不顯眼。他反問，艾菲爾鐵塔及龐畢度中心又怎麼說呢？它們不也是在忍受過一段憤怒期後，才奠定著名城市風貌的地位嗎？「没有人會向愛因斯坦質問相對論，」貝聿銘說：「但每個人對建築都有意見……在我的生涯中，比如羅浮宮這個案子，即使明白自己是對的也還不夠，你必須要能忍受和接受這一切。首先，你一定要是對的，這並不容易；如果你是對的，而且對自己的所作所為有信心，你還必須有耐心，承受一切打擊，不斷抵抗外力。」

魅力征服法國

「他非常冷靜沉著，」紐約時報巴黎特派記者柏恩斯坦回憶說：「他總是自信滿滿地談論這項工程。他上電視時，總會有人指責他設計出這種埃及的死亡象徵。他會耐心地解釋說，這不是什麼死亡的象徵，它將是光明的，它將會發光。同時，貝聿銘強調金字塔並不是埃及才有的，它出現在許多文明之中，包括他的祖國，中國。他請求法國人將之看待成没有任何歷史聯想的紀念物。」

貝聿銘單槍匹馬地參加記者會及面對大衆。法國建築師在記者會上圍攻他時，他會以驚人的力量來回答。設計師克里斯多福·蘭德表示：「他有那種技巧、力量和相貌能夠鎮住記者，讓他們感到羞愧。」

貝聿銘知道如何軟硬兼施擺平那些批評。「我們在他的辦公室坐定之後，他開始像對待客戶似地奉承我，」歷史學家柏里爾回憶說：「他立刻讓我覺得我們認識共同的朋友，諸如此類的。這種冗長的談話旨在營造一種氣氛，好讓我覺得屬於一個特別團體的一分子，讓我覺得我是一個和他愉快交談的朋友，因此不會提出難以回答的問題。之後，他施展出政客的靈敏技巧，閃避過所有可能令他尷尬的問題。」

有禮但不妥協，迷人而又堅決，貝聿銘是很具說服力的。其他人逐漸開始相信他。法國一流指揮家兼前衛音樂的疾呼者布列茲（Pierre Boulez），私底下遊說他那些具影響力的友人。布列茲在親政府的「早報」上寫道：「巴黎人，甚至全法國人，可能會爲了他的城市，他的首都，至少是某個角落，已達到不朽的地位而感到飄飄然，但是整體而言，巴黎並不是一個已接近永恆的地方。」轉而支持他的人包括前第一夫人龐畢度夫人，儘管她先生是位保守派。貝聿銘和他的助理私下向名女星凱瑟琳・丹妮芙作展示，結果她也在記者會上表示支持。

密特朗更是不遺餘力地支持貝聿銘。和英國查理王子一樣，他很勇於公開談論建築話題。在沒有正式顧問委員會的運作下，他親自監督每一項重大決策，在保鑣的陪伴下，時常意外地和貝聿銘一同出現在工地。前往愛麗賽宮參觀他路易十五式風格書房的遊客，也會看到一座金字塔的模型。

同時，貝聿銘的助手也展開宣傳攻勢，包括無數的設計圖，以及在杜勒麗花園修繕過的橙園中舉辦大規模的展示會。原先籌畫時，展示會的重心是一座由紐約空運過來的大型金字塔照明模型，但是總統代表團認爲這會造成錯誤的政治訊息。展示會重新修正後低調處理金字塔，轉而將重點放在既有展覽館改善的情形，及羅浮宮是一座反映當代風格的複合式建築的歷史發展。

浪潮終於逐漸轉向。一九八四年二月，在和貝聿銘的設計羣一起到海濱度假小鎮阿爾卡三天之後，羅浮宮七名主要館長一反先前鮮少意見一致的態度，簽署一份無異議支持的聲明。聲明中指出：「就大羅浮宮計畫的內容而言，各位總館長一致認爲，貝聿銘先生的金字塔完全不像大家所指的『現代主義的玩意兒』，或者充其量是一種不必要的建築手法。相反地，它是完美地融合想像力的整體建築，最獲大衆讚譽的是與之一致的品質水準。」

公投通過

爲了穩操勝算，貝聿銘必須爭取到密特朗對手的支持，這名保守派人士會爲了政治利益而忍著不去抨擊金字塔。他也得到巴黎市長席哈克的支持，他曾任總理，是密特朗的頭號政敵。貝聿銘開始接觸席哈克時並不抱太大的希望，他預料密特朗這位個性火爆，人稱「推土機」的頭號政敵，會譴責這項設計是社會黨唾棄傳統價值的範例。貝聿銘在馬提農（Matignon）飯店的市長辦公室會晤席哈克時，向他傾吐對都市計畫的理念。貝聿銘保證將羅浮宮融入這個城市：例如他將把雷蒙里爾將軍大道（Avenuedu Général–Lemonnier）蓋成隧道後，從杜勒麗花園徒步過來的遊客就不需要再橫越重重的車陣，羅浮宮將不再是塞納河兩岸無法渡越的一道藩籬，因爲貝聿銘將在黎榭里殿挖通一條遮篷的人行道，行人將可由里佛利街（Rue de Rivoli）走到拿破崙廣場。阻礙鄰近人行道的觀光巴士車隊將經由地下入口，隱沒到地下停車場去。貝聿銘說：「開放羅浮宮就等於是開放巴黎。」兩人在一次討論席哈克不久前的中國大陸訪問行程的私人會晤結束後，席哈克向新聞媒體表示，他已不再對這項計畫感到「有敵意」。不過，席哈克私下告訴貝聿銘說：「從都市計畫的觀點來看，這項計畫可謂神來之筆。」

但是席哈克還是對金字塔有一絲懷疑。在全力支持之前，他要求貝聿銘在拿破崙廣場豎立一座實體模型，供民衆參考（席哈克的要求有先例可循：拿破崙曾在動工之前展示布幕和木條搭成的凱旋門模型）。貝聿銘從善如流，派起重機在中庭上用鋼索勾勒出金字塔實際尺寸的框架。五朔節大約有六萬名好奇的市民參與這次的街頭公民投票。那四天的假期處處可見熱烈的街頭辯論，偶爾還出現全武行。一位記者聽到一名母親跟她兒子說：「我們不是來看看而已，而是要決定它是否應該存在在那裏。」

席哈克在扈從的伴隨下前來，表示他知道他的顧問大力反對該項計畫。「那是我們遭受最強烈抨擊的時刻，」貝聿銘說：「席哈克承受必須攻訐這項計畫的龐大公衆壓力……他看看模型，然後說，『嗯，還不太糟。』」

「對我們而言，那真是歷史性的勝利。」貝執中說：「那是通行的綠燈，從那時起，就像法國人說的，這項計畫已沛然莫之可禦。」

一九八五年冬末，藍衣工人在高大，漆著鮮豔色彩的木柵後破土動工，裝飾著紅、白旗的六部起重機開進工地。工人和機器在建築師奇特的指示辛勤地工作：先蓋金字塔，後挖周邊的土地。貝聿銘希望盡快蓋好金字塔，造成木已成舟的事實。「這有點像是先蓋屋頂，後建房屋，」貝執中說：「大夥都緊張得不得了。」

另外有項原因逼使他們趕工：密特朗的左派改革與經濟現實發生衝突後，社會主義的玫瑰花已逐漸凋萎。法國每年有十萬人失業，通貨膨脹宛如脫韁野馬。整體信心減弱之際，法國一些著名的家族把錢匯到瑞士。羅浮宮動工的那個月，密特朗的民意支持率只有百分之三十二，創下第五共和以來的最低紀錄。

密特朗不再受歡迎已威脅到大羅浮宮計畫。如果保守派在一九八六年的國會大選奪得主控權，他們可能封殺或大幅修改計畫。如果在一九八八年密特朗尋求競選連任之前金字塔還沒蓋好，他可能被迫把剪綵這項光榮留給他的繼任者。為確保密特朗能主持他最引以為傲的工程開幕大典，貝聿銘的設計羣在工地上的活動屋裏幾乎不眠不休，一週工作七天，以求在一九八六年四月底前完成挖地基的工作。

意外的驚喜

法國人喜歡爭吵，但他們也愛一致的意見。伯恩斯坦在《脆弱的光榮》（Fragile Glory）一書中寫道，法國文化的嬗遞必須靠著戰勝顛覆及異議。不然法國爲何不像鄰國出現理平頭的青少年、摩托車騎士及其他極端分子？法國對徵兵制及核子武力這類問題的看法向來沒有分歧。到最後，全國上下都是口徑一致。

所以當推土機駛過拿破崙廣場時，巴黎人發揮少數服從多數的天性，最後一個反對的聲音也沈默下來。甚至連反對派報紙費加洛報及巴黎早報也寂靜無聲。何必反對既定事實呢？

「從那時起，將金字塔蓋成我們允諾的樣子——透明、反射，就成了一項挑戰。」貝執中說。爲照映出羅浮宮雕刻華麗的立面，而不是商業玻璃反射出來的扭曲景象，貝聿銘必須使用一種特製的無錫玻璃，它的硬度必須足以抵抗炸彈、石塊、槍擊及本世紀最大的暴風雪。法國首屈一指的玻璃製造商聖高貝恩（Saint-Gobain）接到這件棘手的訂單後，一開始說無法辦到。貝聿銘揚言要到德國另請高明讓他們難堪，他們才設法辦到。

爲進一步照亮金字塔的外觀，貝聿銘在鋼索織成的柔軟蛛網結構裝上七百九十三片玻璃，它的靈感來自巴克明斯特·傅勒，由美國麻州一家設計美國盃遊艇纜索的航海工程公司納維特克（Navtec）組裝。

有一天早上，一部挖土的鑽孔機挖到某樣堅硬的東西而故障；意外中了彩券似的，他們發掘到路易十四建造的一道城牆遺跡，旁邊就是十二世紀奧古斯都王最早的城堡塔樓和壕溝。一組緊急成軍的考古學家發掘到二百年後查理五世增建的部分城牆，以及大約二萬五千件零星散布的器皿和建築：盤子、陶器，豬舍、牛欄、工作坊及胄甲。大家都認爲這些意外的發現值得觀賞，所以貝聿銘另闢一間地下展覽室，在裏頭可觀賞這道粗糙的石牆。

一如預料，保守派在一九八六年大選中奪回國會的多數黨地位，迫使密特朗採取史無前例的作法——任命宿敵席哈克爲總理。在第一個任期只剩二年之際，密特朗進入被戲稱爲「同居」的權力分享微妙關係。席哈克立即瓦解了密特朗對企業的掌控，以供給面導向、自由市場政策取而代之，但是保守派敗部復活並沒有威脅到密特朗心愛的計畫。畢竟席哈克曾公開宣示他支持金字塔，而且他新近任命的財政部長巴拉度也答應按照原訂計畫，在一九八六年底以前遷出黎榭里殿。可是上任不到三個月，巴拉度又反悔，他請發言人宣布他已從聖歐爾曼大道（Saint-Germain）的臨時辦公室召回他的高級官員，同時大手筆地重新裝修黎榭里殿以安置他們。

外人不難理解他爲何不願離去，古董餐桌、大理石壁爐、描繪朵朵白雲及吹號角的小天使的壁畫天花板，這些自一八七三年起即被財政部官員占據的皇家房間，可能是全世界最昂貴的辦公室。可是，他們絕不能妥協。貝聿銘說，沒有黎榭里殿的大羅浮宮形同「截肢患者」。而且新的財政部大樓早已在貝西區（Bercy）動工興建之中，那是順著塞納河有一小段路的沙地，布滿廢棄酒窖。

建築工人都已經上門來了，巴拉度仍負嵎頑抗地辯稱，貝西的新大樓離市中心太遠，而且配不上他的身分地位。他同時警告說，國家財政在支付其他大型工程之後，已無力再完成羅浮宮的改建計畫。

當人們知道巴拉度拖拖拉拉將使工程經費增加一千一百六十萬美元，媒體也大肆報導他奢侈的裝潢，包括戴白手套的僕役以及從地下貯藏室挪用的古董，巴拉度再怎麼叫窮也沒有用了。甚至連保守派的費加洛報都催巴拉度打包行李。席哈克唯恐他自己任命的閣員冥頑不靈，將危及他角逐總統寶座的計畫，也對他施加壓力，巴拉度終於妥協：大部分的財政部官員都會撤退到貝西區，但是他「必要的隨員」仍將留在羅浮宮內，直到在巴黎市中心找到合適的地點爲止。

會發光的金字塔

一九八八年三月四日，總統大選前的兩個月，密特朗在金字塔內頒給貝聿銘榮譽獎（Légion d'Honneur）。大選逐漸接近之際，密特朗的前途日益看好。他放棄激進的主張，改採中間路線的實際主義，不但挽救了他的民意支持率，也保住總統職位，更締造當代法國政壇上最壯觀的重土捲來。當初令人難堪的權力分享反而幫了密特朗一個大忙，因爲他可以置身事外，讓席哈克去應付日常的頭痛問題。這個任期即將結束時，密特朗已贏得帝王般的魅力，儘管他政治生涯早期一直大力抨擊支持君主制的權力主義。大選當天，密特朗一如往例前往勃艮地（Burgundy）一家小旅館去等候選情揭曉。當選舉結果明白顯示密特朗取得壓倒性勝利時，旅館主人帶著一份神秘禮物走進餐廳：一個擺著金字塔的蛋糕。它已成爲密特朗東山再起的象徵。

雖然距正式的落成典禮尚有八個月，中庭及金字塔——羅浮宮的嶄新面貌，在一九八八年七月三日便已完工，上流社會人士在里佛利街上大排長龍想參加揭幕儀式。自從一百年前加斯塔夫・艾菲爾（Gustave Eiffel）在一個春日登上他的鐵塔以來，再也沒有一個時刻如此受到衆人的期盼。那晚人們背靠著金字塔坐著，聆聽貝聿銘的支持者布列茲指揮法國國家交響樂團的演奏，直到驟雨打斷這場音樂會。賓客就著暗淡的燈光跑到裏頭去避雨時，第一次看到金字塔從內部發光；以往美術館的地面在入夜後總是漆黑一片。現在美術館的立面被六百盞聚光燈照得大放光明，七座電腦操控的噴泉將水柱射入夜空中。金字塔像是盤踞在空曠花園上的透明幽靈。輿論後來將之比喻爲「二〇〇一：星際奧狄賽」挖掘出來的發光巨碑、稜鏡、羅馬教宗的三重冠、眺望台、鑽石、太空船、閃閃發光的蛛網及高科技蛋奶酥等等。

雨中的大結局

一度像是個被放逐者的貝聿銘，神聖地站立在一羣仰慕者中，享受著這雨中的大結局。當他在黑傘下跟記者說話時，他的臉龐亮得像金字塔。他說：「我等這刻已經等很久了。」

可是工程不是盡善盡美。批評者埋怨，由於地處塞納河轉彎處，金字塔有些偏離杜勒麗花園和香榭麗舍大道的軸線（在金字塔西南側真正成直線的點上，貝聿銘放置了路易十四馬上英姿的雕像）。另一個大問題是金字塔的玻璃帷幕總是骯髒污穢。巴黎落灰很厚，又多鴿羣，龐畢度中心的館長便發現，糾結的水管上堆積厚厚一層灰塵及鴿糞。他們原本打算裝置核能電廠使用的機械清潔刷來清洗金字塔，結果失敗，館長們只得派遣一隊登山隊員，帶著海綿和滾軸去征服它那斜角五十二度的外牆。羅浮宮也沒有想像中那麼透明，不過仍美麗地照映出這個城市著名的五光十色。「金字塔和巴黎的夜空一樣，」貝聿銘說：「它就像是活生生的，因此我認爲它是成功的。」

金字塔帶來的橫禍轉變成貝聿銘和總統贊助人最大的喜悅。在這個夜晚，所有的怨恨都獲得赦免。數年來的刻薄怨懟溶化在雨中，巴黎人也將金字塔視爲國家的驕傲。往日的敵對狀態就在彈指間消失無蹤。巴黎人喜愛貝聿銘的程度不亞於卓別林、傑瑞・路易斯和喬瑟芬・貝克。「這是一場戰役，一場熱情戰役的故事。」美術館董事米契・拉克羅德（Michel Laclotte）說：「有兩回我們走進中庭時，排隊等候的人認出貝聿銘，就鼓起掌來。我相信這真的溫暖了他的心。他明白他勝利了。」

「金字塔似乎開始征服一切，」貝執中回憶說：「甚至連英國查理王子——建築評論界的壞孩子，也喜歡它。不過他對我說過『我不會這麼做的。』」

法國人對科技的熱愛不亞於對文化的熱情。雖然不再是超級强國，法國憑著製造協和噴射飛機、高速火車、電腦化電話資訊服務，及全世界一流的核能發電廠等尖端產品，挽救了拿破崙時代以降聲譽日衰的窘境。法國在追求高科技的同時，金字塔所展現出的科技魅力產生了不可思議的效果，再次讓法國肯定自己是後工業革命時期歐洲國家的佼佼者。它證明法國人除了鵝肝餅和香水之外還能做出更大的貢獻。

有一度，金字塔取代了艾菲爾鐵塔成爲巴黎的象徵。有人形容它是，「旁邊有座鼎鼎大名的美術館，媒體寵愛有加的金字塔」。所有的巴黎人都到羅浮宮去欣賞他們最新的紀念碑，入口處的長龍沿著拿破崙廣場繞了兩圈。報紙頭條將這種現象統稱爲「羅浮宮‥熱潮」。

然而最甜美的成果還在後頭。一九八九年十月，批評貝聿銘最力的費加洛報在頭條上寫著「金字塔真的很美」，稍後並邀請數百名賓客參加雜誌慶祝酒會，地點就在金字塔裏面。

▲ 獅子林。

第2章 上海與蘇州

貝聿銘是古城蘇州一個出過詩人、畫家、書法家、銀行家及商賈的大家族的第十代子孫。蘇州位於上海西北、肥沃的揚子江流域上，以精緻的庭園及刺繡聞名。蘇州和上海出名的是吳儂軟語和美女。古諺說：「上有天堂，下有蘇杭」。

蘇州幾乎不受西方影響，到處是灰瓦白牆的矮房，鵝卵石街道兩旁種著無花果樹，苦力吸著水煙袋，婦女在竹竿上晾衣服。多年以來，因著她的藝術氣質，遊客將之比爲佛羅倫斯；因著細密的河道上架著拱橋，又將她喻爲威尼斯。馬可波羅形容這裏的居民是「商人和各類工匠，也有賢哲，一如我們的哲學家，以及對大自然知之甚深的偉大中醫師。此外，這個城市裏足足有六千座石橋，我說的一點不假。」

貝家第一代祖先於明朝中葉（一三六八～一六四四）來到蘇州，在道觀旁擺設小攤行醫賣草藥。他的子孫將生意發揚光大成爲供應絕大部分中國藥草的店舖。到十八世紀時，貝家已變成大地主。

貝氏的祖父貝立泰（音譯）在朝爲官，屬於儒家進士官員，受命代表朝廷管理省務，其職位來自功名而非世襲。任何男性皆可經由朝廷嚴格的儒家學說、詩詞、歷史考試獲取功名，即所謂的「登雲之梯」。在這片尚無移民或殖民的土地上，科舉考試是進階仕途的主要途徑，但事實上他們絕大多數是不具資格的文盲。貝立泰是在私塾教師協助下，年紀很輕即通過最高的考試，然而光明的仕途卻因父喪而被打斷。二十歲時返回蘇州掌管家產，他的財經長才使他成爲鄰近各縣的徵稅及管理者，他協助創建上海商業儲蓄銀行，一元即可開戶；一九一七年，他創設蘇州分行並成爲經理。

生於亂世

貝立泰獻身於慈善事業及公衆福利，修橋補路，創設孤兒院、基督教醫院及幼稚園，並且是蘇州消防隊隊長。唯一的消遣是蒔花弄草，他擁有一座滿是菊花的花園，甚至有個人的菊花園公開展示。

貝立泰培植兒子走上財經生涯，三子祖詒（音譯）就讀美國傳教士設立的大學，在那裏他認識了前清大臣之女並成秦晉之好，一九一一年畢業之後，貝祖詒暫時在一家煤鐵公司當會計師，二十三歲時投身北京中國銀行會計部門，稍後被派往廣州。一九一七年四月二十六日貝聿銘（光明之意）在此出生，爲貝氏夫婦第二個小孩，也是長男。貝聿銘肖蛇，蛇年生人被形容爲迷人、直觀、果決，穿著虛榮、固執己見。

◀ 嬰兒時期的貝聿銘坐在母親膝上。貝母是名詩人、吹笛手及虔誠的佛教徒。右側是他的姊姊。

▶ 貝聿銘的父親，貝祖詒，是崛起的都市新貴，試圖以邁向貿易和工業的新中國以及西方風俗，取代儒家思想。

貝聿銘在動盪時代出生。他出生前五年，末代皇帝溥儀遜位。中國正掙扎著以中央集權的現代社會擺脫封建秩序，以及殘存的蓄奴和纏足等陋規。孫中山先生的國民政府無力約束各省之時，軍閥奪權割據，憑武力向農民徵稅蓄養軍隊。軍閥間的互相衝突，破壞市容，毀損道路橋樑，使荒年飢饉更加惡化。暴亂和小規模革命迭起，農作物歉收以致於鄉下農夫啃樹皮，售子換取大米，市場上甚且有人肉供應。

貝聿銘的祖父貝立泰付錢給軍閥，使蘇州得以倖免於難。協商夜以繼日地進行，他肩負著保衛蘇州的沉重負擔，在這種考驗下，他感染眼疾終致失明。

貝聿銘滿週歲時，廣東的國民政府向中國銀行廣東分行索取軍費俾能完成北伐統一全國，分行經理受到威嚇而辭職，貝祖詒接任經理職務，他拒絕這項要求，激怒了軍人。由於有被逮捕之虞，貝祖詒帶著妻子及兩個小孩逃往香港，並在該地重建分行，在英國管轄之下運用存款。根據家族傳說，貝祖詒在溜過邊界時曾喬裝成西方女人。

對於一名年輕銀行家來說，香港遠較中國更能感受到世界的脈動。貝祖詒以有限的資金，在大衆不信任新成立事業的困難下，運用匯率價差創設了自己的基金，香港自由的銀行法規促使他很快地成為一個高明的匯率交易商。

其時英國銀行操縱著遠東地區的外匯，無人敢與之競爭，香港分行經理史蒂芬（A.G. Stephen），一個善於引用莎士比亞文句來揮灑其專業才能的可怕對手。史蒂芬發覺到貝祖詒悄悄地入侵了他的套匯生意。「小男孩，你是想和我競爭嗎？」貝祖詒記得史蒂芬這樣問道。「不，我怎能如此？」他回答：「我只是想讓銀行賺點小錢。」

「嗯，我喜歡。」史蒂芬贊同地說：「小心點，不要太過分了。」

「從此以後我與史蒂芬結爲好友。」貝祖詒告訴一位美國記者說：「慢慢地，我的交易量擴增，開始賺錢。」

重回故里

在臨時政府確保他不會遭到掠奪的情況下，貝祖詒於一九二七年回到家鄉，成爲中國銀行上海分行經理。

歷史造就上海成爲依附在遼闊亞洲大陸上一個不相稱的西化城市，這裏原爲滿是瘴氣的河邊小村落，在外國勢力入侵之後，發展爲遠東最繁忙的港口及東西化文化的衝擊點，中國學者葉文心（Wen-hsin Yeh）曾說：「北京代表精緻的上流社會高尚文化，上海則是代表時髦、浮華、大放異采的新興中產階層商賈。」這裏是銀行家、鴉片販子、名流、走私者、商人、爵士音樂家、企業家、騙子、殖民地假紳士及難民等各式各樣人等的庇護所。一九二六年，赫胥黎（Aldous Huxley）形容上海：「沒有比這兒更緊張刺激的生活」。

旅客乘船沿彎曲的黃浦江看到這個城市的最初景象是外灘，在一公里長的河岸大道上，堂皇

▲

上海外灘，濱河大街上羅列著壯觀的西式建築花崗石立面。它是這個被外國人主宰的城市中心。

的西式建築物櫛比鱗次聳立：上海俱樂部、渣打銀行、英國領事館、怡和洋行，門口有兩隻銅獅子鎮守的圓頂香港上海匯豐銀行，以及豪華的華懋飯店，瑪蓮娜・狄崔克（Marlene Dietrich）曾住過四四一號房，諾爾・考伍德（Noel Coward）在此飯店因感冒臥病在床時，寫下著名的劇作《私生活》（Private Lives）。加拿大建築師哈瑞・赫賽一九一一年抵達上海時曾說：「若不是看到街上的中國人與河上喧鬧的中國船隻，我會以為我是在歐洲，而不是在中國最大的城市。」

外灘沿著河邊的散步道人車雜沓，叫囂的汽車聲、赤腳黃包車夫、穿高跟鞋著巴黎時裝打扮的仕女、趕往曲棍球場的傲慢英國紳士，指揮交通的包頭印度阿三、觀光客、叮噹的電車聲，還有來自世界各地的飢渴水手，港口裏因船隻眾多顯得陰暗，有砲艇艦隊、蒸汽貨船，以及左右舷漆上耀眼大眼睛圖案、有著棕色破爛船帆的高船尾中式平底帆船。

外灘是西方特權的富饒綠洲的核心，人稱揚子江流域之后、買賣之城、冒險家天堂、東方罪惡及娼妓之都。西方闊佬的住所非常舒適，他們住在租界裏，有自己的公園、教堂、學校、醫院、警察、甚至私人的自來水。租界裏有賽馬場、曲棍球場、歌德式教堂、高爾夫球場、豪華的賭場、交響樂團、名人堂，以及業餘的音樂會，英國鄉村俱樂部甚至從狄佛（Devon）進口草皮。西方「大班」工作之餘在上海俱樂部著名的酒吧啜飲琴酒、苦艾酒或是英國麥酒，大啖進口烤牛肉、羊肉和牛排配腰花等，這裏正是殖民地特權的大本營。此外還有大學、報社、芭蕾舞學校、出版社和供應大量菸酒的商店。外交官與商人攜帶妻子或情婦參加無數的雞尾酒會，晚餐舞會、觀賞職業拳賽，或是穿著仿自歐洲時裝雜誌，由中國裁縫所製作的禮服參與正式舞會。曲終人散之後，他們才自美琪飯店跳舞廳或是白俄酒館走出，回到都鐸式的別墅及家宅安歇。

上海經濟的興起來自巨大的揚子江，這條咖啡色大河帶來內陸市場出產的橡膠、煤、黃豆、麵粉、油、棉花、絲綢、菸草與鴉片，不少銀行爲這些商品所帶來的財富而設立，在上海鬆弛的貿易法規之下，這些銀行也都興盛起來，當內地的中古時代劣規惡習開始崩潰時，上海變得更爲富有及汚穢。

最好與最壞的地方

正如其他新興都市，上海在繁榮興盛之後，隨之而來的是不忍卒睹的過度擁擠與痛苦。一旦走離開大馬路則有如天壤之別，水溝裏有人類的排泄物，一家十餘口擠在沒有光線及水源的屋子裏，人口販子從街上拐騙兒童賣到工廠及妓院。黑巷裏娼妓橫行（許多是貧窮的白俄人），行人必須跨過在地上哀鳴的無腳乞丐，或者是屍體。職業寫信人帶著墨水瓶伏在小桌上，小販叫賣著麵、拖鞋及黑市銀元，夾雜著刺鼻的鴉片味及搓麻將聲。菲律賓大使馬利諾・艾茲佩塔這樣寫著：「上海是個所有人都能捲入的大漩渦，富人可以更有錢，窮人可以乞求與祈禱……這是個摩天大廈與汚水洞、豪華飛機與破銅爛鐵、傑出人物與三輪車伕、凱迪拉克與牛車都兼而有之的城市。」

▶

上海的夜色。赫胥黎曾形容這個城市「充滿生命……無法想像的緊湊生活。」

▼

貝宅。和大部分的上海士紳一樣，貝家住在舒適又安全的法國租界裡。

貝祖詒與他人口漸增的家庭——貝聿銘和他的姊姊、一個妹妹、兩個弟弟聿昆（音譯）和聿仲（音譯），舒適地居住在法租界裏的一棟西式兩層樓建築裏。法租界安全又方便，圍繞著法國移來的白楊樹，有不少中國上流社會人物居住於此。

貝祖詒與一些銀行家、企業家往來，並和玩弄政治、商業手腕的財經界人物、政客結爲派系，包括中國最顯赫家庭的後裔、蔣夫人的哥哥宋子文。第一次世界大戰期間，這些所謂的資本家深切感受到中國遠較歐美落後孱弱，在他們這一代，中國天朝之尊已向西方風俗、現代化的教育、工商業屈服，他們認爲要將這個全世界最古老的文明國家從列强束縛之中解救出來，唯一的途徑就是經由發展民主政體及資本主義，使中國能邁入二十一世紀。他們的第一步就是在外國企業所支配的區域先站住腳，正如貝祖詒在香港所爲。在貝祖詒抵達上海一年之後，中國銀行重組成爲國家對外的財經要角，銀行主管要求年輕的外匯專家負責將中國老舊的金融體制更新。貝祖詒到英美兩國實地考察現代銀行運作歸來，在各個商港創設外匯操作制度，並在全世界各地擴增了十八處分行。一九三四年，他協助當局進行貨幣改革，以較易管理的紙幣「法幣」取代銀元。貝祖詒的簽名在紙幣上出現，貝聿銘的同學還以父子兩人的筆跡相似來取笑他。

上海可謂紙醉金迷，都市新興知識分子深受英國紳士作風影響。以貝祖詒爲例，他身著高領英式套裝，頭髮中分，還加入俱樂部及打高爾夫球。

貝聿銘對於這個城市散發的魅力十分著迷，他會與弟妹們擠在窗口，爭著選擇街上最美的車子：「福特是我的。」「凱迪拉克是我的。」「雪佛蘭是我的。」

新人類

貝聿銘就讀上海青年會中學，一所昂貴及排外的住宿學校，由美國監督制教會所經營，教導中國年輕菁英外國的價值觀。學生穿著西式制服，並與美國學生在網球、籃球場上競逐。除了中國歷史之外，所有的科目皆以英語教學，他們閱讀《三劍客》（The Three Musketeers）、《雙城記》（A Tale of Two Cities）及聖經。每學期嚴格的課程，於期末集中在大禮堂三小時的考試時達到高潮。畢業生領到的是英文文憑。中國通佛瑞德・魏克曼說：「這些學生是新人類，西化的中產階級，他們全然英語化，並與傳統中國社會脫離。」

貝聿銘是個特殊的學生，經常在班上考第一名。「他是個有自信的年輕人，」弟弟聿昆說：「他有說服別人的才能，年紀輕輕就很會推銷自己，我總認爲他應該做律師。」

貝聿銘在課外活動方面也很活躍，例如網球、排球，並熱中歌唱（但不是特別有天賦）。下午沒課的時候，貝聿銘與友人乘公車到鬧區，逛巧克力店買冰淇淋及雪克，還到茶店、小吃店坐坐，或到百貨公司、撞球房消磨時間。最好的事情則是他們到三家電影院——大世界、卡爾登、羅西觀賞最新的好萊塢電影，通常都是在發片數週後即到達上海的。

貝聿銘的叔叔貝祖源（音譯）比貝聿銘僅年長一歲，像兄弟般一起長大。他回憶道，有一天貝聿銘盯著他看，過了一會兒，他說：「你長得好像克拉克蓋博。」貝聿銘還會唱克拉克蓋博主演的電影主題曲「今晚對我傾訴」（Tell Me Tonight）。美式文化對上海青少年來說並不陌生。

繁華落幕

即使如貝聿銘這樣的年輕人，也不免被迫認清自己在衆强環伺下的上海是多麼地脆弱。一九三一年日軍入侵滿州里，中國抵制日貨以爲報復。在上海，七十萬噸的滯銷貨品堆積在倉庫和碼頭上，日本人的商店關門大吉。銀行拒絕日本投標。一月十八日，一羣苦力圍毆五名日本教士。一名日本人引燃報紙投入紡織室，焚毀一間中國毛巾工廠。一週後一艘日本戰艦駛進黃浦江，運來數千名海軍陸戰隊，名義上是要保護市内三萬名日本人不再遭受威脅。一個週四的夜晚，日軍入侵上海，他們熄滅街燈，在城郊放火，自背後射殺逃跑的婦孺。宣布戒嚴的時候，貝聿銘的祖父和叔叔剛好在從蘇州回來的路上，街道被中日雙方的軍隊封鎖，只有外國租界能通行。幸運的是，上海商業儲蓄銀行横跨在法租界邊界之上，他們能夠從這道門進去，另一道門出來，而安全地回到家中。貝聿銘和他的叔叔當晚擠在一張床上，半夜時他們還聽到日本飛機和戰艦轟炸，以及城北日軍與國軍正面衝突的聲音。這場衝突到三月才告結束，中國同意撤回部隊並取消抵制日貨運動；雙方政府謹慎地將之稱爲一場「意外」。事實上，一九三二年一二八事變是一場戰爭的第一道烽煙，上海迷人的生活終於落幕。

外國人在自家陽台或屋頂上一邊啜飲雞尾酒或咖啡，一邊觀賞兩軍交戰，並不相信他們的世界很快就要滅亡了。英國勢力由印度延展過來，殖民的氣氛在此特別明顯，與當地人來往被認爲會降低精神層次。入境隨俗是可悲的命運。據說，英國大使館外的外灘公園門口告示：「中國人與狗不得進入」。實際上並沒有這個告示，不過限制是存在的，因爲這正是普遍的外國人想法。

對有錢的外國大班來說，生活是與世隔絕的無盡歡樂，他們與中國人的關係很少超過生意往來。上海的德士古與標準石油公司，一直跟上海的宋氏、陳氏、張氏和李氏家族保持距離。許多人除了家僕之外不認識任何中國人，這些家僕以中國文法混合英文字彙形成所謂「洋涇濱」英語，與主人交談。

像貝聿銘這樣的富裕中國家庭渴望打入租界，卻依然被排拒在外，他們只能將鼻子貼在窗玻璃上那樣期盼。他們無法加入諸如打網球、游泳等的俱樂部。在此背景之下，貝聿銘成長到青年期時，感受到周遭環境裏有股認同權勢的持續壓力，並且造成他一生中永無休止的雄心。

天威受挫

正當其時，上海的中國人展開微妙的反崇洋運動，因爲他們開始認知固有文化的優越性。在四千年歷史中，中國擁有全世界最高的生活水準，早在歐洲文藝復興之前，中國在詩詞歌賦書畫、哲學各方面就已成就輝煌，穿著絲綢衣裳的美麗仕女穿梭在花園裏，宮宇屋簷富麗堂皇。相當具有文明的中國，除了生產絲綢、美味的料理（義大利麵的食譜係由馬可波羅自中國帶回發展而成），還有《論語》闡揚儒家學說，以及突破性的發明像印刷術、羅盤、火藥等，在歐洲出現第一本印刷書之前，中國佛寺內便有完整的圖書館了。麥哲倫繞過好望角之前六十年，中國人已航向波斯灣及東非，他們從不想殖民或是擴展海權，因爲他們在國境之外看不到令他們產生興趣的東西。

儒家把世界分爲兩個半球：中原與野蠻人。天朝高高在上地將外國人種，如日本人、韓國人、蒙古人、土耳其人、越南人視爲藩屬。自歐洲前來搜尋絲綢、茶葉、瓷器的「洋鬼子」，更加證實了他們的觀點。他們認爲這些入侵的歐洲人都是捲毛、大鼻子的野蠻人，凸眼亂髮，文明粗淺、對暴力有著卑劣的胃口。

十八世紀末葉，英國人在美洲失去立足點之後，前來遠東尋找新的殖民地。一七九二年九月，英王喬治三世遣使喬治・馬嘎爾尼（George Macartney）到中國，在乾隆皇帝北京城外的夏宮要求外交關係與無障礙的貿易往來，中國人在馬嘎爾尼所乘坐的禮船上面懸掛書寫著「紅髮野人進貢」字眼的條幅，把船拖到宮殿前面，羣臣對來使身著緊身衣、假髮、毛茸茸的臉孔以及粗俗的言語紛紛竊笑。

馬嘎爾尼拒絕行使宮廷禮節「叩首」九次，以示他國家與中國地位平等，並要求皇帝開放通商口岸，乾隆皇帝斷然地拒絕了，也對馬嘎爾尼帶來的望遠鏡、獵槍、加農砲、熱氣球以及水晶吊燈等禮物不屑一顧。「我們有一切東西，」乾隆在給喬治三世的信上說：「我對神奇巧妙的東西没興趣，貴國製造商對我們也没用處。」

乾隆自負地以爲中國已臻完美，事實上，這個古老的文明因爲奉行儒家學說已造成惰性，中國人的社會在陳腐的封建體制之下，已有百年以上毫無物質建設或工藝進展。正當中國偉大的學者沉緬在爲賦新詞强説愁之際，西方生氣蓬勃的科學需求使思想家培根、牛頓、笛卡兒等不斷地產生新發明與新思維，爲工業、軍事及探險提供服務。及至十九世紀中葉，大英帝國的軍力達到巔峯。中國悍然拒絕加入國協，激怒了英國人，並招致中國海軍武力的被摧毁，很諷刺的是，中國朝廷的被征服歸咎於火藥與航海羅盤，而兩者都是中國人的發明。在十九世紀鴉片戰爭後，一連串西方武力的侵略，造成外國人占領上海與所謂的「不平等條約」通商口岸的開放。

失敗猶如天譴一般，中國已不再是「中原」。「英國的勝利將中國皇帝的國際地位倒轉，」中國通約翰．費爾班克曾說：「由世界文明的最高統治者，淪爲半殖民地的落伍產物。」

坐在轎子上穿著絲袍的中國人在過去幾個世紀裏輕蔑農民階級，而貝聿銘童年時期的上流社會人物，同樣對外國人予以輕視，認爲他們是自歷史事件中粗野地獲取利益者。一般人的想法是，這些紅臉孔、凸眼睛的粗鄙商人只是爲探險與攫取財富而來，他們不懂得進門及喝茶的禮節，而且最不文雅的是，在得不到他們所要的東西時，會以拳頭猛搥桌子。

有位民初著名作家在一九一一年曾寫道：「在這個年代，中國人一向對外國人只有兩種看法，高高在上的優越人種或是低劣的野獸。中國人無法視外國人爲朋友，或把他們當成一樣是人來看待。」

兼容並蓄的中國

站在如貝聿銘這樣的年輕人立場，把握的分寸在於參與所有西方膚淺的事——吉魯巴舞與爵士樂、看電影、戴軟呢帽，內心裏卻保有中國文化的優越感。「中國人有自卑感，他們同時有優越感，」一名遠東學者艾德溫·莫里斯如此解釋：「有時候他們表面上對西方人恭敬而服從，有時卻又讓西方人知道，當西方人還在穿熊皮走動時，中國人的祖先已經穿戴絲綢了。」

這樣的結果是，貝聿銘和一些皇室後裔的同學，在童年時期每天都充滿著思想與現實脫節的矛盾，欣賞凱迪拉克與儒家美德並不衝突；但平克勞斯貝與菩薩平起平坐呢？事實上，西方傳教士最大的挫折即來自於，中國人絕不勉強自己只對單一信仰付出承諾。「生活在不同的世界是維持中國人傳統的方式之一，」中國歷史學家威靈頓·陳說：「他們在不同的信條之間不斷地變換，在中國，沒有一個單一的神可以給我們所有的東西，沒有原罪，因此解釋對與錯也不是單方面的。」中國之大足以容納許多信仰兼容並蓄，中國人拈香禮佛祭祠祖先，同時能在基督教堂領受聖餐，就不足爲奇了。

這種雙重特性在上海式家屋展現出來，西式的大門給外國人走，中式大門有傳統的窗櫺及飛簷給中國人進出。孫中山先生的紅瓦房，也就是國民革命軍的會議廳，裏頭有美國留聲機與狄更斯著作，配上傳統中國家具，俾斯麥及林肯的傳記也與中國古典著作放在同一書架上。

貝聿銘閒適地涉獵全然不同的領域，他從母親那裏接觸到不少傳統的中國文化，她是一個虔誠的佛教徒、吹笛手、釀酒者、廚師及詩人。她的信件結尾時常附上一首自己作的詩。七十年後，貝聿銘回憶說他母親對他的生活和事業有極大的影響。「家父是位銀行家，」他說：「因此，要選擇職業時，我父親和我之間没有什麼共識。」

身爲長子，他可以單獨陪同母親到山頂的寺院隱居。「她只准我在那裏待一星期左右，因爲那裏對一個小男孩來說是個完全不同的環境。」貝聿銘告訴建築評論家馬丁・費勒：「那兒無事可做，没人陪著玩，晚上一片死寂，是我從未經歷過的，完全没有一點聲音。然後，在破曉之前，有一種奇怪的嘰嘎、呻吟聲，那是新筍同時從泥土裏抽芽的聲音，聽到這種聲音是母親送給我的最佳禮物。幾年前我到日本一所寺院，想再找回這種經驗，然而卻就是不一樣；當然，在中國你已不能再這麼做了。」

無母失怙

貝聿銘十三歲的時候，母親因癌症去世。身爲長子，他爲母親準備長柄的鴉片煙管，這是中國習俗上用來當鎮靜劑。母親過世時，他在佛寺裏舉行的傳統喪禮中，祈願母親的靈魂升天。他必須表現堅强，好當兄弟姊妹的模範。他說：「身爲長子，我應當懂事。」

貝聿銘的父親是個傳統父親，向來與家人不親近。中國傳統社會的父子關係不像西方家庭那樣親密，而是儒家嚴格規範的正式尊敬舉止。這是一套井然有序、嚴肅的制度，但令人感到窒息。在他的子女看來，貝祖詒是個可敬的人物，但鮮少顯露情感或討論他的工作。「他不是那種會拍拍兒子的背或抱抱女兒的人。」貝聿銘說。

在妻子過世之後，貝祖詒陷入低潮，銀行派他到歐洲，希望改變環境能恢復他的精神。貝祖詒在倫敦遇到江席雲（音譯），一名中國外交官之女，三年後她在巴黎下嫁貝祖詒並搬回上海，條件是與他的四個小孩分開住。此後貝聿銘自學校出來度週末時，便不再回到父親舒適的家中，而是回到一幢由「阿媽」照料租來的房子，那裏的鄰居住戶較不文雅。接近青年期的貝聿銘，不僅失去了母親，也失去了家庭。

祖父的安慰

幸好，貝聿銘的祖父貝立泰安慰了他這種喪家之痛。如果說貝聿銘是失去雙親，他的祖父則爲他奠定中國古老文化的基礎。中華文化形成一座磐石，源源生出一種優越感。

在中國，「老家」，或是祖居地，跟一個人有很大的關係。貝聿銘偶爾會逃離上海大都會的喧鬧，前往他祖父在蘇州的老家。那是一座豪華的住宅，有六個庭園種滿菊花，還有一間書房讓家人研讀中國古書和練書法。

這段五十公里的路程仿佛驟然回到古色古香的中國古代，這座古城自二五〇〇年前，大約與孔子、佛陀同期，由地方長官建造完成之後，即沒有太大的改變。

貝聿銘的祖父屬於帝制時代的老派人物，他逃避西服而穿著傳統長袍，還留辮子。儒家有句古諺說：「有勞心者，有勞力者。勞心者治人，勞力者治於人。」

貝立泰以儒家道統持家，祭祖時三百名親戚齊聚祠堂，伴以音樂爆竹。他還送給窮族人私塾束脩和好幾袋的米。爲了培養對長輩的尊敬，貝聿銘必須文風不動地坐在一張硬背椅上，面對祖父，直到老人家有動作爲止。貝立泰自律甚嚴，子孫即使已成人仍然懼怕他的訓戒。曾經有一晚，祖源及祖詒遊玩回家稍晚，他們不敢驚動父親大人，只好睡在前廳。

祖父特別疼愛貝聿銘，對他特別慈祥，他灌輸貝聿銘儒家美德以培養高貴氣質：服從長輩、避免虛矯誇飾、不輕易生氣、保持冷靜從容。子曰：「爲政以德，譬如北辰；居其所而衆星共之。」這些讓貝聿銘在美國的生涯非常受用，雖然這個國家不太重視這種氣質。

孔子學說重視君子美德。歐洲的君主因出生尊貴得以治國，但中國人必須靠著道德涵養才能博取地位。貝聿銘伏在祖父膝上學到，謙恭有禮不但是目的，也是獲得權力的一種手段。

在蘇州上流社會中心，風雅之士的生活重心在私家花園，其中以獅子林最爲著名，係由隔鄰

▲

蘇州學者心目中的庭園之最，莫過於有500年歷史的獅子林。貝聿銘曾嬉戲於其亭臺樓閣與水榭之間。

◀

典型的蘇州小巷。古語說：「上有天堂，下有蘇杭」。

▲

蘇州的藝術氣息讓遊客將喻之

爲佛羅倫斯，密佈的河道也使

她具有威尼斯的美喻。

佛寺住持於十四世紀所興建，近幾世紀來，它是僧侶、藝術家、詩人的聖地。這個精緻的地方有「眠雲室」、「蓮廳」、「問梅亭」、「觀山閣」和「立雪覽室」。據說，從前有一名學生前往此地拜訪老師，老師正在高眠，有禮的學生乃佇立在雪中等待，因此得名。

觀心自在的涵養

一八七〇年代太平天國之亂橫掃揚子江流域，摧毀部分蘇州城，獅子林的別館亭台樓閣受損迄未修復。這座廢棄的庭園於一九一七年被人買下，並重新整修爲豪華的清朝式庭園。貝聿銘經常花好幾個小時與表兄弟在這裏面玩躲迷藏，並在私塾與習古文。

貝聿銘的叔公貝隆生（Runsheng）於一九一七年以九千九百銀元買下這座廢園。貝聿銘的叔祖係家族裏較貧窮的一支，幼時衣食缺乏，長大後以祖父給他的兩銀元創造財富發跡，獅子林讓他有躋身上流的感覺。擁有一座花園代表著儒家對美學欣賞的氣度，猶如法國新貴族欲求一座城堡一般，住在這種花園裏，能夠忘卻圍牆外世俗的本分、忘情於書法與栽培竹子，並且在水榭樓台接見訪客。

當這塊大地充滿殺氣之際，這座花園成了庇護之所，在叛亂與侵略的惡性循環下，它始終維持著平靜，人們漫步在池塘與花香小徑之間，偕友飲茶於攬月台，欣賞石灰牆外梅花怒放，童子在蓮花池畔嬉戲，老人曬太陽取暖。悠然坐在淙淙水流邊，或能驅使僕役取來花瓶、釉彩、卷軸畫把玩，在悶熱的蘇州夏日，全家人在花園內暑意全消。

庭園不只是個愉悅的隱居處所，也是中國人尋求天人合一的媒介。孔子制訂行爲規範，道家之父老子則教人知足。「其出彌遠，其知彌少。」庭園讓人發掘大自然的和諧。將大自然的一切萃取出詩歌般的精華後，庭園領導訪客看到內心。

未若歐洲的花園有廣大的草坪，沿著噴泉和大理石樓梯展開的精心修剪樹籬，形成完美的對稱，蘇州的庭園隱匿在假山和幽徑之間。悠遊在有限的空間，他們緩慢、澄靜地流露出美感。訪客在梅樹假山流水之間冥想，感受到自身與大自然融爲一體，以及生與死、春與秋、陰與陽的潛在律動。

獅子林以嶙峋的太古石稱著，這些石頭堆積在鄰近的湖底幾個世紀之久，循環的水流將它們沖刷出奇特的形狀。十四世紀的藝術家倪雲林將這些石頭排列成美麗的洞穴及迷惑人的小尖塔，桃樂絲・葛拉漢一九三九年在中國庭園的專題論文裏描述這些石頭：「似乎自混沌初開即忍耐著烈日及潮汐的雕塑，石頭已跡近永恒。」她進一步描繪獅子林是「從別個星球移來的景象……倪雲林創造了不朽的石頭景觀。」

在中國，石頭被賦予形而上學的重要性，在扭曲的外形之下，它們被賦予獨特的精神表徵——宇宙的幻想。宋朝畫家米芾跋涉千里尋求一塊奇石奉養爲他的「大哥」。貝聿銘回憶石頭對他個人發展的影響：

庭園是如何造成，或者應該説是如何培育而成的，是件很有趣的事。養石者都是藝術家，由庭園到整個蘇州都是如此……他們對我作品的外形造成一種永恆的抽象映象，而非直接的影響。養石頭的人做事方法屬於一種時間的概念。

他們通常選用多孔透氣的火山岩，並非常仔細地挑選。然後他們會謹慎地略加雕鑿，讓石頭呈現養石者想要的雅致風格。不過，石頭仍非常粗獷，跟養石者找到它時的穿孔和不完美狀況差不多。接著，他們會小心翼翼地找一處湖邊或溪畔，然後把石頭放到水中，經過一個世代甚至數個世代讓它侵蝕成形。養石者本人或是子孫收穫之後，再放入花園組合。

這種持續性的貫通，正是中國文化的一種寫照——前人種樹，後人乘涼；基本上這是做任何事先考慮結果的主要動力。

……當我靜下來思索個人的發展時，就非常類似這種精神，我如同石頭一般被投置到湖邊溪畔，或是湖心；我的作品與其他建築師相同，經常反覆地從水中取出或放回去試鍊。它們的形體係經過精心挑選，精心地擺置，期能與週遭水流漩渦契合……建築師必須試著（而我已試過）以這種方式投入，讓他的建築適合、關心及表現那種潮流。我花了一些時間才瞭解這樣的設計層次——以我童年時期受花園啓發而產生的精神來進行設計。一旦你以那種精神從事建築，它將使你謙卑。

初定志向

在貝聿銘必須抉擇前途時，他的父親建議金融業或是學醫。鮮血令他作嘔，但是貝聿銘太清楚他父親的職業有多麼艱難。「我早已瞭解銀行家的生活並不理想。」他說：「我父親的經歷使我明白，銀行家一直在承受壓力。他並不快樂。」

事實上，以一個日後行事踏實穩健得令人不可思議的人而言，貝聿銘是經過一番迂迴曲折才開始他的事業。如同其他的中國富家少爺，貝聿銘沈迷於上海鬧區大街上的玩樂。建築師路易士・凱恩（Louis Kahn）說到自己在愛沙尼亞的童年，曾說：「一個小男孩走過的地方，或許能經由所看到的東西啓發他這輩子要做什麼。」貝聿銘也是如此。

「撞球場及電影院旁正在蓋一幢房子，」貝聿銘在四十年後回憶此事時說道：「他們說要蓋二十六層，我簡直不敢相信，想想看，四週的房子都只有五至八層，這幢要蓋到二十六層。所以每個週末我都要看著它往上冒……」

貝聿銘心目中的神奇樓房是上海國際飯店，是當時遠東地區最高的建築，也是西方文明展現的極致。它有兩百零五間豪華套華套房，一間有空調的大餐廳，以及屋頂花園，可以危危顫顫地俯視下頭外國大班賽馬的跑馬場。

這座大飯店的建築師是捷克籍的胡迪克（Ladislav Hudec），他是上海殖民地古典主義大

▲

國際飯店堪稱西方魅力的化身，誘發貝聿銘對建築的興趣。

師，迴異於那些西方高樓所展現出來的格調，把鐘樓及圓柱荒謬可笑地堆積在黃浦江邊。這座大飯店以簡單、清楚的線條表現出脫俗的新風格，在飯店完工之後不久，貝聿銘與叔叔貝祖源到對街的大世界戲院看電影，他突然停下腳步，輕描淡寫地在紙上畫下這棟建築的輪廓。貝聿銘把紙張拿給叔叔看，叔叔對貝聿銘未經訓練的才華感到十分訝異。「真了不起！」他說。

「我對於高層建築物的概念著了迷，」貝聿銘回憶說：「它帶給我的興奮如同今日年輕人的看待登陸月球一樣，我決定這就是我所要做的。」

貝聿銘當時對他所立定的志向只有粗淺的瞭解，「我不知道在中國建築業是怎麼一回事，」他說：「當時，建築師、工程師和建築工人沒有什麼分別。建築這門學問也從未自工匠、蓋房子泥水工等社會低層地位分離出來，因爲中國人很少需要訂做出來的空間。結果，一直等到外國業者如胡迪克這類大師到中國以後，建築專業設計才逐漸受到尊重。」

貝聿銘要到哪裏去學習他所選擇的專業？有愈來愈多的知識分子家庭的子弟到國外留學，大家並且期望他們能學有所成回國，幫助建設中國趕上西方世界。憑著與英國及蘇格蘭銀行家的生意往來關係，貝祖詒中意一所英國學校，但是貝聿銘從電影中對美國大學產生好感，於是他再一次違逆了父親的意見。他對平克勞斯貝的《大學幽默》（College Humor）特別著迷，這部片子是一九三〇年代的校園片。當然了，週末足球賽及啦啦隊比中國嚴肅的教會大學更吸引他。

美國是一股充滿朝氣、向前看的力量，在遙遠的世界彼端不斷招手。正如貝聿銘生涯中所證明的，他展現出對未來的前瞻性眼光。

他遵照父親的指示參加了牛津的入學考試，但卻選擇就讀賓州大學。這所大學是在中國學生之間最具知名度的設計學校，而且在一九三〇年代時已有一批學生學成歸國，與著名的外國建築師競爭。

如果貝聿銘留在中國，這個世界永遠不會知道有這麼個人。在對日戰爭及內戰時期，他的才華必然會被埋沒掉。他的一生不禁令我們捫心自問，有多少個貝聿銘留在中國，而永遠默默無名呢？

▲ 在哈佛讀書時的貝聿銘。

第3章 一名劍橋的中國留學生

一九三五年八月十三日，十七歲的貝聿銘自外灘一處小碼頭踏上了柯立芝總統號，一艘停泊在黃浦江準備航向東海的舒適美國客輪，十餘名親友前來送行，同船的還有一名青年會中學的吳姓朋友，他也是到賓州大學計畫就讀工程學。他們出發時僅會一些簡單的英文，心裏想的是幾年後回國時會變得更加睿智和成熟。

貝聿銘次日在長崎登岸，並搭火車到東京，在那裏他參觀了帝國飯店，本世紀最著名的建築物之一，建築師法蘭克・羅德・萊特（Frank Lloyd Wright）聲稱這是他的經典之作。貝聿銘自橫濱再搭原船航向夏威夷，最後踏上加州。

八月二十六日，他們抵達舊金山時，貝祖詒一名美國銀行界的朋友已在碼頭等候，並帶他們回家吃飯。遊覽幾天之後，他們搭火車橫越美國中西部乾燥地帶到達費城，兩個好奇的男孩子對這個國家有了完整的認識，雖然美國完全不像是貝聿銘從好萊塢銀幕上看到的那般光采燦爛。其時，法蘭克林・羅斯福正當他的第一任總統任期，面臨經濟大蕭條，社會大眾排隊領取救濟品的嚴酷時期。哈瑞・杜魯門當時還只是名新科參議員，諾貝爾文學獎得主約翰・史坦貝克（John

Steinbeck）剛完成《薄餅坪》（Tortilla Flat），倫巴是新流行的舞步。滿懷希望的年輕人在馬拉松式的舞會中熱舞。

迷夢幻滅

貝聿銘發現賓州大學建築學系是一棟陰暗的維多利亞式建築，原本是設計為牙醫學院使用的，建築學系由身材矮小、迂腐的院長喬治・辛普森・柯伊（George Simpson Koyle）及巴黎古典主義學者保羅・克瑞特（Paul Cret）所主持，課程全盤沿襲十九世紀以來著名的巴黎藝術學院（Ecole des Beaux-Arts）系統，學生們必須以碳筆或墨辛苦地描繪出精緻的透視圖，俾以習得古典設計的基礎。指導老師在全班面前公開批評他們的作品，並加以評分。

這些都讓貝聿銘感到害怕，他的專長在數理；沒有想過自己也得是位藝術家才行。暮色中，他發現自己徘徊在陌生的走廊，四周掛滿哥德式教堂和文藝復興時代建築的壯觀水彩圖。他必須展現這種手藝嗎？「讓我下定決心，認定這所學校不適合我的主因，是我在樓梯間看到的一幅巨型的畫作。主題是西藏喇嘛寺院。那是我的國家，我一點也不明白一個叫做費滋・傑羅的人怎能畫出西藏喇嘛寺院。我想建築一定跟我想像的大不相同。」

在社交活動方面，賓州大學屬於長春藤聯盟之中較差的一環，課堂中的成員並非來自聖保羅或是葛羅登，而是來自於中西部公立學校的學生。建築學院坐視新生與他們所謂的「黑鬼」，必須參加一連串的戲弄新生活動。新生必須在學校草坪上，在他們稱爲「工作服大戰」的喧鬧儀式中，抵抗攻擊他的二年級生，才能爭取到在地下樓工作室穿工作服的權利。在强調欣賞書法及園藝文化長大的貝聿銘，覺得這種莽夫的儀式非常粗俗。費城這個美國南北分界線以北的第一個大城市，對有色人種有著只不過略爲壓抑的偏見，讓貝聿銘的迷夢開始幻滅。

開學沒多久，兩位就讀麻省理工學院的青年會同窗來探視貝聿銘與他的同學，憑著年青人的一股衝勁，開學兩週之後，兩人決定轉學到麻省理工學院去。由於對所看到的藝術學院派方法論感到挫敗，貝聿銘改學工程，放棄了建築。從蘇伊奇爾河岸轉到劍橋的神聖領地，貝聿銘被深深地吸引著，正如他的一生，朝向高雅與尊貴。

貝聿銘在波士頓更覺舒適。那裏的銀行遠自十九世紀美佬三桅大型快船拓展遠東貿易時，就與中國銀行有商業往來了（事實上，波士頓茶葉黨事件時扔下的貨物係來自中國）。貝聿銘經常能遇到父親的商業界朋友。「所以早在我會説英語之前，我便能進入波士頓社會。」貝聿銘説：「我在這個國家的確有著非常舒適的留學經驗。」

麻省理工對外國學生也比較友善，歡迎不同膚色的學生前來，貝聿銘發現約有三十名同胞在此讀書，這裏還有全美中國同學會（簡稱F.F.）的分會，形成全美中國貴族留學生的網路。

重回建築系

麻省理工學院的院長威廉・愛默生（William Emerson，美國著名思想家兼詩人愛默生的侄孫）對資優學生非常關心，他注意到貝聿銘繪製設計圖的手筆與建築天賦。愛默生陪貝聿銘走遍波士頓，細數城裏的古典建建。愛默生非親生的孫子麥爾康・法拉茲（Malcolm Frazier）說：「貝聿銘一定是個很優秀的學生，因爲他是家中唯一談及的人。」

在他布瑞特街的寓所吃感恩節晚餐之際，愛默生說服貝聿銘回頭再學習建築。「他不僅是我的院長，也如同我的監護人，」貝聿銘回憶此事時說道：「他認爲我很特別，當時他說看了不少我的作品，他認爲我做得很好，於是我接受他的建議繼續學習建築。但在設計方面，他對我的影響卻不多。」

貝聿銘在麻省理工學院的建築系通曉藝術學院派表現法的繁瑣技巧，當時建築系館就坐落在柯普利廣場附近河對岸的羅傑大樓。事實上，貝聿銘如同一個神奇小子，開始嶄露頭角。他的同窗法蘭克・沙根特（Frank Sargent，後來成爲麻薩諸塞州州長）記得貝是個傑出人物。「我總是小心翼翼地坐在他的畫桌邊，看他畫畫，」他說：「非常明顯的，他必然會出人頭地，一如他所表現出來的及所計畫的，我們都知道這傢伙不簡單……他或許身材較矮小，但是很快就會在各方面超越同儕。」

建築五四運動

貝聿銘和他的同學一齊接受精細描摹古典比例這種單調而辛苦的課程，只是大家都知道這套刻板的系統注定要被淘汰了。慌亂不安的一代質疑歐洲的固定階級制度，學院派卻爲了滿足渴望成爲虛假貴族式放縱的暴發戶或委託人，而固執地抄襲維多利亞時期地位象徵的陳腐特權。華麗的建築已不易讓人負擔得起，同時也不再適合當代需要。在經濟大蕭條時期建造古色古香的城堡或是都鐸（Tudor）式大廈，似乎是種浪費與資源霸占。志向遠大的學生受到羅斯福總統「新政」的鼓舞，開始響應參與解決問題。甫成立的紐約現代美術館（Museum of Modern Art）的菲利浦・强生和亨利羅素・希區考克（Henry–Russell Hitchcock）在幾年前舉辦一項名爲：「國際風格——一九二二年以降的建築」展覽，展出一種新穎的歐洲式建築，未經修飾的白牆，大膽裸露的結構，以及大量生產的建材，掀起一股風潮。貝聿銘與志同道合的同學從學校圖書館收到的建築設計雜誌密切注意它的發展，他們的視聽全放在外國業界的發展狀況上，「每個人都支持建築系的這種改變，」貝的同學威廉・希伯說：「我們每個月都急切地等待著『建築評論』出刊。」

他們在尋找新概念之際，發現了生於瑞士的巴黎藝術筆戰聞人查理斯・艾多・尚奈瑞特（Charles–Edouard Jeanneret），他把對繪畫的敏銳前衛派感情運用到建築設計，成功地轉型

▶

貝聿銘（前排左二）與大二同學合影。愛默生院長勸他繼續攻讀建築之後，他變成工作室裡的神奇小子。

▼

貝聿銘在麻省理工學院的論文：中共宣傳部的活動戲院。

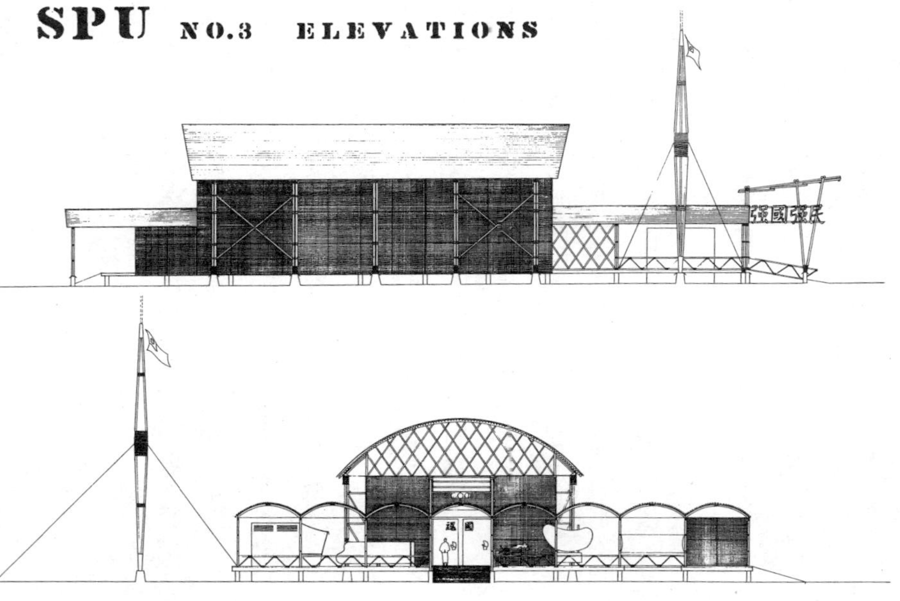

SPU NO.3 ELEVATIONS

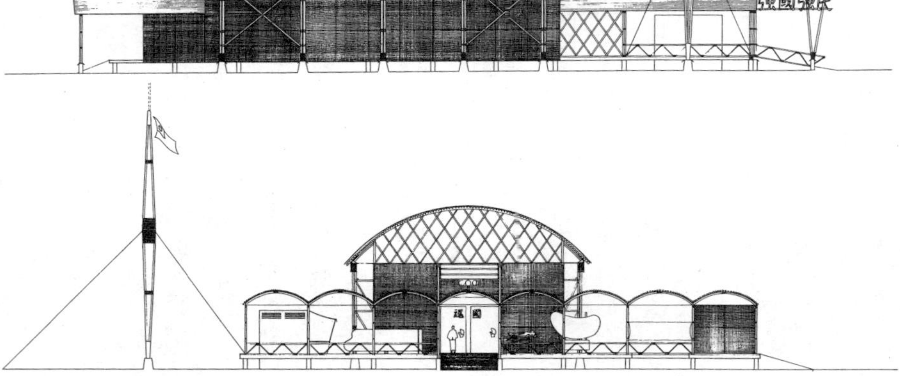

爲建築師，並以柯比意（Le Corbusier）的名字開始執業。相對於埋首在畫桌前無聊地臨摹欄杆與鬼一樣的雕像，貝聿銘與志趣相投的同學發現柯比意發出令人暈眩的誘惑力。「我並不滿意布雜學派的訓練，」貝聿銘回憶道：「我的許多同學也一樣，因此我們四處找尋啓示。圖書館是主要的來源，我就是在圖書館裏初識柯比意，他的書都快被所有學生翻爛了。」

柯比意勸勉年輕學生建立「新基礎美學」的觀念，房屋是「居住的機器」，而歷史所累積下來的建築風格可丟到垃圾堆裏去，「路易十四、十五、十六與歌德式風格之於建築學，猶如女人頭上的羽毛。」是柯比意在《建築本質》（Vers une Architecture）裏寫下這發人深省的句子。

並不是每個人都歡迎柯比意所揭櫫的新精神，萊特嘲諷他是「一名畫家與小詩集作者」；一家瑞士報紙警告說，他設計的瑞士展覽館，一棟高架的時髦小屋，會腐化居住在其中年輕人的心。但是柯比意仍然聲援受到傳統局限的新一代建築學者，對於這些易受影響的追隨者，他不能夠出錯，「沒有老師教我們新建築學，」貝聿銘後來告訴「時代週刊」說：「我們只得求助於柯比意的書，這些給了我們一半的教育。」

柯比意率直地輕蔑古典學派，以及使用粗糙的建材，與愛默生院長所喜愛的完全相悖。愛默生於二十世紀初就讀巴黎藝術學院，並曾在第一次世界大戰期間，替法國紅十字會興建醫院和宿舍。他每年暑假都會返回法國研究橋樑及砌磚建築方面的書籍──顯示對他所偏愛的十九世紀法國風効忠。然而，愛默生氣度恢宏，在柯比意獲紐約現代美術館贊助巡迴演講之際，他也邀請柯比意到麻省理工演講。一九三五年十一月，一貫穿著黑色衣服，戴著厚重單片眼鏡，形容枯槁的柯比意，用幻燈片搭配一張展延到整個講台上的巨大圖表，以無禮的言語侃侃而談，單是這樣就已經是自布雜學派解放出來的一種表現了。對於在遠方追隨他作品的學生來說，這就像是上帝在波友斯頓街（Boylston）上顯靈一樣，貝聿銘說，柯比意在麻省理工兩天的訪問是「我專業生涯當中最重要的兩天，他十分傲慢，粗言粗語的，但對每一件我所關心的事他都能有完美的表現，我們除了滿足之外，還有震驚。」

年輕建築師同樣受到萊特的啓蒙。他在大草原景觀中低矮交錯的空間設計或許讓貝聿銘聯想到蘇州，於是貝聿銘決定親自去看看，在三年級的暑假，他輕鬆地駕著破舊的雪佛蘭車前往威斯康辛州春綠市（Spring Green），未經通知即抵達萊特的大本營塔里生（Taliesin）。「我開進住宅區停下來，不知道怎麼走。」他後來回憶說：「突然有七隻大德國牧羊犬撲到我車上對我狂吠，牠們看起來非常凶猛，我覺得被困住了。有幾個學生站在那裏大笑。我便開車走了。」貝聿銘轉往洛杉磯，幫當地一家公司設計一座監獄。

萊特在塔里生市有不少忠誠的學生，但他無法吸引深具社會良知，又正在找尋英雄的年輕人。他似乎是另一個世紀的遺老。菲利浦．強生說：「我常說萊特是十九世紀最偉大的建築師。我們都不把他當成是個重要的人物。當然，我們是錯的，這是流行的問題。」

偶然的邂逅

另外一次短暫的邂逅，改變了貝聿銘的一生。一九三八年在一次到紐約的旅行當中，他到中央火車站與一名中國同學會的朋友晤面，這位朋友走下火車的時候，身旁有位耀眼的中國女孩，名叫盧艾琳，她正要前往衛斯理學院，這是一所在家世背景良好的中國婦女之間甚有名氣的女子大學（畢業學生包括蔣介石夫人）。很巧合的是，她的父親是一九一六年麻省理工學院的畢業生，並成爲有名的工程師。貝聿銘自告奮勇地要求送她到波士頓，但是她不肯搭陌生人的便車，同時她已買了火車票。後來貝聿銘知道她的火車在哈特福（Hartford）遇到颶風而延誤，他打電話嘲笑她，並約她見面。

貝聿銘察覺，距離麻省理工校園不到一哩的哈佛建築學院，在不滿巴黎藝術學院派的學生眼中，已成爲最前衛的學院。當其他學校仍掙扎著企圖脫巴黎藝術學院派時，哈佛已全心擁抱所謂的「新建築」，哈佛建築學院院長約瑟夫·哈拿特（Joseph Hudnut），是一個害羞、中規中距的人，以設計歌德式教堂爲開端，希望推翻自己，並熱烈地轉而支持現代主義。他常在哈佛講壇上大聲譏諷抨擊，華盛頓特區新落成的新古典主義國家博物館像是「古文化的死亡面具」；傑弗遜紀念堂則是「幾何沙漠裏放置在餐廳架子上的一粒雞蛋」；以及格蘭特的墳墓是「笨重、巨大的怪物」。一九三七年哈拿特邀請華特·葛羅培斯（Walter Gropius）出任哈佛教授，震驚了建築界。葛氏是現代主義當中重量級的角色，而且是德國前衛的包浩斯學院（Bauhaus）創始人，該校是唯一教授新風格的國立學校。

哈拿特的邀請對葛羅培斯而言正是吉兆，納粹認爲新建築無可救藥地感染了社會主義，因此會褻瀆祖國：納粹報紙說葛氏是「上流社會的布爾什維克黨人」。結果包浩斯學院是納粹首先關閉的機構之一。葛氏雖然在第一次世界大戰時，曾因擔任騎兵軍官的英勇事蹟而獲頒鐵十字勳章，也不能免於納粹軍人到家門前騷擾。在他妻子的催促之下，一家人逃到了英國，然後再到美國，與包浩斯學院赴美避難的師生會合。他們經常說到：「若是要從零開始，有什麼地方比無限樂觀、沒有歷史包袱與戰爭的美國還好？」

身爲前衛藝術運動的領導者，葛羅培斯與其他包浩斯學院的同事在德國只能靠小型委託案勉强支撐下去。因此，可想而知，當這些被希特勒放逐的人，在美國被視爲文化英雄而受到熱烈歡迎時，他們的內心是多麼的震驚。由於現代美術館的殷勤推薦，著名客戶紛紛將重要工程委託給包浩斯學院，各大學亦爲他們設立尊顯的教職。湯姆·渥菲（Tom Wolfe）在他激烈的反現代著作《從包浩斯院到我們的房子》（From Bauhaus to Our House）諷刺地稱呼他們：「白色上帝終於從天而降！」

葛羅培斯的作品沒有萊特那麼多，也不像柯比意具有雄辯能力，他的角色是無形的，如同現代運動的精神中樞——在歐洲戰爭與毀滅的嚴酷考驗中鍛鍊出來的哲學家與導師。「建築紀錄」

▲

葛羅培斯立於貝聿銘的桌前。

貝聿銘是個心存疑慮的助手。

雜誌在他抵美之後立即出版他的論文。他寫道：「協助我們的同胞邁向自然及理性的生活，而非熱烈崇拜假神，就操在我們建築師的手中，莫此以往。」一個月之後，愛默生院長在波士頓建築師學會介紹他時，全場人士起立熱烈喝采，愛默生必須請這位演講人在演講結束後，再一次回到台上接受綿延不斷的掌聲。

藉由參與一項麻省理工、哈佛的聯合草圖問題，貝聿銘得以窺見哈佛的前衛哲學。此時，由哈佛學生出版，名爲「作業」（Task）的一份小型設計雜誌刊登他在MIT的論文作品，使他和這所鄰近的學校接上線。他的論文作品是一個簡單的活動式劇院，供中國宣傳部放影片及舞台劇使用。「我察覺到哈佛已醞釀著某種東西，」他說：「但愛默生院長反對那個地方。」

戰火阻隔回鄉路

貝聿銘原本打算一九四〇年自麻省理工畢業後回國，但他父親勸他打消這個念頭。經過一九三二年一二八事變之後，日本對亞洲大陸的陰謀益發狠毒。及至一九三七年，上海已陷入全面戰爭。八月一個燠熱的週六，下午四點三十分，五架美製中國轟炸機飛過上海上空，目標鎖定停泊在黃浦江的日本巡航艦。中國原本打算發動奇襲，未料轟炸機沒有命中目標。當機羣回轉之後，外灘上聚集的大批觀衆先是不可置信，然後驚慌失措地看到這批不中用的飛機竟然朝著他們投下四枚炸彈。二枚落入黃浦江，沒有造成傷害，一枚炸中匯中飯店的屋頂，另一枚命中華懋飯店及街上。街頭上頓時滿布灰泥、玻璃碎片以及肢離破碎的屍體，馬路沾滿了鮮血。七百名死者當中，有一名穿著亞麻套裝的英國紳士，身首異處。半小時後，另一枚流彈射中人潮洶湧的大世界娛樂公園，造成五百人死亡。那年夏天，一枚炸彈落在永安及先施百貨公司之間，時值午餐巔峯時間。美聯社報導：「數百具屍體疊得高高的，恍如爆炸的威力把他們捲在一起……馬路和水溝流滿鮮血。建築物的正面黏著斷頭、斷手和斷腳。有的甚至飛到二條街以外的地方。」

直到此時，在華宅中高臥的外國大班還自以爲是地認爲他們不會受到殃及，就像一九三二年那時一樣。但當上海的天空每天被砲火交擊的濃煙遮得暗無天日時，日軍將租界用鐵絲網團團圍住，並控制外電辦事處。日軍宣稱爵士樂帶來墮落的影響，關閉了舞廳。有的洋人逃到香港或新加坡；有的被帶到集中營，不少人便死在那裏。日軍在他們棄置的家園設立賭場和妓院。「十一月中國部隊棄守上海，」美國記者郝塞（E.O. Hauser）寫著：「九萬日本大軍將他們趕過長江……戰事持續，而上海已經淪陷……城裏一片岑寂。在戰火無情的洗禮下，這種寧靜格外詭譎……白色的辦公大樓，銀行和飯店沿著外灘，俯視腳下的濁水。人們才懶得去摧毀他們。但在窗戶後頭，時光已經靜止……有人認爲，儘管貪婪不堪，她曾是一個偉大而美麗的城市。」

貝聿銘童年時期的上海就葬送在血腥和鐵絲網之中。貝聿銘的後媽早已安全地搬到紐約公園大道的公寓，和他同父異母的妹妹住在一起。他的父親也跟著中國銀行撤退到重慶，不斷躲警報。蔣介石的國民政府和叛亂的共產黨組成聯合陣線，對付此時已控制鐵路和華北各大城節節逼進的日軍。如果没有外國的援助，自由中國餘日無多。

異鄉成婚

在一九四〇年貝聿銘畢業時，麻省理工提供他一份遊學獎學金，但是當時歐戰已爆發，愛默生院長要求他留在劍橋。貝聿銘接受老師的建議，並在史威工程公司（Stone & Webster）擔任繪圖工作，這家位於波士頓的工程公司，戰時承接的合約包括第一枚原子彈的製作。一九四一年十二月七日，貝聿銘正開著他的雪佛蘭轎車時，車上收音機傳來日軍襲擊珍珠港的消息。聽到美國將對日宣戰，讓貝聿銘著實放下一顆心。

這段時間貝聿銘持續地與盧艾琳約會，兩人還曾經在暑假裏開車一同往西部，到丹佛城外的科羅拉多礦業學校找貝聿銘的弟弟。盧艾琳不願意在四年的學業未完之前先結婚，他們等到一九四二年六月二十日，她畢業典禮後的第五天，兩人在建築師威廉・勞倫斯・巴頓李（William Lawrence Bottomley）俯瞰東河的高級住宅大廈舉行婚禮，由中國領事證婚。

短暫的蜜月之後，兩人回到了劍橋。盧艾琳在哈佛建築設計研究所選讀景觀建築課程，這是對巴黎藝術學院派没有耐心的學生最理想的選擇。貝聿銘原本不打算去讀哈佛，直到有一晚艾琳的一位教授在吃晚餐時力勸他投入葛羅培斯的門下。艾琳說，翌日早晨她先生便去了哈拿特院長辦公室。接著，貝聿銘得通知愛默生院長這個消息；儘管愛默生院長曾在建築學會會議上介紹過葛羅培斯，但他仍討厭葛羅培斯這個人和他那刺耳、頑固的學說。「當我決定去讀哈佛時，愛默生院長很不高興，」貝聿銘說：「他覺得像是被出賣了。他非常執著於巴黎藝術學院派的教學理論，而且真心認爲現代理論的發展是錯誤的。」

投筆爲國

貝聿銘於一九四二年十二月進碩士班。惟因牽掛平靜校園之外的遠方正進行熾烈的戰事，他在入學不到一個月內便休學，志願加入紐澤西州普林斯頓的美國國防研究委員會（NDRC）工作。這個新成立的機構是戰時情報組織，係艾伯特・愛因斯坦向羅斯福總統提出建議，作爲研究秘密武器的物理學家與白宮之間保持永久連絡之用。貝聿銘數年後說：「我的工作是研究日本城鎮的照片，找出最有效的轟炸位置。真是可怕；我甚至不願去回想。」

貝聿銘利用工作閒暇之餘從事設計。在普林斯頓的時候，貝聿銘以像太空船吊艙的模矩化預鑄屋作品贏得「藝術與建築」雜誌（Arts & Architecture）所舉辦的競圖比賽，獎金才一千零六十美元。

在普林斯頓時，盧艾琳生下他們的第一個小孩，是個兒子，命名爲貝庭中（音譯）（T'ing Chung），母職的負擔使艾琳放棄了學業，但是她敏銳的觀察與聰慧的判斷力，使她成爲日後貝聿銘最親密的顧問、知己和助手。貝庭中長大以後形容她是「父親的秘密武器」。

一九四四年七月，貝聿銘的父親貝祖詒代表中國，參加在新漢普夏州的布瑞登伍德舉行的聯合國金融年會。一九四五年，日本投降後幾個月，他再隨宋子文赴美，向國務院尋求五億美元貸款以支撐戰後的中國貨幣。貝祖詒在紐約停留之際，醫生檢查出他患有肺結核。大家建議他到療養院休養，但是中國爆發內戰，需要他立即回去。當盟軍正在慶祝太平洋戰役的勝利時，蔣介石政府和中國共產黨終止抗日的聯合陣線，恢復內鬨。紅軍集結戰時的游擊兵力，打算展開全面反攻。國內拍來一通電報：「你一定要回來，中國現在不能沒有你。」

同樣是政局動盪的理由迫使貝祖詒回國，卻讓兒子安全地留在美國。子曰：「千金之子，不死於途。」

一九四五年初貝聿銘回到劍橋，並在學校外租了一間附花園的小公寓，他們種植中國碗豆。貝聿銘自己作了一個長木頭書架，放置有朝一日準備帶回老家的資料。週六一大早，他開車穿越安靜的街道到波士頓的花市，帶回一車的花色與花香，懷想起故鄉的花園。無疑地，他和艾琳都感受到故鄉的呼喚，一如遙遠星球的引力。「他們想念中國，而且感到悲傷，」他的朋友柴斯特·奈格爾回憶說：「但是毫無疑問的，他們待在這裏會最好。」

ㄨ　ㄨ　ㄨ　ㄨ　ㄨ

現代風起

一九四五年初貝聿銘復學時，哈佛的羅賓遜大廳正爲美國建築史揭開晝世紀的一頁。如同第一次世界大戰的許多倖存者，對舊秩序的幻想破滅，葛羅培斯認爲要避免歷史的錯誤必須採取激進的手段，他賦予自己的角色是，訓練第二代的現代主義者擔當起工業社會救贖的英雄使命。「我們有一種極爲樂觀的想法，好的建築能引導我們到一個更好的世界。」與貝聿銘同期的建築師約翰・哈克尼斯（John Harkness）回憶說：「我們嘗試著解決貧窮和住屋等基本問題，而不浪費時間在考量風格，或煩惱穿什麼衣服去參加巴黎藝術學院舞會。」

在哈拿特的贊同之下，葛羅培斯將藝術史「難以消化、死板的知識」，從核心課程當中抹去。文藝復興與歌德式的陳腐觀念完全與學生隔絕，取而代之的是實用的現代風格學說——柯比意的《邁向無修飾的建築》（Vers une Architecture），阿佛烈・羅斯（Alfred Roth）的《新建築》（New Architecture），席格佛萊・蓋迪恩（Sigfried Giedion）的《空間、時間與建築》（Space, Time and Architecture），這套書目出現於一九三二年紐約現代美術館「國際風格」展和建築學院的各類專題論文之中。「這套課程不單是漠視傳統，更是反傳統的。」後來加入貝聿銘私人事務所的亨利・柯伯（Henry Cobb）說：「葛羅培斯認爲學生在發掘自我的動力之前，不應當讀歷史。幾本書便囊括了一切。這是一個任何事都有可能發生的世界，然而我們的焦點卻太狹隘了。後來證實這點正是我們最大的敗筆。」

當葛羅培斯正大刀闊釜改革哈佛的課程時，另一名來自德國包浩斯學院的流亡者馬索・布魯意（Marcel Breuer）卻做了不少實地的指導。日後設計紐約惠特尼美術館的布魯意，加入了葛羅培斯的智慧，將他輕鬆自在的態度，以及靈巧優雅地運用工業原料的流暢手法，都表露無遺。布魯意在讚歎自行車把手的優雅外形之餘，發明了將皮革掛在懸臂式鋼管上的瓦西里椅（Wassily）。今日我們熟悉的彎曲鋼製家具大多依據他的設計。「我從布魯意身上學到，要瞭解建築，必須先瞭解生活」貝聿銘說：「我也認爲，布魯意的影響力遠勝人們的估計。這一代的建築師都受到他早期作品的影響，尤其是在住宅設計方面。當布魯意初到這個國家時，很喜歡使用木材。當時我們已有木瓦，也有護牆板，但他說，『爲何不使用垂直板、板舌和凹槽，做出完全平坦的表面？』布魯意開創這一切。」

葛羅培斯與布魯意栽培出一批有才幹的年輕設計家，包括有愛德華・巴恩斯（Edward Larrabee Barnes）、亨利・柯柏、保羅・魯道夫（Paul Rudolph）、哈利・賽德勒（Harry Seidler）與菲利浦・强生，强生以三十四歲的相對高齡離開現代美術館，追隨葛羅培斯學習。這些追隨者被寄以厚望，希望勇往直前在現代建築設計奪得領導的地位。他們也確實不負期望。

「那是一段非常令人興奮的時期，」貝聿銘回憶說：「當時學校裏都是女人與像我這樣的外國人，及菲利浦・强生，他年紀比別人大，所以不用上戰場。再加上許許多多的南美洲人。教授無事可做，只能專心教課。而我們與葛羅培斯、布魯意等教授的關係相當熟稔，不只是師生，更是朋友。」

「銀色王子」

貝聿銘與趣味相投的朋友能打成一片。「他們夫妻倆都很會社交，」布魯意的遺孀康絲坦絲回憶說：「艾琳就像完美的美國大學女孩，身材苗條、活潑、美麗，英語毫無口音。兩人真是天作之合，過去是，將來也會是。」

葛羅培斯當時已在波士頓郊外優雅的林肯村蘋果園旁給自己蓋了座小屋。一九四五年夏天葛羅培斯出國旅行之際，貝氏夫婦帶著襁褓時期的貝庭中幫他看房子。這座小白屋所呈現出的建築元素，對現在的人來說是非常熟悉的，但在當時卻不常見：玻璃磚，白牆，相通的房間，以及鋼骨椅。對於貝聿銘及他的同學來說，在這之前，他們只能在雜誌上欣賞現代主義，他們來這裏等於是開眼界——一個距離華登池（Walden Pond）只有一箭之遙的前衛威瑪（Weimar；審註：德國中部都市，爲一九九五年包浩斯學院的創始地）。

葛羅培斯雖以現代勞工住宅爲基礎，架構出社會主義烏托邦，但他本人卻散發出貴族的氣質。葛氏以溫文儒雅的態度擄獲敏感的年輕人，包浩斯學派畫家保羅．克李還給他取了「銀色王子」的綽號。他們觀察葛羅培斯在酒會上端著酒杯，一動也不動地談話，然後一口喝光的舉止。

那一代的建築師，包括貝聿銘在內，都模仿他將頭髮服貼地往後梳以及打蝴蝶領結。「他工作到凌晨三點，很少睡覺，當他看著你的時候，眼睛就像星子一樣，」包浩斯學派的畫家萊諾・費寧格這樣寫著：「若是誰不能從他那得到力量，那真是遺憾啊。」

葛羅培斯每週兩次到建築研究所，在十二張左右的畫桌前逐一指點學生。當他自上衣口袋抽出粗短的鉛筆說明一個概念，或是在菸霧迷漫中扭曲著手指思索正確的語句來闡明理論時，學生們會聚攏到他四周。一九六三年，貝聿銘在同窗們爲恩師八十歲壽辰慶生時曾說：「當我初到哈佛，葛羅培斯聽不懂我的語言；葛羅培斯對美國建築業的貢獻，在於帶給我們共通的語言。」

在研究所或是偶爾參加的教職員俱樂部的餐會上，葛羅培斯經常抨擊粗俗而大量使用的裝飾藝術（譯註：一九三〇年代極盛的裝飾美術圖樣）以及做作的都鐸式大廈，他勉勵貝聿銘這一代朝向具有社會良知、能夠採取機器生產之建材如鋼鐵、混凝土、玻璃來製造平價房屋的建築事業而努力，如此十九世紀的黑暗、充滿生物的城市才能趨於光明與繁榮。他寫道：「新建築業打開牆壁引進大量的空氣與陽光，不再用沉重的地基將建物打入地底，而是輕巧地、堅實地把他們放置在地表之上。」

追隨大師

由於現代主義創始者已然將理想的機器時代建築定義爲單純的小白屋——「哈佛箱型屋」，

貝聿銘和他的同學最關切的課題即在於如何修改配方以達成任務。葛羅培斯警告說，單純的「普通人」早已習慣於太古的花崗石矯飾，一開始可能會抗拒現代建築的刻板，如精巧的廚房、平坦的屋頂和空白的牆壁，但是之後必然會瞭解它們的好處。「新建築的學術性基礎已然完備，」葛羅培斯保證說：「各個構成要素的工作檯測試也已完成，只剩下灌輸社區意識和基本真理的重責大任。」

跟隨葛羅培斯學習，就像是加入以建築設計拯救世界的傳教行動，有哪個年輕建築師能夠抗拒這種神聖的使命呢？貝聿銘與他的同學不必再遵從客戶粗俗的要求。也不會再有中產階級的贗品別墅以及訂做的莊園。他們高尚而堅定的任務是「去說服、去教育，而且如有必要，去專斷獨行。」

一個嶄新的平等主義社會無法構築於擴建物和附加物等瑣碎規模之上。建築研究所用全新的主要計畫地區，來取代現有錯綜複雜的巷道和林蔭大道。建築師威廉・康克林（William Conklin）回憶說：「身為學生，我們做盡一切可能的計畫——現在想起來都會害怕。我們掃除半數老波士頓的建築，檢視如何讓它們看起來理想化，如同我們是整座城市的建築師一般，一切重頭開始。」

在重建美國城市方面，沒有一個葛羅培斯的學生能夠如貝聿銘那麼多產，但是貝氏並未全然接受葛羅培斯說得天花亂墜的社會主義計畫。老子說：「信言不美，美言不信。」

在本世紀中葉的美國式樂觀氛圍長大的同學，或許會天真得相信團隊合作及組合式房屋原材料可以拯救紛擾的世界，但貝聿銘來自於一個忍受數千年壓迫與戰爭的古文明，他以儒家的審慎態度來看待建築界內部的變革。「我對保持純真具有敏感度，而且非常好奇，」貝聿銘後來解釋說：「我認為好奇心是重要的特質，由於好奇心，我經常發問，當你發問時，你能得到不同的答案。不，我不完全對單一信條效忠。」

貝家是第一批應邀到劍橋菲利浦·強生家中吃晚飯的客人；這棟房子是強生為了論文計畫而興建的。在現代美術館擔任年輕的設計館長時，強生已研究過現代大師，理應比他受教的哈佛教授更瞭解現代運動，不久他便將葛羅培斯斥為能言善道之輩，及半調子的建築師。強生在艾許街九號蓋的房子有一大面俯視中庭的玻璃牆，等於公開宣示他効忠葛氏的死對頭，密斯（Mies van der Rohe）——玻璃鋼鐵技術的祖師爺，繼葛氏之後擔任包浩斯學院的院長。被葛氏搶去哈佛的教職之後，密斯成為鋼骨結構的發源地——芝加哥阿默（Armour）技術研究所的所長，研究所並且賦予他設計新校區人人稱羨的差事。強生原本要追隨密斯，但他無法忍受要放棄哈佛校徽，前往殘存著不快樂成長記憶的美國中西部。

貝聿銘和他同學蜂擁到哈佛，聆聽葛羅培斯布道，但提及設計，他們和強生一樣，認為密斯較具啓發性。密斯是個魁梧、粗線條的人，離不開昂貴的雪茄和白蘭地，沈默寡言的建築藝術家，能將工字型鋼樑和大片玻璃排列成比例動人的嚴謹傑作。密斯完全契合現代主義的口號：

「少即是多」和「上帝就在細部裏」。誠然，他那中庸的開放空間具有一種精神層面，擄獲了貝聿銘之類的新生代設計師。至少在一九六〇年代以前，他們都是根據他而制訂標準建築語彙。

貝聿銘計畫在他回國後，將這些案例和影響運用在强大而獨立的中國。他在實踐這項雄心壯志時有著些許的保留，因爲假使現代主義變成一種真正的國際風格，一如葛羅培斯所預測，它將變成建築的帝國主義，用西方發源的玻璃和鋼鐵取代中國固有的風格。有一天貝聿銘打斷葛氏的授課，爭辯國際風格不應抹殺地方習俗與特色。「我說，『氣候如何呢？歷史如何呢？傳統又如何呢？』他說，『非常有意思。你自己可以做一個計畫，來向我證明。』」

幾個月之後，貝聿銘在整個學院面前提出了他的畢業設計，其中有數幅筆墨畫，還有一個兩層樓上海美術館的漂亮巴沙木模型，它有數個內庭以及一道流水經過茶園。貝聿銘的美術館迥異於西式建築，他解釋說，因爲中國藝術品在社會上扮演不同的角色：

要證明我的觀點其實非常容易，因爲在當時……世上偉大博物館的設計都近似於羅浮宮和大都會博物館，有著高牆、非常壯觀的建築。當然，他們並沒有錯，因爲他們貢奉公衆藝品、希臘羅馬雕塑、大型掛氈、教堂藝品、狄拉克勞西（Delacroix）和魯本斯（Rubens）的繪畫，諸如此類的。還有，榮耀羅馬帝國和拿破崙的大型物件。所以如此公開的西方藝品，自然可以有搭配它的建築。

但當你思及東方藝品時，又是完全不同的一回事。它是非常私密的——玉石、象牙、瓷器，甚至連捲軸畫，不管有多長，也從不掛出來；他們總是妥善收藏，只在特殊場合才取出來觀賞。你不能在巨型希臘羅馬複製建物中展出這種藝術品，因此觀賞與展覽這類藝品的環境必須不同於西方博物館。

設計那種博物館是當時相當熱門的主題。布魯意雖然引領這類討論，但事實上，早在當時便看得出來布魯意對自己的主張有些不安。

返校任教

葛羅培斯稱許貝聿銘的作品是，「我所見過最佳的學生作品」。葛羅培斯在「前衛建築」雜誌（Progressive Architecture）刊登出這件作品的圖片時，大加吹捧地寫道：「它明白地展現出一名有能力的設計者，能夠掌握傳統特質——他所發現仍然值得保存的，而不必犧牲前衛設計的概念。」

貝聿銘於一九四六年畢業之後，葛羅培斯請他到自己的公司，協助設計一項上海工程——華東基督教大學，地點在上海市西部的機場舊址，占地達一百五十畝，貝聿銘提供了不少個人的當地知識，並繪出庭院與池塘間配置美麗的欄干式宿舍、教室等建築。可惜的是，國民黨與共產黨

◀ 貝聿銘（左二）攝於哈佛大學。他決定投効一名紐約房地產開發商，在劍橋舊識間傳爲醜聞。

▼ 貝聿銘在哈佛大學的畢業論文：上海美術館。貝聿銘希望證明現代風格也能與地方特色並存。

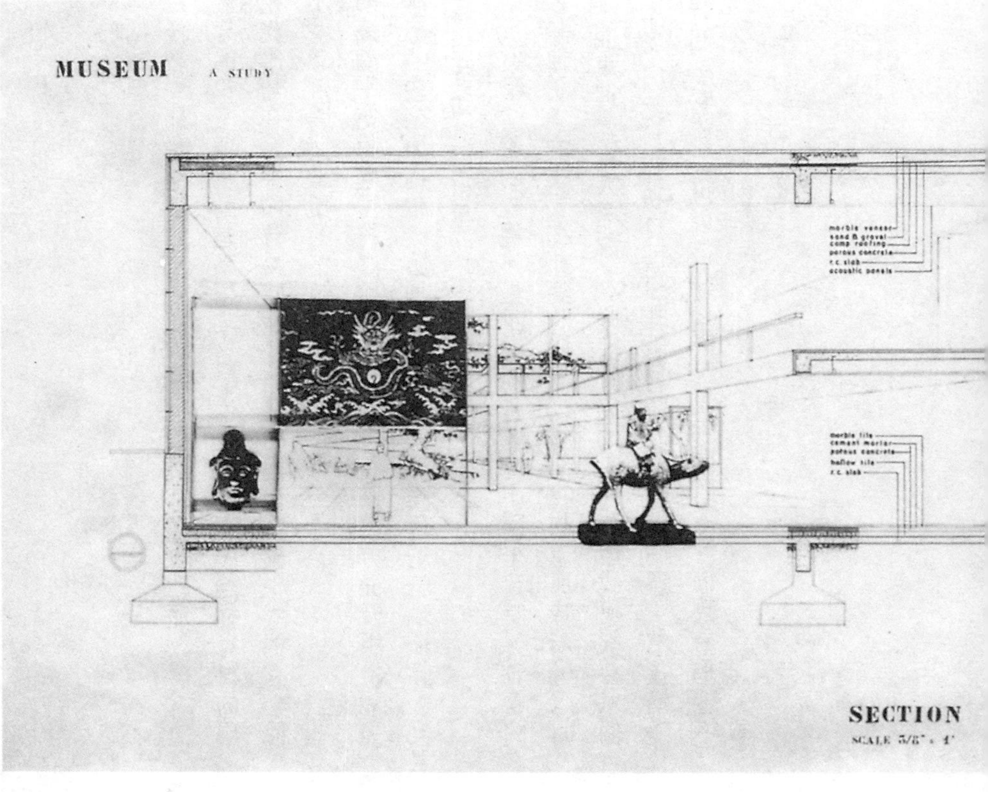

的內戰方酣，造成建築計畫中輟。

葛羅培斯同時延請貝聿銘回研究所任教，那時他年方二十九，是全校最年輕的助理教授，他給學生的印象是平易近人、有熱誠，教學的第一項行動是率領八名學生及眷屬去參觀林肯村的房子。「他很容易與人建立起友誼，」祖先湊巧在對中國貿易時做過船長的柯伯曾說：「他有一種異國特質，非常吸引人，尤其是對等不及想離開波士頓的年輕波士頓人。」

身爲一名教師，貝聿銘以非正式的協助平衡對學生的嚴厲要求，「他在細節方面及組織能力上都不是很好，但卻是具啓發生的老師。」後來與柯柏一齊加入貝氏私人事務所的普瑞斯頓．摩爾（Preston Moore）如此說道：「他立即就知道你想要做什麼，而協助你導正它。」

貝聿銘曾說，他當老師的收穫更勝於當學生時的收穫。最重要的是，當中國平定時，教書的工作可以說丟下就丟下。「我要回家，」他說：「我要在那裏有所作爲，但我知道那時不可以回去。教書是我唯一能做的事，因爲我不能走進去跟人家說，『我要替你們工作，但我可能在六個月後離開。』教書的話，就可以這麼做……因此，我和自己掙扎著何時該回去的問題，然後演變成我是不是該回去。教書爲我爭取到時間，它使我可以待在這裏，思索問題，等待政局平穩下來。」

創造未來

他與艾琳兩人也從未費事去教導大兒子庭中與二兒子貝執中（小名弟弟，一九四六年生）說中文，因爲他們認爲孩子可以回家鄉再學。「當我到這裏來求學時，我並沒有留下來的打算，」貝聿銘告訴時代週刊說：「後來因爲戰爭，我不得不留下。我很慶幸能夠如此，只是我的家人仍在中國，這種臍帶關係無法切斷。我雖然不孤單，可是我很想家，中國非常地動盪不安，我父親說，『你何不等到時局安定以後再回來？』」

日本投降後不久，共產黨在中國坐大，貝聿銘回國的希望幻滅。一九四六年三月，貝祖詒出任中國銀行總裁，針對當時因龐大的軍事預算，發行過多貨幣所造成的嚴重通膨，制定出穩定經濟的方案。貝祖詒告訴美國記者說：「我對控制住局面有信心，雖然有嚴重的政治問題，我想我們還是能走上經濟復甦。」

雖然他表現得很樂觀，但貝祖詒必然明白，在共產黨逐步强大而失去士氣的國民黨軍隊節節敗退之際，他的財政方案顯得毫無意義。一九四八年四月，貝祖詒再度赴美，向國務卿喬治・馬歇爾（George Marshall）要求緊急援助，但當時想要拯救蔣介石政府已是爲時太晚。一九四九年春天，國民黨軍隊失去戰鬥意志，國民黨政府開始崩潰，五月間，最高統帥蔣介石及其殘餘部隊撤退到台灣。貝祖詒轉而擔任數家香港與紐約的銀行和保險公司的顧問。

五月二十五日，中國人民解放軍部隊挾勝利之姿，開進上海外灘及貝聿銘長大之地的法國租界。外灘上升起了共軍的紅旗，象徵著一個時代的結束。不到幾個月內，毛澤東正式宣布成立中華人民共和國。

貝聿銘再也沒有機會回家了。在情感上未曾擁抱中國的遺憾，從電影院與童年時期的課堂延伸到了國外。

因緣際會之故，他從兩個不同的世界得到不同的哺育，中國灌輸他儒家思想以及根植於悠久傳統之下的神秘個人權威，而美國卻能讓他逃避中國作家潘林（Lynn Pan）所說的「禁錮現在的過去」。第二故鄉允許他有獨立思考的機會，去追求新契機，讓他能掌握機運同時能夠做到美國人所能做得最好的：創造未來。

貝聿銘與齊肯多夫1954年7月8日在白宮晉見艾森豪總統之後合影。

▼

第4章 我們將改變這一切

葛羅培斯曾寫過：「學院教育的基本錯誤，源自於它堅持個別天賦的理念。」他鼓勵受他訓練的第二代現代主義者壓抑自我的野心，以培養他自己的公司——建築師團隊事務所體現團隊合作的平等美德。葛羅培斯和布魯意只有零星的建築作品，他們期望新手安貧樂道地等待蓋郊外小型房屋的機會。一如今日，當年會走進門的顧客通常是他們的母親，或是其他同情他們的親戚。

貝聿銘有一種觀察入微、明察秋毫的本能。他比同學更可能偏離老師指示的道路，以找尋合適的切入點。當了二年的講師之後，在三十一歲那年，他脫離隱居式的學術領域，投向一位新導師——意興風發的房地產開發商齊肯多夫（William Zeckendorf）——他豐富的特質就如同一所大學。

齊肯多夫是貝聿銘欽慕不已那種好萊塢電影裏活蹦亂跳的美國人物，大塊頭，有著卡通片式的結實下巴，大腹便便，禿頭上戴著一頂灰色牛仔帽，嗆鼻的長枝雪茄，在肥肥的手指間冒著煙。他很魁梧，體重約二百五十磅，自稱對冒險上了癮，愛說閒話，是個永遠吃不飽的饕餮客、世界一流的美食家。戰後的紐約佬都知道他是市中心區的王子，與金融鉅子往來密切，一通電話就能呼風喚雨。

「大比爾」

「大比爾」（齊肯多夫的綽號）的生活就像是一場永不停息的房地產大競賽。儘管他有通宵達旦開舞會的不良癖好，齊肯多夫會在黎明時分乘著車牌號碼「WZ－1」的克萊斯勒黑色大轎車悄然地上班；他會跟坐在寬敞後座的朋友高談闊論，然後用最早期的汽車行動電話對外連絡。有一回一位同業對手打電話到他車上炫耀自己的行動電話。「等一下，」唬人專家齊肯多夫回答：「我另外一支電話又響了。」

齊肯多夫每週如苦行僧般工作九十個小時，大多數時間耳朵旁都枕著話筒。他的三名秘書一個小時內最多會接進三十五通電話，訪客時常會在他的桌邊枯候，看著他一邊進行冗長的談判，一邊在一疊筆記紙上畫上三角形的塗鴉。辦公室裏還傳說，齊肯多夫有一回讓艾森豪總統等在線上，然後去接另一通電話。

企業家的競爭手腕比金錢更能刺激齊肯多夫，他四處開發純粹是爲了箇中的樂趣。他涉獵航運業、鑽探蘇里南海外的原油、贊助三十齣百老匯舞台劇，包括「紳士愛美女」（Gentlemen Prefer Blondes），買下亞歷桑納州一整座鄉鎮、波易士（Boise）的一座監獄，荷伯肯（Hoboken）的一條鐵路，還差點買下布魯克林道奇棒球隊。

他把紐約房地產當成棒球卡似地玩弄於股掌之間，擁有葛雷霸（Graybar）及克萊斯勒大樓，聖雷吉斯（Saint Regis）、亞士達（Astor）和德瑞克（Drake）飯店等各式戰利品。當這家夜總會的業主破產時，齊肯多夫親自接手管理，保住了他配有電話私人專用的角落桌子。當時「紐約客」一幀漫畫畫著一個男人和他的兒子一起欣賞紐約的天空，然後說道：「兒子啊，有一天這一切都會屬於齊肯多夫先生。」

齊肯多夫天賦異禀，卻不是出生於富有人家。他的祖父是亞歷桑納州的拓荒者，父親是一名鞋匠，他畢業於布朗克區的狄威特柯林頓高中，在紐約大學打了三年的橄欖球，然後輟學去替他叔叔的房地產公司收租。一九二五年他叔叔去歐洲度假時，他把百老匯街三十二號上一棟不起眼的辦公大樓出租，從此開啓了自己的事業。在大蕭條時期，他擔任職業仲介掮客，持續賺錢，一九三八年他進入麥迪遜大道上一家正派經營的房地產顧問公司——威奈公司（Webb & Knapp），職稱是副總裁，年薪九千美元。人們很難將這個出身長島、逞勇好鬥的猶太人，跟一家由哈佛、耶魯和葛羅登（Groton）等名校畢業生經營的穩健公司聯想在一起。但是威奈公司在房地產起飛時卻陷入一種危險的停滯狀況；公司急需新血輪和瞭解市場的人加入。「我對城內每條街上的房地產都瞭若指掌，」齊肯多夫在回憶錄中說道：「我認識大多數舉足輕重的經紀商和一大票銀行家，還有一堆保險商，要不然他們也都知道我這號人物。此外，我也帶來了沸騰的精力，只要合夥人有錢，我就會野心勃勃。所以，憑著背景與個性，我變成這個行業裏頭最狂熱、交遊最廣、點子最多的人。」

齊肯多夫憑藉著他對策略性土地的神秘第六感，透過一連串令人拍案叫絕的交易，很有技巧地提高公司老舊資產的價碼。他的心思敏捷，能看穿雜亂的數字，領悟出房地產更大的潛力。他老愛說：「我可以從檸檬裏變出葡萄。」他後來將這句口頭禪變成「我可以從花生裏變出香蕉」。文生・艾斯特（Vincent Astor）一九四二年被海軍徵召服役時，留下總額五千萬美元的房地產給威奈公司保管。在出航前不久，艾斯特在他二十個房間的頂樓華宅裏，啜飲著馬丁尼問道：「嗯，你覺得我的房地產怎麼樣？」

「大體而言，指揮官，我認爲它們很爛，」三十六歲的齊肯多夫回答說：「它們都已經落伍了。」

直衝九霄

艾斯特指揮護航艦橫越大西洋時，年紀已大得不用入役的齊肯多夫很精明地利用這位繼承人的名氣，將他在紐約的房地產賣給帶著畢生積蓄逃離納粹魔掌的猶太難民。齊肯多夫將這筆錢轉投資在更大筆的房地產上，然後將他們抵押以取得更多現金，接著買入更多房地產，不光是在紐約，而是遍及全美各地。

經過一百五十筆交易之後，齊肯多夫已將艾斯特的資產增加五百萬美元，每年收入也增加三

▲

齊肯多夫是那個時代最具野心的房地產開發商。

倍。齊肯多夫寄給艾斯特一張三十五萬美元的帳單，並附上一張紙條說，如果他認爲太離譜的話，可以不理會這張帳單。艾斯特指示助理寄去支票，並附上一束鮮花。

威奈公司的高級主管解甲歸田之後，發現這名年輕的海盜已成了龍頭老大。一九四七年，他被提名爲總裁，過了二年後，他便完全擁有這家公司。生活雜誌報導：「有時，艾略特・克羅斯（Elliot Cross）、亨利・奚爾斯（Henry Sears）及約翰・高德（John Gould）等小心翼翼的人物，似乎只能上氣不接下氣地追在他的後頭，就像風箏的尾巴一樣，而他卻已衝上房地產業的九霄雲端。」財星雜誌並預測齊肯多夫可能是第一位登陸月球的美國人。

事實上，齊肯多夫不只是個虛張聲勢的交易商而已，他是一個觀念思想家，一個踏實的夢想家，不停地想出各項雄心壯志的事業。他的招術是買入城中不發達地區的次等房地產，然後用他嶄新、有時是異想天開的主意將之重新開發，使其價值暴增三倍。「我認定這是房地產脫離商業廣告階段的時機，」他向新聞週刊表示：「如果我算是這個行業中叛經離道的傢伙或是激進分子，那是因爲其他人只會用錢工作；我還會發揮想像力。」

齊肯多夫有些計畫跟科幻小說十分相像，例如他構想在紐約潘恩（Penn）火車站的頂樓興建進步皇宮，以容納相當於五角大廈二倍大的辦公空間，或是一座永久性世界博覽會場。他還計畫在曼哈頓西側一百四十四條街道上的十層樓大廈頂樓興建一座三十億美元的機場，大約是中央公園的規模。當這些難以置信的白日夢在藍圖階段便告夭折時，有人指責齊肯多夫大吹大擂這些幻想，只是爲了贏得知名度。但是他對這座空中機場是很認真的，還投資二萬五千美元在設計藍圖上，圖樣後來發表在生活雜誌上。齊肯多夫的責難者未能體認到，他天生就是拿破崙型的建商。「建築論壇」雜誌（Architectural Forum）表示：「他是那種可以激勵人心，以求取進步及配合時代腳步的新形式與新規模的領袖或先鋒。」

人口遷徙潮

本著夢想家的天性，齊肯多夫巡視全美各座破舊的城市，並摩拳擦掌地準備迎接各種可能的發展。在過去十年，經濟大蕭條已使城市新住宅的興建趨於停頓，十九世紀以來的社區也無法獲得維護。戰爭爆發後，情況進一步惡化，因爲建商必須應付更緊急的需求，數量龐大的南方黑人及貧困的鄉下工人湧入城市，在戰時工廠做工，新貧民窟四處蔓延。

同時，羅斯福政府也計畫將人口外移到青蔥翠綠的郊外，在人民受到不景氣和戰火的二次剝奪之前，爲他們規畫出「模範家庭」的光明遠景。當電影院的燈光轉暗後，觀衆看到一系列「理想房屋新聞短片」，聲音宏亮的旁白宣稱「擁有房屋是幸福和美滿生活的基礎」。廣告描繪著郊區生活的瑰麗景象，諸如「兩部福特的自由」和「美國風貌」等影片，頌揚獨棟房屋這種新消費者產品的神奇功效。一九四四—一九四六年間，年輕的建築師在「仕女家庭」雜誌（Ladies' Home Journal）上相繼發表他們的「夢中住宅」，現代美術館也舉辦「明日小型家屋」的展覽。

戰後政府擔保的低利房貸，使得中產階級擁有自己房屋的美國大夢成真。嬰兒潮顛峯時期，許多家庭放棄老舊的綜合功能社區、街角的雜貨店以及沒有電梯的出租公寓，投向每個城市漫無邊際擴張的乾淨郊區，及其期盼很久的歡樂時光。威廉・李維特等房地產開發商，將方便的戰時產品直接用於興建郊區鄉鎮，底特律製造出一隊又一隊的新車，供日益擴大的高速公路網使用。甘迺迪・傑克森在《野草前線》中（Crabgrass Frontier）寫著：「五年多以來，軍需品凌駕民生用品之上，到了一九四五年，幾乎每個人都有一長串物資短缺的清單。」

有能力搬遷的家庭受到洗衣設備、中央暖氣、自動爐子、電視機、車庫、廉價土地，還有最重要的一點，擁有美國一個角落的夢想所驅使，而搬到郊外。一九五〇年時，全美最大的二十五座城市之中，就有十八座的人口不斷外流到郊區。這股遷移潮耗盡城市最重要的資源，使之步上衰敗的惡運。有人說，這些衰頹的城市，有朝一日可能會跟英國薩利斯伯瑞平原上的巨大石柱羣和埃及金字塔一樣，變成一個古老文明的遺跡。

早在破舊的城市又變得熱門起來之前，齊肯多夫就已是這些地方的霸主。他說，巴黎、羅馬和紐約等金融和文化的發祥地，至今仍是文明最璨爛的花朵，以及歌劇院、圖書館和教堂等無可取代的建築所在地。「一如飛蛾撲火，」他在頗具影響力的「耶魯評論」（Yale Review）上寫著：「藝術、金融、商業、飲食和娛樂等最耀眼的標幟，也會逐漸吸收和壟斷各地最强的購買力。」

這種論調使齊肯多夫成爲一名啓蒙建商，他並在「大西洋」雜誌上發表一系列文章說明自己的理念，還跟萊特舉行電視辯論，後者主張城市是「銀行和嫖妓的基地，如此而已」。萊特大力抨擊紐約「沒有人情味」，摩天大樓「像野草似地亂長」。

「我不同意，」齊肯多夫反駁說：「我認爲城市是人類羣居天性的體現，因此是一種自然的體現。歷史上任何偉大文明……都是崛起於都市生活。」辯論結束後，他們回到齊肯多夫位於格林威治的家中，一邊喝酒，一邊繼續抬槓。萊特想再拿一些白蘭地，結果失足從酒窖的階梯跌下，緊急送到醫院去縫了好幾針（經過一整夜的豪飲，他認爲不需要打麻醉劑了），才使得這個夜晚倉促落幕。儘管兩人意見相左，齊肯多夫把萊特當成了朋友，數年後，他拯救這名建築師於一九〇九年創建的羅貝公司（Robie），並將之合併到威奈公司的芝加哥分公司。

不登對的組合

齊肯多夫預期，在大街的陰影下不斷惡化的大片貧民區勢必要予以重建。優先占到好位子的建商，將會從這股不可逆轉的大改建潮流中狠狠撈上一筆，因爲這時剛好趕上民衆普遍都能接受現代設計的時機。沒有石塊或是昂貴設計的樸實玻璃屋，如今被視爲如同汽車和收音機一樣的實用。藝術評論家羅伯特・休斯（Robert Hughs）曾說：「現代主義風格真正吸引人之處，不在其提升精神層面，而在其低廉的成本。」

由於好的設計不再比差的設計更昂貴，齊肯多夫預測，向來互相猜忌的建築師和房地產開發商之間將取得微妙的和解。他告訴哈佛設計研究所的學生說：「等房地產建商、經濟學家、藝術家和設計師能夠巧妙地整合在一起，使我們創造出經得起時代考驗：成本健全、美觀、耐用的住宅、工業和商業建築物時，我們或許很可能會邁入建築的黃金時代。」

齊肯多夫迫切希望邁入這種合作關係。不過，要跟誰合作呢？威奈公司早已雇用助理建築師以承包建物的局部改造，例如大廳更新等，但齊肯多夫想望中的浩大工程遠非他們能力可及。他要找一名相當現代的建築行家，一個可以用現代風格拼湊出嶄新社區的夢想家助手。

齊肯多夫徵詢現代藝術美術館館長奈爾遜．洛克斐勒（Nelson Rockefeller）的意見。「奈爾遜，難道你不覺得，現在正是現代麥迪西開始聘用現代米開朗基羅和達文西的時候嗎？」他問道：「我打算展開一項全國性的大規模建築計畫，希望招募一羣能夠提供新構想的建築專業人員。」

洛克斐勒指點他去找一位名叫約翰．艾伯特（John Abbott）的資深美術館管理者，當時他已變成一個令人討厭的辦公室政客；有謠傳指出洛克斐勒想除掉艾伯特。和其他房地產開發商一樣，齊肯多夫也急於討洛克斐勒的歡心，所以他聘用艾伯特擔任獵人頭者，派他去挖掘有才華的建築師。「我特別指明不要一個出身富裕家庭的人，因爲他們常會變成業餘人士，」齊肯多夫後來回憶說：「我也不要一個在別人辦公室做了很久的人，因爲他早已精神崩潰。」

當時菲利浦・强生已回到紐約，恢復在現代美術館設計部門的工作，艾伯特諮詢過强生的意見後，提出十二位適合的人選，貝聿銘是其中之一。「當齊肯多夫問我是否願意和他碰面時，我跳了起來，我真的跳了起來，因爲我認爲這是認識房地產的大好機會。」貝聿銘說：「想在中國大陸做個建築師，和這裏不同的是，你必須瞭解房地產。」一九四八年春天，這位講師從劍橋開著別克轎車前來，在一間貼滿停車場照片的邋遢辦公室裏，看到這位房地產開發商坐在一大堆紙張的後頭。房間內散布著「X城市」的計畫——齊肯多夫希望在眺望東河的一塊四十呎平台上興建的自給自足開發案。

這名興風作浪的猶太裔開發商和輕聲細語的華裔教授，實在是非常不登對的組合。但是，這兩個有魅力的男人很快就變得融洽起來。美酒是齊肯多夫很大的嗜好，他收藏二萬瓶酒的地窖是全美最大的酒窖之一，他很高興知道貝聿銘也是同好。齊肯多夫也很迷信——他支付的津貼金額都可以用十三除盡——他本人、他兒子、貝聿銘以及貝祖詒都是蛇年生的，他認爲這是一個好兆頭。

背叛學術

「貝聿銘從來沒有蓋過任何東西，」齊肯多夫寫道：「但是當他和迷人的妻子艾琳相偕來拜訪我們時，我可以從他的素描中看出他真的是才華洋溢。我也發現他很聰明，很有想像力，還是個見多識廣的美食家。我立刻就喜歡上他了。」

貝聿銘體現美國人想像中的東方美德：風雅，體面，含蓄。身爲一個習慣在艾斯特和洛克斐勒等名流中穿梭的猶太人，齊肯多夫對人種間微妙的差異十分敏感，他認爲一個出身貴族的華裔設計師將可點綴他那羣凡事講求實際的同事。這種「歧視」讓貝聿銘在他的生涯中一帆風順。

齊肯多夫提供了貝聿銘一個機會，可以跟一個外表雖然庸俗，但一心想超越傳統房地產的層次，創一番大事業的人聯手，立即進行規模空前的建築計畫。貝聿銘說：「我到辦公室和他會面時，齊肯多夫早就做過聯合國、X城市和其他一些超大型個案。他只對一件事有興趣：機械式停車場。他的牆壁上掛滿了在重要地點興建停車場的計畫，那是我對他的第一印象。我被他的活力與想像力所感動，於是我加入他的行列。」

「貝聿銘瞭解，成爲專屬建築師可能使他喪失某種程度的專業自由，」齊肯多夫寫道：「他也徘徊在是否要回到中國大陸，或留在此地任教的雙叉路上，可是我加把勁，很快就讓他相信我們所要做的事情將與衆不同，而且勝過全美任何建築師所做的，他無法抗拒這種挑戰。當時我並不知道，貝聿銘的父親曾給過他一些忠告：好建築的精髓不僅在於設計偉大建築的能力，還有將之與經濟和金融互相結合的能力，就是這些忠告助我一臂之力。」

齊肯多夫總有辦法輕易地讓別人順從他的意思。遊說了六個月之後，貝聿銘屈服在齊肯多夫的提議之下。他將離開哈佛寧靜的隱居生活，投入威奈公司喧囂的辦公室，還有那些一直響個不停的電話和市中心的馬丁尼午餐。和新老闆握手後，這位威奈公司新出爐的「建築研究主任」走上他還不習慣的熱鬧麥迪遜大街，去到加拉格牛排館（Gaallagher's Steak House）和妻子、朋友一起慶祝。

其實在劍橋，貝聿銘的前途也不錯，他變節的消息自然引起一陣騷動。哈佛充滿光明理想的純潔天地，將紐約房地產視爲腐敗的商業圈所玩的骯髒把戲。跟齊肯多夫之流的大開發商合作，就專業角度來說是不對的；偏離「真理之道」就等於是在「正派建築師」名單上刷掉他的名字。强生回憶說：「他走向商業化真是令人吃驚。專屬於一個開發商實有違建築業的慣例，這不是成爲建築師的公認道路。不過時代在改變。貝聿銘看出這點，而其他人沒有。」

貝聿銘來自一個不贊同葛羅培斯那種狂熱態度的文化。中國人講究中庸之道，就某些方面來說，威奈公司是中國人眼中的正道。貝聿銘認爲，如果現代設計想脫離紙上建築的格局，就必須承受供需面的市場力量，一如承受地心引力一樣。建築不像詩詞繪畫等藝術一樣，可以遺世獨立地創作；它必須追求權力。他後來跟記者說：「房地產開發商要爲我們看到週遭的建物環境負起責任。我認爲從內部與之合作會有很大的潛力，而不是去看輕他們。人們可以從他們身上學到東西，我就學到了很多。房地產開發商看待某個地點的觀點，可以給建築師上很棒的一課。」同時貝聿銘也是個務實的年輕人，對於權力的差異具有聲納般的敏感度。齊肯多夫比劍橋上流的隱退生活對他更具吸引力。

一九四八年夏天，哈佛大學在柯柏家中爲貝聿銘舉辦送別晚會。從這裏到威奈公司是接近美國權力核心的第一步。他的同事開玩笑說：「聿銘是從頂峯開始向上爬的。」儘管他和那些只注重理論的建築師的自我中心文化一直保持相當的距離，他敏銳的天線仍接收當下的訊息，使他成爲一個消息靈通的先驅者。

紐約．紐約

一九四八年，紐約疾呼戰後整建工作的迫切性。杜魯門．卡波特（Truman Capote）說：「這裏是全世界最刺激的城市，就好像生活在電燈泡裏頭一樣。」穿著得體的人們在全球最大金融市場——華爾街的高樓大廈峽谷中行軍，報攤上擠滿五花八門的報紙，電視和收音機鎮日作響。甘迺迪國際機場落成，聯合國新大樓破土，地下鐵車資只要十美分。道奇棒球隊在艾比特球場比賽，遠洋航輪在這個城市擁擠的深水港滑進滑出。經過一天辛苦的工作後，金融界和文化界人士湧入史托克俱樂部、艾爾摩洛哥、沙迪、路喬、華爾道夫——艾斯托里亞飯店、或比爾提摩。

紐約擊敗巴黎成為世界藝術之都，抽象表現主義派畫家，如傑克森・卜洛克（Jackson Pollock），羅伯特・馬特威爾（Robert Motherwell）及威廉・狄庫寧（Willem de Kooning）成為不斷提升的前衛派人士。百老匯，亨利方達正在演出《羅伯特先生》（Mr. Roberts），塔路拉・班克赫德演出《私生活》（Private Lives），馬龍白蘭度演出《慾望街車》（A Streetcar Named Desire），艾索默曼演出《安妮拿了你的槍》（Annie Get Your Gun）。雷娜霍恩（Lena Horne）在可帕卡巴那演唱。約翰・奇佛（John Cheever）形容在這個時代：「紐約市的河面仍然波光粼粼，你可以在街角文具店的收音機裏聽到班尼古德曼四重奏，每個人幾乎都戴著帽子。」

一九四八年秋天，貝聿銘搬進威奈公司一間光禿禿的隱密辦公室，只有一張鋸木架辦公桌，及眺望梵德比特大道以及進出大中央火車站壯觀人潮的窗戶。他和一名曾任職記者的約翰・普萊斯・貝爾（John Price Bell）共用這間辦公室（如果可以說它是間辦公室的話），這個人是齊肯多夫從世界電訊報的市政廳挖角過來的公關策畫人。「你總是會感受到貝聿銘的存在，」貝爾回憶說：「我第一次看到他時，他側身倚在桌邊，一言不發。我走進來後，齊肯多夫替我們介紹，有一種氣氛讓我覺得這個傢伙很獨特。我到今日此時都還保持著這個印像。」

一鳴驚人

即使貝聿銘因變換角色而感到苦悶，他也沒有表露出來。威奈公司的房地產律師和房貸專家記得他是一個態度從容不迫，十分安靜的年輕人。他會跟新同事開玩笑，說齊肯多夫比他一家人加起來還重。雖然身材不顯眼，而且比四週的老油條主管年輕許多，貝聿銘絲毫沒有年輕人的生澀。他老謀深算地操縱齊肯多夫的部屬。「重要的是維持十足的信心，」他後來說：「你必須跟自己說，『如果我相信某件事是對的，就不必在乎我是誰。』堅守立場，要對自己有信心。」

貝聿銘肯定自我，但卻不是初生之犢不怕虎。他似乎瞭解自我，自己的想法和能力範圍。「他自持的方式很特殊，甚至就一個年輕人來說。」伊森・雷納德（Eason Leonard）這名奧克拉荷馬州建築師，於一九五〇年代早期加入貝氏的事務所，他說：「貝律銘由學術界來到實事求是的房地產業，對他來說很艱難。他的毫無經驗可能讓公司陷入麻煩，也自知壓力很大，但他很圓滑聰明，懂得該如何應付。他從沒有蓋過任何東西，但仍自信滿滿。」

紐約時報專欄作家威廉・沙法爾（William Safire）記得，貝聿銘是他以媒體記者參加早上七點鐘會報時，所見過腦筋最清明的人。「除非被點到名，聿銘不會開口，」沙法爾說：「一旦被點到名，所有的答案他都了然於胸。他臉上的表情一如今日——興致勃勃，毫無狐疑，對挑戰感到興奮。那無疑完美地契合會報的氣氛。」

建立典範

貝聿銘的第一項工作是將齊肯多夫在麥迪遜大道上古板、無色彩的辦公室，轉變成非常現代的辦公場所，俾以增强齊肯多夫走在時代尖端的形象。爲了作參考，齊肯多夫帶這名年輕的建築師去看大都會壽險公司董事長艾克（Frederick Ecker）的辦公室，他的辦公室必須穿越職員座位的迷宮才能到達。齊肯多夫說：「這是我討厭的，我不希望被埋沒在無法接近的角落裏。」

在參考了密斯爲世界博覽會設計的巴塞隆納館，貝聿銘在十二樓蓋了寬敞優雅的接待區，可透過玻璃窗外眺望窗外的景觀，那裏布置著異國風情的松樹，在大理石背景旁擺著一座賴伽頓（Gaston Lachaise）裸女伸足入池塘的雕像。一踏出電梯，訪客便可感受到品味、雅優和豐富之美，貝聿銘設計出塑造企業形象的早期典範。

貝聿銘將齊肯多夫供奉在他私人的圓形小屋中——貝聿銘說，圓形小屋的靈感來自齊肯多夫的側面體型。小屋醒目地矗立在空曠、舖滿地毯的接待區中央。他寫道：齊肯多夫的小屋「支配著辦公室的活動，彷彿內戰期間有名的裝甲艦砲塔，控制著自己的甲板和四週的水域。」洽公者一走進齊肯多夫的巢穴，馬上就陷於不利的地位。這裏畢竟是大比爾的私人宮殿。圓形小屋沒有窗戶，但有十一片半圓天窗，以及環繞的彩色投影燈，齊肯多夫就像百老匯音樂劇的燈光師可以操控燈光，讓可能的買主沐浴在燦爛、樂觀的粉紅燈光；反之，就讓賣方跌入憂鬱、昏暗的藍光中。這座小屋所向無敵，辦公室裏愛開玩笑的人，便將平台上斜倚的松樹，比喻成齊肯多夫競爭對手的「直立棺木」。相對於大部分老派辦公室常見的狩獵版畫和水彩畫，貝聿銘用一尊馬諦斯的銅像，和一支珍貴的中國花瓶來裝潢齊肯多夫的圓形小屋。這些藝品，加上壯觀的松樹，預示著貝聿銘以藝術和植物的精緻點綴潤飾現代主義樸坦率的一貫手法。

等談得差不多了，齊肯多夫會帶領來賓走到門外的管式不銹鋼電梯，上到頂樓像是個玻璃飛碟的半圓形用餐室和休息室。他們在黑緞酒吧旁啜飲雞尾酒或用餐，同時透過圓弧玻璃帷幕欣賞齊肯多夫在市中心的版圖。副總裁查爾斯・爾斯達特（Charles Urstadt）回憶：「這真是招徠生意的手腕和了不起的銷售技巧。電梯看上去像是鋼製火箭，雖然只上一層樓，但速度很慢，所以讓人印象深刻。大家都記得它。」

這項改建工程耗資五十萬美元，遠超過預算，但它建立起齊肯多夫是個建築贊助人的形象，可說物超所值。他常常說他不能少花一毛錢。從沒有人看過這樣的東西，六家雜誌爭相刊出照片。財星雜誌在長達四頁的報導中表示，「有人或許認為威奈公司的頂樓太誇張，但沒有人能否認貝聿銘已創造凝聚公司同仁的環境，而且身處其中的人也得以在令人印象深刻，甚至令人膽怯的基地裏打這場企業仗。」

都市住屋問題嚴重

儘管一鳴驚人，貝聿銘還算個新手，人們仍然懷疑，他是否有能力遵守投機性房地產的經費限制完成一整個開發案。他是否已準備好邁向巔峯時期？一九五二年貝聿銘完成他首宗戶外工程，減輕了不少外界的疑慮。那是亞特蘭大一棟出租給海灣石油公司的小型辦公大樓，它的特點不在設計，雖然它可能是前所未見的簡單兩層樓玻璃樓房，它的特點在於成本之低廉。貝聿銘一開始時想用磚塊，但他對當地建材的敏感度促使他改用喬治亞大理石。他遊說採石場供應廉價的大理石表面鑲板，作爲宣傳之用，然後在夜間用卡車從工廠運來預先製造拼裝好的配件，僅僅四個月的時間便完工，造價每平方呎才不過七．五〇美元。

一年後，貝聿銘在設計方面初試啼聲。在少見的郊區開發案中，齊肯多夫買下廢棄不用的巴哈馬州首府拿梭郡飛機跑道，林白飛越大西洋前往巴黎的歷史性壯舉就是由這裏起飛的。威奈公司宣布他們要在這裏興建羅斯福廣場，世上規模最大的郊區購物中心。在這之前，房地產開發商一直將購物中心蓋成長條形。貝聿銘認爲把各種商店環繞在鵝卵石廣場的四週，配上有蓬的走道、花園和噴泉，可以讓他們賺更多錢。貝聿銘堅稱，雖然這樣的成本較高，但舒適的環境可以鼓勵購物者多逗留一會。儘管梅西（Macy's）、金寶（Gimbel's）和其他習於展示自己專屬商標的零售商都加以抗拒，貝聿銘親手設計所有的店招和圖案，以及坐椅和電話亭、磚造涼亭，營

▲

貝聿銘的第一棟建築：亞特蘭大的海灣石油辦公室。它證明貝聿銘也能蓋出節省的建築。

▼ 齊肯多夫坐在他的圓形密室裡。

◀ 威奈公司的閣樓間是啜飲馬丁尼與策畫交易的地方。

造新奇舒適的免下車銀行辦事處。

貝聿銘及時建立起他足智多謀的形象。一如齊肯多夫預測，美國已逐漸意識到都市危機。人群蜂擁到郊區後，城市只剩下殘破不堪的住宅區，被生長過茂的樹根頂得隆起的碎裂人行道，蒙塵的店面和通向擁擠不堪公寓的破爛樓梯。當退役的軍人和他們的親人組成另一支無家可歸的家庭大軍時，遭人遺忘的城市出現空前的住屋不足問題。一九四六年時，據估計約有百分之二十至三十的美國人生活在標準以下的水準。絕望的家庭寄居在地下室，貨櫃車和雞籠。芝加哥市出售二百五十輛街車權充房屋，一對新婚夫妻在紐約市一家百貨公司的展示櫥窗裏住了二天，希望這種宣傳手法能幫他們找到公寓。難道這就是戰後返鄉的一千六百萬名美國大兵所要面對的局面嗎?必得採取對策才行。

都市更新時代

在這段戰後的日子，美國人被灌輸只要努力奮鬥，他們可以矯正任何錯誤的觀念。羅斯福總統的新政和盟軍的勝利，讓人們相信政府能夠創造奇蹟。幾乎在一夕之間，華府宣布都市更新是全國當務之急，並喊出一個新口號：「十年內不再有貧民窟」。貝聿銘說：「遊歷過義大利、巴黎、倫敦、羅馬等世界各地之後，美國人更想解決工業革命後殘留下來的都市問題。當他們在戰後返國，回到愛荷華州狄莫伊市或卡拉馬動物園這類地方，我想他們在遍歷羅馬、巴黎和倫敦之後，必然覺得他們的社區缺少了什麼東西。這是個大好的時機。」

一九四九年聯邦住屋法案的第一權利案通過立法後，都市更新時代正式展開；在這之前，城市當局只能買下道路和學校等公共建設所需的私人房地產。第一權利法案擴大他們的權利，授權他們徵收整個貧民區，重新安置居民，將整地後的「更新區」，降價售予配合市政府核准計畫加以重建的民間建商。這已大膽脫離先前的政策：市府官員如今享有可能違憲的權力，可以將徵收的民宅轉賣給商業性公司，供作較高的用途。

如果不是那個時代最具影響力的共和黨參議員羅伯特．塔夫特（Robert A. Taft），阻撓國會將都市更新變成新政模式的社會福利計畫，齊肯多夫之流的民間房地產開發商或許會被摒棄在都市更新的門外。塔夫特是個有名的死硬保守派，堅信政府有責任滿足全體公民。他認為第一權利法案是在政府極少干預下，誘使民間企業改建老舊社區的方法。他告訴國會同僚：「如果自由企業體系不能盡全力預防艱困和貧窮，它將會被有能力辦到的保守體系所取代。」

齊肯多夫雖然對華府的慷慨表示歡迎，卻大力抨擊國會庸俗低價的住屋主張，形同「誇大不實的銀行想法」，徒然以「新貧民窟來交換舊貧民窟」。事實上，政府除了應紓解人口過剩之外，還需要阻止人口外流到郊區以及振興死寂的城市，而且他的天性也反對這種半調子的權宜之計。

聲譽鵲起

事實上，齊肯多夫早已著手數項雄心萬丈的計畫，他和貝聿銘將把工業城市的中古昏暗和灰塵轉變成明日的巴比倫。他想像閃閃發光的高樓矗立在開闊的廣場上，明亮鮮綠的大道羅列著商店、舞廳、溜冰場、遊樂場、游泳池和酒店等公共社交場所。一如奧斯曼男爵將巴黎這座黑暗、狹隘的中古迷宮，切割出寬敞、兩旁種滿大樹的大道。齊肯多夫認爲都市更新最棒之處是有關藝術，而非工程。如果第一權利法案不能負擔成本，他會推動既可獲利又兼慈善的工程，自行籌措資金。

在當時，保留舊城市的傳統風貌不太受到重視。爲了挽救衰頹的市中心，他們首先要加以破壞。「換成是現在，我們不會再這樣做，」貝聿銘後來坦承：「可是在當時，沒有人會懷疑，創造更好的住宅區就是將腐朽的地區一掃而盡，再重新開始。」

諷刺的是，齊肯多夫和貝聿銘一開始時必須在紐約市外搜尋理想的地點，因爲齊肯多夫的東岸房地產生意，觸怒了紐約勢力龐大的公園委員會委員羅伯特・摩西（Robert Moses）。一天早上，齊肯多夫在紐約時報上看到新成立的聯合國，打算在費城興建永久性總部。聯合國一直寄居在一九三九年世界博覽會會場——紐約茂盛牧場的溜冰場所改裝的臨時會議廳裏。紐約官員邀請聯合國無限期留在當地，但高官顯貴認爲茂盛牧場不適合作爲這個權威性國際組織的會址。爲了提高他手上房地產的價產，齊肯多夫花了十一個小時爭取聯合國留在紐約，最後他打電話給市長歐德威（William O'dwyer），提議將河畔占地十七英畝命名為X的城市預定地賣給聯合國。他原本打算在東四十街的東河河岸上蓋一座平台，興建一大片摩天飯店和辦公大樓。四天後，代表聯合國前來談判的建築師華勒斯・哈里森（Wallace K. Harrison）走進蒙地卡羅俱樂部，在齊肯多夫夫妻歡度結婚六週年的桌上攤開一張地圖。齊肯多夫同意聯合國任意出價，他都肯賣出這塊地。凌晨兩點，雙方達成初步協議，開香檳慶祝。在齊肯多夫打電話之後的八天內，聯合國以八百五十萬美元買下這塊由鋼鐵鉅子洛克斐勒捐贈的土地。齊肯多夫損失了自行開發這塊土地可能獲取的數百萬美元利潤，卻為他掙來價值連城的知名度。

這項交易也使得齊肯多夫鄰近房地產的價格大增。一九四七年七月，他建議開闢一條紀念性的大道，相當於公園大道的二倍寬，由大中央火車站直通聯合國。按照他的計畫，紐約市必須徵收四十六街到四十九街之間的所有房地產，然後出售給標價最高者。這項建議遭到羅伯特・摩西的反對，他指責齊肯多夫貪圖威奈公司旗下房地產可能獲得的徵收費，而要這種手段。在向駑鈍的測量局陳述這件開發案時，齊肯多夫控制不住脾氣，而被請出場。他後來說：「他們拒絕我們時，市府官員犯下一生中最大的錯誤。」多年以來，摩西一直對齊肯多夫嗤之以鼻。威奈公司只得另覓地點。貝聿銘從此學到寶貴的一課：好的主意如果得不到有力的支持也會枯萎。

幸運的是，聯合國的交易和其他轟動一時的交易，使齊肯多夫在全美建立起大開發商的名望，全國的房地產掮客爭相爲他介紹各種機會。齊肯多夫會問一些尖銳的問題——市中心的座向?大街上是否有伍爾沃斯（Woolworth）連鎖商店?你們的銀行願意協助新開發案嗎?便可以決定這個案子是否值得進一步考慮。如果值得，他會找貝聿銘一塊去實地勘察。

爾雅之家

當時，貝聿銘一家人已搬到畢克曼大廈六樓一間小公寓裏，這是齊肯多夫和妻子瑪麗安共同擁有的高級住宅區樓房，他們就住在有九個房間的頂樓。「我父母那時並不怎麼有錢，」貝庭中說：「到城裏去玩的經濟方法，是去自由音樂公司的試聽室免費聽唱片。」每逢週末，貝聿銘一家人常會去逛離家不遠的第五十七街，參觀各家藝廊展出的戰後抽象藝術，後來成爲家族固定的習慣。

搬到紐約兩年後，貝氏夫婦生下第三個兒子三弟（小名）。一九六〇年，他們第四個小孩貝蓮出生時，貝聿銘一家已搬到十樓一間稍微大一些，有兩間臥室的公寓，他們把暖氣機拆掉，把壁爐用松木隔板遮起來。貝聿銘把他收集的唱片，放在合板和鋁質角鋼組合而成的櫃子裏。收音機和留聲機放在白色壁櫃。在這個由白牆，白色瓷磚地板，樸素的西沙爾麻地毯和絲質窗簾組成的簡單、高雅空間中，音響是唯一的裝飾。貝聿銘一慣地用杜鵑花，捲軸畫，一只養著金魚和蕨類的玻璃缸，來溫暖現代風格。亞瑟・德瑞克勒（Arthur Drexler）在「室內裝潢」雜誌爲文讚美：

建築師貝聿銘，只有表面上受現代教條規範，在組合他的起居室時淡淡地回顧傳統，形成溫文爾雅的特色，在此他喜歡與人談天勝於看電視。爲此和其他理由，房間的重心，不論心靈上或物質上，落在一只金魚缸上……看上去有一種時光倒錯的感覺；令人欣喜的老式風格，恍若花邊桌巾或鋪在鋼琴上的流蘇圍布。但當金魚忽而自緣蕨中游出來，宛若水底旗幟翻揚時，魚缸和灰色花紋大理石桌散發出一股令人心迷，又或超美學的味道。

貝聿銘買下狄庫寧的一幅畫及李皮史茲（Jacques Lipchitz）的一尊雕像。李皮史茲是個年紀較大的移民，也是貝聿銘交往的衆多藝術家的第一位。當李皮史茲訴說他在立陶宛的一個小山谷長大時，如何迷上石頭的形體，總把口袋裝得鼓鼓的時候，貝聿銘必然回想起他在蘇州度過的童年。

遊子情懷

李皮史茲是貝家家庭聚會的座上常客，另外還有威奈公司的同事和建築友人。貝家交遊廣

▲

貝聿銘和盧艾琳（中間）於19867年坐在布魯意的曼哈坦寓所裡。日本雕塑家長艮政行立於右側。布魯意的妻子康絲坦絲坐於右下。

◀

貝聿銘和職員，攝於1958年。

闊，多年下來，他們家的客人名單涵蓋許多藝文人士——路易士・納爾遜（Louise Nevelson）、艾爾・賀德（Al Held）及伊沙克・史坦（Isaac Stern）等人。夜晚充滿著貝家無可模仿的高雅淡然氣氛。纖細的艾琳準備法式、中式和美式美食，聿銘斟酒。貝聿銘似乎認識每一位剛由香港或台灣來的新廚師。偶爾貝聿銘會在數日前預訂異國情調的餐點，然後帶領大夥到唐人街去吃一頓。「聿銘是社交人才，」日後成爲貝聿銘合夥人的吉姆・傅瑞德（Jim Freed）說：「他讓客戶、政界人士和藝術家同在一張桌上水乳交融。他非常擅長維持談話的氣氛，他的笑聲具有傳染性，老少咸宜。」

當時一羣哈佛的建築家都已搬到紐約，包括巴恩斯，范仁（Ulrich Franzen），奈格爾，魯道夫，以及他們以前的恩師布魯意。週日午后，貝聿銘有時也會出席强生在他康乃狄克州新卡納市，爲了向密斯致意而興建的有名玻璃屋中舉辦的建築沙龍聚會。這羣現代主義的龍頭執業者——魯道夫，沙利南（Eero Saarinen），邦沙夫特（Gordon Bunshaft）等人，帶著他們的最新作品交換意見。大家記得，當他們在討論這個行業的前途時，貝聿銘總是靜靜地注意。「他從不參與討論，」强生說：「但他從不會錯過惡作劇。」

貝聿銘跟他的中國友人來往似乎比較自在些，他們很多都是中國同學會的舊識，和他一樣被困在美國。全美各地的友人，總會聚在紐約一家飯店舉行年度晚宴，也會到新罕布什爾或佛蒙特避暑。「他們幾無例外，都想回去中國大陸，」貝庭中說：「那是一個不確定的時代，大家無法跟家人聯繫上，自然而然地，便形成一個海外流亡團體。」

大部分出身名門的海外華人都支持所謂的中國遊說團，中國遊說團由國會的保守派勢力，和憤怒抨擊杜魯門總統讓中國大陸落入中共手裏的媒體，所組成的團體。時代雜誌發行人亨利・魯斯（Henry Luce），因爲父母曾在中國大陸做過傳教士，刊出一幀蔣介石和蔣宋美齡的照片。生活雜誌登出麥克阿瑟將軍的一篇文章，警告共產主義將蔓延到整個亞洲。據說，國務院裏諸如歐文・拉提摩爾等同情共產黨的人士，都撤消對國民黨軍隊的支持。新罕布什爾州參議員布里吉表示：「中國要的是一把劍，我們卻給她一把鈍的削皮刀。」

住在美國的華人知識分子，都不敢透露他們對蔣介石貪汚無能的不滿。「在杜勒斯及麥卡錫主導美國外交政策的年代，」有人說：「除了堅定地聲援台灣之外，做其他任何事都會被視同叛國。」

和他的友人不同的是，貝家並不沈迷在相互指責及光復故國的迷夢中。他們有一種罕見的能力，可以拋下那種不幸，展望在這個富裕的第二故鄉等著他們的新契機。在朋友紛紛加入共和黨陣營抨擊杜魯門總統的遠東政策時，貝家已成爲終身的開明派民主黨員。過了二十年後，貝庭中在曼哈頓法院外碰到一名律師，他還記得曾在市中心競選辦公室裏給過貝家小孩愛德萊・史帝文生（Adlai Stevenson）的徽章。那時支持民主黨的華人少之又少，所以令人永誌難忘。

莽撞的旅程

貝聿銘的住處使他和永不休息的老闆靠得太近了。齊肯多夫常想都不想便去拜訪員工，也不管是什麼時間。作爲鄰居，貝聿銘一家人感受特別深刻。貝聿銘曾對媒體表示：「早上七點鐘，他就打電話來，內人去接電話，他會問說：『聿銘起床了嗎？』『他在淋浴。』『那麼，告訴他快一點。我有一些房子要他看一下。』然後我們便出發，他把房子指給我看，問我：『你認爲我們要怎麼處理它？』」

其他時候，固定在辦公室牆上的通話器會響起齊肯多夫洪亮的嗓音——「聿銘！」——然後貝聿銘會跑過走廊，衝到老闆的辦公室去。

他們莽撞的旅程後來成爲一則房地產傳奇——一名商業鉅子和他的華人夥伴巡迴全國鄉間。他們巡迴全國各地後，將第一權利案植根在七個城市，然後提出二倍於這個數字的企畫案。在部分個案中，例如丹佛和蒙特婁，他們找到第一權利法案權限以外的地點，在良好的設計會值回票價的構架上，設法籌集資金。第一權利法案原本的目的是要提供低收入戶住宅，結果卻迷失在興建新辦公大樓、購物廣場及中收入戶住宅的熱潮之中。

通常威奈公司風塵撲撲的「DC－3」噴射客機會先在目的地上空繞上幾圈，讓齊肯多夫和貝聿銘看清這個城市，然後才下機接受外賓來訪的歡迎儀式。誠然，對某些士紳業主而言，這名從天而降的魯莽紐約猶太人和他的華人助手，肯定像極了穿著疊襟西裝的外星人。齊肯多夫會跟早已等在機場的記者開玩笑，然後和貝聿銘乘著大轎車揚長而去，會晤當地的銀行家和政客。每次巡迴視察的重點戲是勘察房地產本身，通常是在市長的陪同下。一行人浩浩蕩蕩穿過城鎮時，齊肯多夫會跑到商店裏和業主聊天，或詢問某些建築物，並和貝聿銘討論改建及街道計畫。「我們在全國各地飛行，」貝聿銘說：「哪裏有都市更新的徵兆，齊肯多夫都會察覺到，我們就會趕過去。各市市長莫不歡迎齊肯多夫，他也明確地告訴他們該做些什麼，市長們都聽得入迷了。」

無懈可擊地崛起

這些旅程等於是貝聿銘在房地產行業中的急速潛航，不久便躋身爲能和有關當局暢談建地地點和財務等實際問題的少數建築師之一。他從齊肯多夫那裏學到如何辯識感興趣的人，並使他們相信威奈公司的設計對大家都有好處，包括他們自己。這是貝聿銘在生涯中一貫使用的技巧。評論家彼得・布萊克（Peter Blake）後來寫道：「貝聿銘的公司令人印象深刻之處在於，他們能夠說服在資本主義社會中時常呈敵對狀態的商人，在出於自由意願下，去做專制社會中官方命令所做的事。」

貝聿銘由大師級人物那裏學到與設計同步企畫政治性策略的重要性。「世上所有偉大的城市都是由政府專制形式所建成的，」貝聿銘說：「以巴黎爲例，如果不是拿破崙三世和奧斯曼男爵，根本不可能有它。教宗和君主對義大利許多偉大城市功不可没，在中國大陸有紫禁城，但在美國，没有人擁有這種絕對的權力，因此建構一個符合時代潮流城市的責任便落在建築師身上。」

齊肯多夫所到之處，都不忘展示這位文質彬彬的中國設計師。「齊肯多夫喜歡炫耀聿銘，」柯柏回憶道：「如果他能想出辦法讓聿銘穿上唐裝、留辮子，我想他一定會付諸實行的。」

談話含蓄的貴族般本能以及無懈可擊的自信，使貝聿銘很快地崛起。他十分沉著冷靜，憑著個人魅力能使董事會議活絡起來。他擅長優雅地展開談話，機智的旁白，以及在適當的時機自我調侃一番。在這同時，他體內的蓋革氏計數管不斷在搜尋房間內是何人掌權，何人無權。

他心直口快的老闆總是挺著個大肚皮，口沫橫飛地吹噓，瘦長、說話保守的貝聿銘則是不卑不亢，讓每個人都覺得顏面十足。他用生意人能夠理解的實際字眼，開門見山地直指問題的核心以及解決的方式，絲毫没有大牌建築師流行的浮誇和做作。他說話不帶任何矯情的設計術語，但仍能傳遞出他設計特別的訊息。他能夠說明心中的理念，而不失活潑的東方色彩。他從不宣讀預先準備好的講稿，或在口袋中搜尋小抄，他總是滔滔不絕，口若懸河，而且熱情洋溢。聽衆都能感受到他高雅的個人風格。

貝爾回憶說：「他粉碎了人們對建築師的概念。他看起來很穩定、鎮靜、友善、學識淵博。他跟高階主管說話的態度，比他的建築物更能證明他的能力。」

貝聿銘很快就發現企業家看不懂建築藍圖，此後便在專屬的模型店製作漂亮的紅木模型。波士頓都市規畫官員羅奎（Ed Logue）曾說：「貝聿銘與他的助理不同於其他建築師的地方是，他們對有關都市再開發的事情瞭若指掌……而且做了整個城市的精巧模型，可以讓任何門外漢明白這個案子的意義——這是建築藍圖辦不到的。」

有了貝聿銘的鼎力相助，齊肯多夫贏得「再開發生先」的封號，並規畫三十四個州的企畫案，有一陣子第一權利案在華盛頓被謔稱爲「齊肯多夫救濟法案」，因爲他在這個權利法案下推動的個案無人可比。沙奇特曼（Tom Shachtman）在《摩天大樓夢》（Skyscraper Dreams）中指出：「齊肯多夫有將近十億美元的開發案在陸續進行中，現在他成了西洋棋大師，整個世界都在注視他同時和五十名對手下五十盤棋，並預料他會大獲全勝。」

時代人物貝聿銘

爲了應付堆積如山的工作量，貝聿銘招募了一羣聰明的哈佛年輕人組成的核心小組——享利·柯柏、唐·佩吉（Don Page）和范仁，由天生就具有組織頭腦的老手伊森·雷納德帶領。雷納德比喻說：「我負責肉片和馬鈴薯，他負責冰淇淋。」

有的建築師十分懷疑，爲什麼有人要替房地產開發商工作，不過貝聿銘的手下只感受到，在這裏工作可以刺激年輕人突破新境界的團隊精神。圖樣設計師佩吉說：「從一開始，貝聿銘便問我們要賺錢或做出好建築。我們在這些複雜的計畫上花了許多時間，從來沒有拿過加班費，一心只關注工程的品質。許多晚上我們徹夜不眠，貝聿銘總是陪在旁邊。」

貝聿銘爲他那羣穿著體面的年輕哈佛助理營造菁英團體、智囊團的氣氛，自成一個謹慎的男性俱樂部，有別於威奈公司其他部門。一九五五年，貝聿銘雇用詹姆斯・波席克（James Polshek）時，他被帶到一間後頭的辦公室，或稱「鍋爐室」，那是身分較低的威奈公司專屬建築師幹些技術性瑣事的地方。

「如果你不好好幹，」他們對波席克說：「就會來這裏。」

「我望著裏頭，」波席克回憶說：「看到一大羣白襯衫和綠眼影，（辦公室）裏頭是年紀大的建築師在畫草圖。」

不到十年，貝聿銘的核心小組擴大爲七十五人辦公室的規模，負責超逾五億美元的建築個案。「貝聿銘無疑是哈佛最天才的畢業生。」强生說：「顯然的，他將會功成名就。他是個令人折服的演説家，總能一針見血。他的設計取悅了齊肯多夫和其他建築師。」

有一天設計師康迪多（Anthony Candido）告訴貝聿銘他想辭職，去追求繪畫生涯。貝聿銘試著讓他改變心意，遊説他留下將可以獲得很大的成就感。貝聿銘看著麥迪遜大道說：「我們會改變這一切。」

野心勃勃的年輕建築師再也找不到比這更支持的雇主了。齊肯多夫興趣盎然，鼓勵員工創新。佩吉回憶說：「貝聿銘不喜歡過時的東西，他總要新鮮的。當貝聿銘提出一個構想時，他會問，『以前做過了嗎？』『我想沒有。』（貝聿銘會這麼說）『很好，那就去做吧。』」

威奈公司的副總裁不是一直都和貝聿銘站在同陣線上。副總裁歐馬拉（John O'Mara）回憶說：「公司裏生意型的人喜歡貝聿銘本人，也向他脫帽致意，因爲他是比爾最寵愛的人，但他們是那種只看損益表的人，總是會對貝聿銘的構想有所批評，但他逆來順受。貝氏不是那種會在會議中發火的人，他會保持冷靜，然後哄著他們。」

威奈公司財務的把關者，滿懷挫折地看著貝聿銘和齊肯多夫企畫一件又一件豪華鉅作，他們警告老闆要小心行事。威奈公司財務長菲蘭（Arthur Phelan）說：「貝聿銘是個魅力十足，很好的人，也是位偉大的建築師。問題是他的構想所費不貲。他們落後工程進度，每樣東西都得專門訂做。我有一回告訴比爾我們快沒錢了，沒法負擔得起。他說，『我們是在談論一個，在我認爲，將成爲這個時代最偉大人物之一的人。』

▲ 施工中的維爾馬瑞廣場。

第5章 未能實現的諾言

有一天，面容枯槁、菸齡久遠的柯羅拉多州房地產掮客哈丁（B.B. Harding）走往麥迪遜大道三八三號，戴著一頂寬沿牛仔帽，在齊肯多夫桌上攤開一份丹佛街計畫。他用瘦骨嶙峋，被尼古丁染黃的手指指著郡政府廣場，一九二〇年代舊的阿拉帕荷郡政府被剷平後，那兒變成一個占地二・五英畝的公園，盡是草坪和蓮花池。哈丁解釋，這大片土地鄰近丹佛最熱鬧的購物地帶，市當局想找人來開發它。他差點要把它賣給史泰勒（Ellsworth Statler）蓋飯店，但是史泰勒死了，他的公司便放棄這樁交易。

花了四個月研究丹佛之後，齊肯多夫的手下認定它將成爲洛磯山王朝初葉的首都。這裏有將近三十個聯邦政府機構，遠超過其他內地城市，附近又預定要興建精密的國防設施，丹佛不久將變成華盛頓的西邊領地，戰時還曾探勘出豐富的石油和鈾礦礦藏，與新建的噴射機場將吸引大量旅客和觀光客。

諸此種種讓這個城市迫切需要現代化辦公大樓。市府官員曾在一九〇八年通過一項法令，不准建物高度超過十二層樓，俾以維護山區景觀。其實他們不必多此一舉，一八九三年淘銀熱消退後，丹佛市就變成在洛磯山腳下打盹的低矮城鎮。這座昏睡的城鎮布滿破敗的內戰時代磚房，高度不都超過五或六樓，有著低俗的維多利亞式立面，如果它不是如此地醜陋，或許會是個古色古香的老城。自從經濟大蕭條時代以來，這裏就沒蓋過一棟辦公大樓或飯店。「丹佛就像許多城市一樣，正迅速分解，乾枯的核心已開始衰敗。」齊肯多夫說。

搖醒李伯大夢城

一九四五年六月，齊肯多夫用八十一萬八千六百美元買下郡政府廣場，同時宣布等戰時物資短缺的情況改善後，就要蓋一座媲美洛克斐勒中心的綜合大樓。

並不是每個人都把貝聿銘和齊肯多夫視爲進步的先驅，就像其他緩慢前進的鄉下城市一樣，丹佛市是個由組織緊密的老式家庭所掌控的島國型社區——丹佛郡俱樂部有時被戲稱爲丹佛宗親俱樂部，他們世代以來都是自己控制本地事務。歷經榮枯盛衰之後，保守派對「進步」懷著戒慎恐懼的心理。爲什麼要展望未來呢？他們寧願夢遊似地做完舒服的例行工作，等著紅利慢慢增值。事實上，第十七街（即所謂的西部華爾街）上的老人家，一直用嚴格的貨幣政策阻撓成長。當地有一則笑話，丹佛商會存在的目的是爲了把新企業掃地出門。

齊肯多夫憎惡這種愚蠢的想法，他發誓要搖醒這座「李伯大夢城市」，不管有沒有地方上的支持。「即便是丹佛房地產在過去四十年猶如一灘死水的事實，也有它的正面意義：這麼長一段時間的封閉，意味著那裏有需求等待開發。」他寫道：「我們要做的就是走進城去，讓事情發生。」

當第十七街的士紳聽到這些外地人要侵入他們的私人領土時，便立刻築起一道防線，更別說是一個紐約猶太人和「中國佬」——貝聿銘常見的稱謂。他們提出訴訟，指責市當局不能在未舉行公開投票表決之前就賣掉這座公園，當地一票房地產經紀人還出價買回。丹佛郵報用諷刺的社論抨擊齊肯多夫，標題是「光榮美夢」和「划算的廣場交易」。

齊肯多夫堅持不放棄，靠著掮客哈丁和一名當地的律師打通關節，並代表他出席永無止境的聽證會及訴願。替紐約世界電訊報工作四年後，威奈公司的公關主任貝爾在同屬史克里普——霍華集團（Scripps–Howard）的「洛磯山新聞」上找到一絲同情，該報便故意跟丹佛郵報唱反調。

齊肯多夫下了很大的功夫攏絡當地新聞媒體。他穿著紅背心，肥胖的腰上配著他祖父的柯爾特式點四五手槍，去參加丹佛郵報每年一度的「邊境日」降旗典禮。在飛回紐約的飛機上，齊肯多夫碰巧坐在一位丹佛電台播音員的旁邊，他正好要去主持一項裸體主義者的婚禮，齊肯多夫一時興起跟他一起去參加婚禮（不過他設法把牛仔外衣穿在身上）。新聞攝影師拍下齊肯多夫醒目的裝扮，在他返回紐約出席摩根公司的一項會議時，紐約的報紙早已登出，他站在一名聲名狼藉的脫衣舞孃吉普賽羅絲李身旁的照片。又羞又惱的齊肯多夫，拜托貝爾把報攤上所有的報紙都買光。

郡政府廣場一案等待法律緩慢解決之時，齊肯多夫在距離北邊二條街的地方，蓋了一棟辦公購物綜合大樓，叫做里高中心（Mile High Center），就在豪華的布朗廣場飯店對面，有名的水牛比爾寇迪有一度就住在這棟條紋瑪瑙和鑄鐵構成的大建築物裏。在首次合作中，貝聿銘和齊肯多夫打算以一棟辦公大樓爲中心，四圍蓋一圈壯觀的大樓，不僅可以加快城市脈搏，又可吸引人們到市中心購物、餐飲和娛樂，爲這盡是維多利亞磚房的核心區注入一股優雅的氣質。

大盈若沖

貝聿銘說服齊肯多夫不要墨守成規，將俗麗的大廳商店轉移到地下樓。齊肯多夫問說：「那我們有什麼好處呢？」

「在房客方面，我們會有藥房、內衣店及其他小店。它們會降低大樓的價值……但只要將這二十三層的房租每平方呎提高五美分，就可以彌補一樓大廳損失的收入。這將是一棟非常美麗的大樓，你可以拿到最高的房租。」

貝聿銘還打破一項傳統，將這棟玻璃鋁框架大樓稍微向後退，只占這塊二英畝土地的四分之一不到，然後將一樓挑空，行人可以在高雅、開放的大廳中暢行無阻，並瀏覽中庭，那兒有花床、噴泉以及養著山鱒的水池，池裏會發出音樂直到午夜才停止。這是全美最先提供公共開放空間，讓人們可以流連在噴泉和樹木之間的商業大樓，也是貝聿銘建築生涯中瀟灑的開放空間設計的初鳴。對他來說，大樓間的空地和建築本身同等重要。面對那些質疑他是如此慷慨地分配公共用地的人，貝聿銘引用老子的一句話：「大盈若沖，其用不窮。」

里高中心證明貝聿銘早期忠實地依循密斯的玻璃鋼鐵風格，這種風格在密斯最為人稱道的芝加哥湖岸大道百貨公司，以及紐約現代美術館作品上表現得最爲淋漓盡致。貝聿銘的合夥人柯柏一九八三年在接受訪問時，說明了密斯對貝聿銘工作室的影響：

我們公司在一九五〇年代的早期作品，非常直接地來自於密斯的倫理規範。我用「倫理」這個字，而非「美學」，因爲密斯的信仰體系有相當重要的道德層面，或者至少我們認爲它有；這同時存在於它的力量和極限。在這套信仰體系中，行事有正道，也有邪道，正邪的觀念充滿整個建築事業，由最廣泛的構思都市計畫規模到完成最細微的枝節。

回想起來，這種對建築物的嚴苛道德態度，竟然獲得如此之多美國建築師的採行，並成爲那個實際到幾近便宜行事的時代的開業磁石，似乎是造化弄人。或許如此，在我們爲齊肯多夫所做的早期作品中，密斯派的秩序觀念，明確地構成處理棘手現實世界開發問題的最關鍵設計策略。

雖然玻璃和鋼鐵的使用是直接援自密斯，里高中心的辦公大樓在一九五五年啓用時，仍是當地的一大創新。齊肯多夫稱讚它是舊金山與芝加哥之間最前衛的建物。報紙稱它是摩天大樓，儘管它只有二十層樓。丹佛人則暱稱爲「紐約大樓」，於是齊肯多夫得以收取紐約的房租水準：每平方呎六美元，相當於丹佛市當時費率的二倍。丹佛美國國家銀行成爲該棟大樓的最大承租戶，其他地方銀行亦不落人後地紛紛搬到其他新蓋大樓。

一如貝聿銘所料，這個開放空間所帶來的尊榮，回收了將大廳商店移走所造成的損失。里高中心證明前衛的建築一樣可以賺錢。

經過長期拖延之後，法院終於判決郡政府廣場爲齊肯多夫的財產，不能作爲公共公園，一九四九年十月宣布購買合約仍屬有效。與市政府簽定新合約之後，威奈公司必須在一九五一年三月一日以前動工，否則必須償付二萬五千美元的罰金。結果，一九五〇年韓戰爆發，迫使政府管制建材。面臨工程一再擱延，在紐頓市長的建議下，齊肯多夫很不情願地將廣場改建爲停車場，直到可以破土爲止。丹佛郵報在一九五〇年十二月進行的一項民意測驗顯示，只有二〇%的丹佛人希望這棟大樓動工。社論拐彎抹角地說，齊肯多夫根本無意在廣場上蓋任何東西，並呼籲紐頓市長將這塊土地徵收回來。郡政府廣場似乎受到衆人的咀咒。

脫離藝術學院派

齊肯多夫不願放棄。二年半後，他捲土重來，在商會午餐上對一千名企業和民間領袖發表演說時宣布，他將興建一棟擁有八百八十間房間的高雅飯店——丹佛市四十年來的第一棟，有整條街道那麼長的大廳，金璧輝煌的天花板，二間豪華的宴會廳，一間舞廳、花園、噴泉、陽台餐廳及商店。一條塑膠橋連接下沉的溜冰場和一間嶄新的無窗百貨公司，入口處還有個十分誇張的半圓天蓬。地下樓層是個廣大的停車場。他允諾在隔年開工，飽受工程延宕七年之苦，早感到不耐的聽衆全部起立喝采。

這項美國史上最大規模的民間挖掘工程，獲得一項意外獎賞的補貼。工程師挖掘到地下四十呎深的古河床遺跡時，齊肯多夫要他們檢驗河床的核心成分，發現了黃金的成分，共挖出六十萬噸的泥土，把他們運到城外一個一百一十英畝的空地去，篩檢出價值五萬美元的黃金。齊肯多夫留下幾塊金塊，把他們鑄成袖扣。

然而，這筆意外之財並無法阻止齊肯多夫流失資金。一九五八年，飯店已蓋了四層樓，卻沒有任何支持者。他被迫派貝聿銘手下一名很有才華的南斯拉夫裔年輕設計師柯蘇塔（Araldo Cossutta），到洛杉磯去會晤飯店鉅子希爾頓。柯蘇塔抵達新近落成的比佛利希爾頓飯店時，發現模型在運送過程已被震壞。他驚慌失措地在房間裏加以重組，及時趕上會議。齊肯多夫成功地爭取到一筆資金，一座略作修正的飯店——丹佛希爾頓飯店，就於古河床上崛起。

在柯比意的巴黎工作室工作一段時日之後，柯蘇塔認爲不該再蓋另一座密斯式的玻璃鋼鐵房子。他主張改採柯比意最喜歡的建材：混凝土。齊肯多夫贊成這個主意，因爲韓戰已造成建築用鋼筋長期短缺，因此柯蘇塔將挖出來的砂土運到鹽湖市，由承包商將他們壓模製成四千個紅棕色水泥窗框，在工地拼裝成夾心餅乾紋理的厚板。直到此時，貝聿銘的作品——亞特蘭大市海灣石油公司辦公大樓，威奈公司更新工程和里高中心，都一直是强生口中所説的「小密斯」。從此柯蘇塔讓貝聿銘脫離巴黎藝術學院的玻璃鋼鐵美學，轉而進入寓意深遠的雕塑水泥造形三義，並成爲他後來幾年的作品特色。

一九六〇年春天，「齊肯多夫廣場」啓用，距離威奈公司買下郡政府廣場已有整整十五年。齊肯多夫在報紙上登了一篇全版廣告，上頭是新的希爾頓飯店和里高中心照片，底下則是一行標題：「他們説這是不可能的。」

齊肯多夫和貝聿銘突破當地對房地產的壓抑之後，便開啓了丹佛市以後的建築熱潮。「説句玩笑話，」齊肯多夫後來寫道：「我可以説初到丹佛時，城内都是磚頭，等我離開時，城内都是躥高的鋼鐵、混凝土和玻璃——偶爾夾雜著大理石。」丹佛市是個勝利的插曲，也是貝聿銘和齊肯多夫合作下最後一個能夠賺錢的城市。

◀

貝聿銘少見的輕鬆時刻。

丹佛希爾頓飯店。「他們說這是不可能的。」

▼

※ ※ ※ ※ ※

華盛頓開發計畫

丹佛計畫完成時，齊肯多夫和貝聿銘已涉入另一樁野心的計畫：大規模的發華盛頓特區西南部再開發計畫。一九七一年陸軍少校恩芬特（Major Pierre-Charles L'Enfant）希望在沼澤和牧草間展開巴洛克城市計畫時，他期待這片北達華盛頓大廳，南至波多馬克河和亞那柯斯提亞河滙流處的河灘低地，開發成為一個優雅的住宅區。十八世紀末葉少數富裕人家的確在這裏建立家園，包括美國國父喬治華盛頓的祖父，不過西南區有一大致命傷：鵝溪將它和華府的繁榮隔開，一八七三年以後又多了巴爾的摩和波多馬克鐵路的阻撓。

西南區分布在鐵軌荒涼的一邊。第二次世界大戰以前，它已淪為工業垃圾堆，以及該市最惡名昭彰的貧民區。五千戶家庭，大多是黑人，居住在搖搖欲墜的長排街屋和木板屋，其中半數都沒有水管。最糟的是，這裏的骯髒竟如此接近最珍貴的國家榮耀表徵。

華盛頓已不再是羅斯福總統就職時，那個昏昏欲睡的南方小鎮。新政和二次世界大戰已使新的聯邦政府機構急速增加。隨著官僚機構的繁殖，說客、智囊團、新聞記者和各類相關人等也開始增加。一度昏睡的首府忽然間成了擁擠的都會，有大城市的房租水準和交通阻塞的街道。為紓解壅塞的情形，政客們必然得面對在國會山莊圓穹陰影下腐敗的波多馬克貧民區。

一九四六年，國會成立半官方土地再開發局，簡稱RLA，負責華盛頓的都市更新。五〇年代初期，RLA已透過第一權利案，徵收西南區將近五百英畝的土地（這期間還促使最高法院下了一道裁決，重新確定市政府的土地徵收權），可是卻始終沒有達成任何計畫。

華盛頓郵報總經理菲爾·葛拉漢曾經聽過齊肯多夫在哈佛設計研究所的演講，他央求這位房地產開發商，將西南區由政府的不聞不問中拯救出來。齊肯多夫躊躇不前，他發現都市更新的最佳選擇，是那些被獨裁市長統治的城市。當時的華盛頓缺乏這種中央集權；齊肯多夫指出，它是「無頭怪物」，被各自為政的數十個政府機構統治。此外，他認為華府已是個博物館死城，理想的地點早都被政府捷足先登。齊肯多夫興趣缺缺，便打發這些華盛頓房地產掮客去見大廳裏的副總裁。

負責公關的副總裁貝爾已不止一次接見過這些失望的訪客，但他在一九五二年的一期「建築論壇」上看到一篇報導西南區凋萎土地的文章。其中一幀照片是一個半裸的黑人小孩站立在散布垃圾的庭院中，背景是國會山莊的圓穹。這種景象令他難以忘懷，貝爾看過後沉思良久。

貝爾是名受過訓練的新聞記者，儘管目前吃這行飯，但他並具備房地產專業知識。重新開發首府最糟的貧民區所帶來的公關良機，促使他非飛往當地一探究竟不可。等他踏上照片的拍攝地點時，他知道他挖到寶藏了——大部分房地產開發商可能要花上一輩子的時間，才能在大城市裏找到這麼一大片土地。況且，它距離首府那麼近，整個南邊都倚在河岸上。

「你上哪兒去了？」貝爾一回去，齊肯多夫便問他。

「比爾，」貝爾回答：「不管誰開發那個地區，都可以在三十天內去白宮訪問，他們將得到最棒的公關宣傳。」齊肯多夫的臉龐亮了起來，然後帶著貝聿銘或坐車或走路地去巡視這個惡臭的貧民區，當場兩人就開始腦力激盪。

慘痛的流產事件

一九五三年十一月，RLA局長約翰・雷蒙（John Remon）造訪麥迪遜大道三八三號，徹底調查威奈公司的意圖。「我們招待他在頂樓用餐室喝了幾杯馬丁尼，好好地吃了一頓午餐，」齊肯多夫寫道：「然後爲了證明我們的誠意，我們提出這整個地區的大計畫。」貝聿銘的藍圖上將第十街拓寬成三百呎寬的行人散步道，兩旁是堂皇的辦公大樓，露天咖啡座和噴泉，使西南區溶入這個城市。拓寬後的第十街；將藉由一座行人天橋跨越鐵道和計畫中的八線道高速公路，消除掉這個地區歷年來的隔閡，並向北一直延伸到位在史密森博物館（Smithsonian）林蔭道旁紅磚城堡的紀念界碑。

這條軸線之外，貝聿銘規畫一個由靜謐中庭、高聳的公寓大樓司、交響樂廳、歌劇院、商店、學校、教堂、一間圖書館、遊艇碼頭和餐廳，所圍成的三層樓街屋，一個完全不受汽車交通打擾自給自足的區域。貝聿銘希望它將是兩個世界的結晶：郊區蔥綠開闊的空間，加上熱鬧的都市空間，可由家裏走路去上班。

西南區將是全美最大規模的第一權利法案再開發計畫，威奈公司打算按著新古典造景的嚴格幾何學來規畫。齊肯多夫向國會議員和特區官員保證，新的西南區之於華盛頓，將猶如「愛麗賽宮之於巴黎，聖馬可廣場之於威尼斯。」一九五四年七月八日，齊肯多夫與貝聿銘在白宮和艾森豪總統討論這項計畫。齊肯多夫向媒體表示，總統的反應是「極力不贊同」。在艾森豪總統的首肯下，RLA於一九五四年與威奈公司簽署備忘錄，同意他們進行一年的研究，後來延長爲十八個月，其間RLA同意不選擇其他房地產開發商。

到了這個時候，齊肯多夫原先對華盛頓疑慮似已一語成讖。首先，地位崇高的史密森機構公開表示，他們認爲這項計畫已侵犯他們的領地。他們自己打算在林蔭大道南邊蓋一座新的博物館，剛好擋到貝聿銘拓寬後的第十街。政府仲裁人提出一項折衷方案：爲什麼不將新的第十街改成環繞新博物館，變成一個大U字型。可是，貝聿銘拒絕放棄紀念廳作爲大道的端點。既然如此，爲什麼不把整個計畫換到第九街去？這也行不通，因爲第十街是鐵軌下坡到足以讓行人天橋橫越的地方。

這項計畫就在官僚體系下枯萎，威奈公司同時也忙著跟二十七個以上的政府機關爭吵。誰負責評估地價？誰負責維護第十街？華盛頓官僚鉅細靡遺地討論每項問題。齊肯多夫後來說：「在華盛頓的那幾年，我彷彿是生活在瘋狂的超現實主義者，在現實生活中玩的大富翁遊戲：每當我們快要拿到一棟重要的房地產或打出『前進』牌時，就會翻出『機會』牌，上頭寫著『後退三步』。」

都市再開發最常發生的危險，是觀念與實踐之間有很長的時間落差，其間五花八門的內部阻力都會油然而生。就這個個案來說，官僚互踢皮球讓威奈公司損失至關重要的財力支援。這項計畫原先的支持者也逐漸凋零：艾森豪總統於一九六一年下台，菲爾・葛拉漢自殺。威奈公司執行副總裁彼得・克勞（L. Peter Clow）說：「我們習慣快刀斬亂麻，跟政府在他們的地盤上打交道真是曠日廢時。我們真的厭倦了。」

貝聿銘的主要計畫，是要讓美國海軍總部占據第十街一側的兩棟建築，不過一九六二年時，聯邦行政總署的建築師暗中提出橫跨林蔭道的佛瑞斯托大樓設計，並倉促完成計畫和通過美術委員會的審核，使貝聿銘由奇特的史密森堡直達波多馬克河的開放徒步區，胎死腹中。評論家渥夫・馮・艾克卡德（Wolf Von Eckardt）在「新共和」中指出：「羞辱地匍匐在一大片政府建築下的街道，實在不是邀人走入城中嶄新區域的大門，更算不上是遊憩的地方。」

此時，威奈公司已抽身，其他房地產開發商爭相搶食殘羹剩餚。經過妥協後，貝聿銘只設計一棟公寓大樓和辦公綜合大樓，叫做恩芬特廣場，由柯蘇塔設計，就在恩芬特構思另一個大廣場的地點以西一條街外的地方。一九六六年，與貝聿銘共同策畫十二年之後，齊肯多夫參加破土典禮。「我是讓這個女孩懷孕的傢伙，」他向記者表示：「你在這裏看到的那些人不過是產科醫生而已。」

※ ※ ※ ※ ※

補洞計畫

威奈公司的華盛頓歷險結果演成一次代價慘重的流產事件。但是這次的慘敗和齊肯多夫債台高築，都無損於貝聿銘化腐朽爲神奇的名聲——能讓玻璃、鋼鐵和混凝土高樓，與開放式廣場以及通往商店街和停車場的地下道融合。這些天人合一的特質改變了人們在市中心工作、購物和娛樂的方式，但人們並不喜歡他們。他們傲然獨立，與週遭城市的獨特風味和街上生活格格不入。不過，市議員在看過建築文摘和生活雜誌熱烈擁戴的現代風格之後，欣喜地將威奈公司的都市更新策略視爲進步的新面貌。

一九五〇年代中期貝聿銘和齊肯多夫初到蒙特婁時，它和丹佛市一樣，是個未開發的灰色調城市，沉浸在被歷史遺棄的憂傷氣氛中，人口僅一百萬出頭。五十年來當地沒有出現過任何大型建築，由於企業悄然出走到多倫多，這裏有可能失去加國商業之都的地位。許多人私底下都將蒙特婁視爲一個失敗者。

五十年前，加拿大國家鐵路早已計畫要興建一座精緻的車站，鐵道將由皇家峯下的三哩長隧道中鑽出來。經濟蕭條和戰爭使這項計畫遭到擱置，在皇家峯和聖羅倫斯河之間的城市核心地帶，留下一個耗資百萬美元打出來的山洞，彷彿是打開的墓穴一樣。一九五〇年時，一位身材高大、孔武有力，名叫唐諾·葛登（Donald Gordon）的蘇格蘭人，接手這條鐵路。他企圖以整合地方的大膽開發計畫，填滿那個令人尷尬的山洞，當時掌控蒙特婁的法語系保守派加拿大人反應冷淡。葛登在生活雜誌上看到齊肯多夫，於是他聯絡上威奈公司。令他訝異的是，齊肯多夫立即接受這個構想。視察地點後，齊肯多夫提議讓貝聿銘爲整個地區設計一個宏偉的計畫，費用由威奈公司負責，鐵路局無須負任何義務。他們狡黠地將之命名爲維爾馬瑞賁瑒（Place Ville Marie），紀念此城原爲傳教士囤墾地，俾以安撫那羣，因鐵路局將火車站旁一家新飯店取名爲伊莉莎白皇后而怨聲迭起的法裔加國政客和編輯。

貝聿銘如今肩負著四處考察與數十項企畫與提案管理工作的重擔，幾乎找不出時間來設計。在整個執業生涯中，他總是一大早起床就解決煩人的設計問題。「他需要八小時的睡眠，」艾琳說：「但他通常只能睡六小時。我起床走到浴室，在屋裏四處找些提醒他這啊、那啊，還有跟某人聯絡的小紙頭。」與都市更新有關的官僚手續，需要經年的勘察、政治活動和公共關係，才能使工地現場出現有形的實體。

工作湧進的速度迫使貝聿銘放棄真正的設計工作，只除了初期的雛形階段，餘的只好交由合夥代爲指導整個計畫。他會定時回來評估他們的進展，帶著模型跟齊肯多夫的政壇友人及金主開

▲

維爾馬瑞廣場上48層的十字型大樓模型。它是大英國協最高的建築，永遠地改變了蒙特婁。

◀

在威奈公司的「DC-3」噴射機上，柯柏向齊肯多夫展示威爾馬瑞廣場的初期計畫。「你無法從碎鑽裡做出大藍鑽。」齊肯多夫說。

會。他非常擅長說明設計，所以沒有人知道他從未直接參與他們的日常討論工作。對衆人來說，這些全是貝聿銘的設計。

大藍鑽

在這個個案中，他的設計代理人是亨利・柯柏。當他和貝聿銘另一名高徒，現任公司都市企畫師文森・龐特（Vincent Ponte），一起著手進行這項全球規模最大的綜合開發案時，才自哈佛畢業六年，時年二十八歲。當他們搭著「DC－3」噴射機飛往蒙特婁準備與當地十餘位房地產業人士餐敍時，柯柏提出一份在貝聿銘監督下完成的兩座簡單長方形高樓，旁邊伴隨著一些較小輔助大樓的計畫給齊肯多夫看。「那是一項恰當且怡人的設計，」齊肯多夫回憶說：「但是當我站在斜飛的機身裏，望出窗外，俯瞰下頭的冬日城市時，我卻感到不滿意。必然是遺漏了某些東西。這裏是尚未開發，但潛力無窮的地點，只有我們能夠開發它，但我們的開發計畫缺乏力量。等我明白遺漏了什麼東西後，我說，『亨利，告訴你，你不能從碎鑽中做出大藍鑽來。』等我解釋過碎鑽指的是切割大鑽石後剩下的碎塊，他明白了我的意思。他也同意我們需要龐然大物，才能迫使蒙特婁改變。」

幾個小時後，在上甜點和咖啡之間，齊肯多夫問他的午餐同伴他的建物會有多大？答案是介乎三十萬到七十五萬平方呎。他聽完後宣布：「紳士們，我們將要蓋一棟四百萬萬平方呎的建築。」

齊肯多夫後來回憶說：「桌上的臉孔都嚇得發綠了。」

「維爾馬瑞廣場就像芮氏十級强震，震撼蒙特婁十分保守的企業界，」熟悉這項計畫的一名助理表示：「就如同索爾・史坦伯格宣布，要在曼哈頓中心興建一棟相當於帝國大廈四倍大的辦公大樓一樣。詛咒者像希臘合唱隊似地預言它的失敗：『他們永遠無法開發這片土地，他們永遠無法找到承租戶，他們永遠無法把它蓋起來。』但是他們辦到了。」

齊肯多夫激勵柯柏設計一座壯觀的地標，要像艾菲爾鐵塔或帝國大廈一樣主宰這裏的地平線。柯柏提出一棟四十二層的十字形大樓，地下好幾層光線良好的廣場足以讓五萬五千名通勤者舒適地來往，免受從聖羅倫斯吹來的刺骨寒風。這將是全球最大的地底城市——約爲洛克斐勒中心的三倍大，裏頭會有理髮店、麵包店、電影院、畫廊和餐廳。

按照柯柏原先的設計，維爾馬瑞廣場將是大英國協最高的建築物。破土後不久，加拿大帝國商業銀行宣布，要在附近蓋一棟比他們還要高一些的大樓。死不認輸的齊肯多夫一直等到帝國商銀的工程動工後，才很高興地將維爾馬瑞廣場再加高三層樓，奪回它鶴立雞羣的地位。帝國商銀公開指責，齊肯多夫更動計畫只是爲了釣名沽譽。齊肯多夫氣呼呼地反駁。不過，很顯然的，不管是在蒙特婁或其他地方，齊肯多夫的策略就是要做最顯眼的，這也是貝聿銘的策略。「齊肯多夫一心只向大處看，那是很具感染力的，」柯柏說：「我們也想要向大處看。」

重量級房客

這座孤立的龐然大物也是蒙特婁走向現代化的重心，蜿延的散步道將連接新的地鐵系統、郊區火車、鄰近的街道、百貨公司、商店、旅館、電影院，以及附近的麥吉爾大學校園。它將北邊的商業區與南邊的金融區結合在一起。

原先的平面圖很謹慎地繞過對街的聖詹姆斯俱樂部，這裏是近一世紀來，蒙特婁的盎格魯薩克遜後裔下班後打撞球和閱讀金融報紙的老地方。但是法裔市長特拉培認爲，維爾馬瑞廣場是徵收這些英語系紳士精神總部的大好機會。市政府規畫官員龐特表示：「我們知道他要打擊它。」地方上的漫畫家畫出這羣老邁紳士拿著雨傘敲打推土機，還有用塞爾茲礦泉水瓶砸它的鏡頭。齊肯多夫主動提供他們維爾馬瑞廣場頂樓的一間新俱樂部，還有他們的專用電梯，但是這些會員無法忍受搬到怪獸的肚子裏去，不論那裏的風景有多美。他們決定從被夷爲平地的棲息地，遷移到對街一棟普通的樓房去。

蒙特婁的商業銀行大多是由聖詹姆斯俱樂部的會員經營，同樣不願放棄排列在金融區上寬敞、深色註記的辦公室。蒙特婁保守的企業界可不會遷就一個美國房地產開發商，遑論是一個紐約猶太佬和他的中國建築師。齊肯多夫需要房客才能獲得資金，不過他走到哪裏都被當頭澆了盆冷水。他決定放手一搏，先借錢來動工。一九五七、五八年冬末時，他已負債四百萬美元，而且還找不到一個重量級房客。

由於處境益發艱難，有一晚齊肯多夫打電話向加拿大皇家銀行總裁詹姆斯．穆爾吐苦水。「吉姆，你知道我們在這該死的出租工作上毫無進展嗎？」

「你爲什麼應該有進展呢？」穆爾回答：「那個該死的中國佬已絆住你了。」

「不是貝聿銘。」齊肯多夫說：「是你，是你和你們那一票人不願搬到這裏來。」不久後，穆爾的銀行同意租下八層樓，條件是齊肯多夫要買下他們遷出的那棟總部。這項交易使齊肯多夫融資到七千五百萬美元來完成這個計畫。

一九六二年廣場開幕時，「蒙特婁星報」（Montreal Star）宣稱：「如今維爾馬瑞廣場對蒙特婁而言，猶如多年來梵諦崗之於羅馬。」落成典禮時，一千五百名受邀的賓客和上千名觀衆湧入這個開闊的廣場。後來法裔加拿大人在廣場上焚燒葛登的芻像，柯柏爲此還感到很高興，因爲這表示廣場已發揮民衆集會場所的功能。

齊肯多夫和貝聿銘乍到時，蒙特婁隱覆在磚紅色的草根氣息中；他們離開時，蒙特婁已蛻變成一個嶄新的城市。維爾馬瑞廣場將金融區移至上城區，刺激民衆購物。暴增的稅收助使特拉培市長籌集到足夠的資金，可以興建一個乾淨、有效率的地鐵系統，進而用寬敞的會場，懸臂式臨時會館，透明帳蓬和倒置的金角塔，促使蒙特婁爭取到一九六七年世界博覽會的主辦權。維爾馬瑞廣場建立起蒙特婁前衛設計的名聲。往後十五年，北美的城市規畫人員爭相向房地產開發商提供誘因，鼓勵他們將大衆運輸、行人步道和購物商場結合在一起。

儘管成就非凡，維爾馬瑞廣場實在稱不上好看，也沒有優雅地融入週遭環境，她那迫人的玻璃鋼鐵大矛，與十九世紀的蒙特婁建物毫不搭調。更糟的是，其他一大堆冷酷的高樓在她附近蔓延開來。蒙特婁一如其他無數的城市，喪失自己的地方特色及地理位置的獨特風格，換來現代主義不可靠的承諾。

維爾馬瑞廣場鞏固了貝聿銘是可以超越房地產觀點，並將自己與周遭城市結合的建築師之聲譽，不過威奈公司卻付出慘痛的代價。維爾馬瑞廣場造價高達一億五百萬美元，約為原先預算的二倍。這個沉重的數字，應驗了威奈副總裁多年來一直跟齊肯多夫說的話：貝聿銘的設計，是任何重視財務收支的開發商所負擔不起的。「維爾馬瑞廣場應該由政府或洛克斐勒來興建，」執行副總裁克勞說：「她不是房地產公司應該嘗試的計畫。」

〃　〃　〃　〃　〃

嫻熟官僚作風

維爾馬瑞廣場仍在興建之時，齊肯多夫和紐約首要建商羅伯特・摩西就已在忙著擺平很多其他的事。摩斯主持的清除貧民區市長委員會，所執行的第一權利法案計畫爆發了醜聞案。那些向市政府取得徵收土地的人發現，向那些赤貧的房客收租，比遷移安置他們及進行預定中的再開發案還要賺錢。同時，他們還故意逃漏稅。在市政大廳的記者會上，氣急敗壞的華格納市長坦承，整整五年來這些再開發計畫的主辦人一直在詐欺市政府。面對著漫長、對政治生涯極具殺傷力的聽證會，摩西請齊肯多夫幫忙控制這些脫軌的計畫。

史奇德摩・歐文思及梅里爾建築公司（Skidmore, Owings & Merrill）的建築師葛登・邦沙夫特，是公園大道上地標李維之家（Lever House）的設計者，也是第一權利案的市政府顧問。據說他曾勸告貝聿銘不要蹚這種官僚混水。貝聿銘說：「我去找邦沙夫特，詢問他的看法。他說，『聿銘，不要插手，那不適合建築師，適合律師。』那時，邦沙夫特等建築師對都市重開發非常不屑一顧。」

貝聿銘把邦沙夫特的警告轉告齊肯多夫，但個性倔強的齊肯多夫不為所動。他買下三項計畫的控制權，並付清拖欠的稅款。一夕之間，威奈公司搖身一變成為紐約市首屈一指的開發商。

貝聿銘在基輔灣公寓大樓一案便遭遇邦沙夫特所說的困境，此案大樓的地點位於曼哈頓東三十區古老的義大利高級住宅區。第一權利案中所有的建物都必須恪遵聯邦住宅廳（FHA）制訂的錯綜迷離規定，才有資格取得房貸保險，這些難解的密碼讓不諳這種奇怪邏輯的建築師備感挫折。例如，聯邦住宅廳按照房間數量來分配資金，但有時陽台算是房間，浴室反而不算。「這是門科學，而不是藝術，」貝聿銘向「建築論壇」表示：「可是它又不是很邏輯的科學……我花了六個月才入門。」雪上加霜的是，貝聿銘必須背負異常緊俏的預算包袱衝破層層關卡。雖然每平方呎最高三十美元的造價，對投機性辦公大樓是可以接受的，但低收入戶住宅卻只能負擔一半的價錢而已。

齊肯多夫很明智地留任該計畫的原建築師，以引導貝聿銘穿越這些迷宮。紐約再開發計畫的老將撒姆爾・凱斯勒和他的兒子梅文，參與了半打以上的第一權利法案計畫。他們並沒有提供新穎的設計——也從來沒打算這麼做，不過他們深諳官場文化。多年以來，他們已嫻熟官僚作風，並小心地與工會和民主黨大老培養關係。「建築論壇」稱他們是「專業人材和專業知識的綜合體」。他們的長才使得貝聿銘得以放手去追尋新構想。

跟隨齊肯多夫的這些年，貝聿銘已成為一個能夠克服預算和官僚障礙的建築師。在基輔灣公寓大樓的個案，他決心要展現既可提升中等收入住宅又能獲利的啓發性設計。首先，他取消原先主要計畫中預定的六棟大樓，換成一棟雙子星長方形大樓，並特意讓兩棟大樓中留出空間，環抱出一座公園。「這些扁平的樓房發揮重要的功效，」他說：「它們把公園圍起來。今天如果你走進基輔灣公寓大樓，你會發現它自成一個相當怡人的世界。」貝聿銘希望用三十呎高的畢卡索雕塑「西維特像」來裝飾公園。齊肯多夫給他一個選擇：他可以有畢卡索的作品，或是五十棵樹苗，但魚與熊掌不能兼得。貝聿銘選擇了樹苗。

大手筆揮空

在丹佛希爾頓飯店上，柯蘇塔已實驗過未經粉刷的粗糙混凝土窗框，貝聿銘認爲，他或許可以做出足以支撐整個建物的強力窗框，以省減昂貴的鋼骨結構。除掉包覆著像斯圖維森鎮和彼德庫柏村等典型中等收入住宅的裝飾磚塊，改以原始、雕塑性質的風貌出現，這些住宅或許會非常吸引人。貝聿銘希望將表面與結構體融合爲一，而加速工程，並釋出資金以改善五金和燈具。爲了增强效果，他將基輔灣公寓大樓設計成包裹著一座花園的二十一樓雙子星大樓。貝聿銘說：「當時，我們腦海中只有一件事：如何突破彼得庫柏村和斯圖維森鎮的單調刻板。」

不是每個人都和貝聿銘一樣雄心萬丈。混凝土是一種性質不穩定的建材，容易收縮龜裂，和產生斑點汚漬。威奈公司自己的建築部門擴充預估成本，以便使將計畫導回傳統的磚塊和灰泥。「我明瞭有一股力量企圖動搖貝聿銘的想法，」副總裁歐馬拉表示：「建築部門壓根不要這些哈佛畢業的建築師來告訴他們該如何做。他們認爲，你只需要建築師畫畫圖，而且把線畫直就好了。貝聿銘的手下處理得很好，他們保持冷靜，而且很能推銷自己的理念，還拉攏了老人凱斯勒。凱斯勒明白他會得到報償的，跟這個不斷進步的著名年輕建築師往來，也會使他獲益良多，事情因此和平收場。」

貝聿銘非常注意中收入戶住宅的謙卑風格，他的手下研發出一種質地很輕的混凝土，並教導承包商混合的成分。他們檢查各種混合材料，以確保顏色一致，然後裝在瓶子裏帶回辦公室。工人在施工現場將水泥灌模，再把這些餅乾狀的板塊拼裝起來。等窗框堅硬後，他們把模板去掉，再繼續往上蓋。由於窗框取代了樑柱，基輔灣的公寓相當寬敞，整個落地窗呈現絕佳的採光。貝聿銘甚至說服聯邦住宅廳，將部分陽台貸款額度移轉給深嵌陽台使用，理由是公共資金不應當花在陽台這類奢侈品上。

基輔灣公寓大樓的平均造價爲每平方呎一〇·一五美元，高於傳統住宅，但貝聿銘相信他的混凝土經過改良後一定可以賺錢。不幸的是，投資人並不看好貝聿銘。齊肯多夫邀請赫赫有名的拉札德佛瑞斯公司（Lazard Freres）入夥接下來的第一權利法案計畫，叫做林肯大樓，就要蓋在林肯中心後頭。明白貝聿銘在基輔海灣公寓大樓一案虧錢後，拉札德公司的高級合夥人梅爾（André Meyer），要求親自過目這名被齊肯多夫吹噓爲「曼哈頓奇觀之一」的設計。

「貝聿銘做了一個巨大的模型，幾乎占了整個旅行車的後車廂，把它載到華爾街四四號，」梅爾的同僚阿米斯回憶說：「他把模型運到會議室來，放到桌上。梅爾走進來時嚇了一跳，他不知道這個計畫規模如此龐大。六條街上蓋滿了壯觀、生動的大樓。他看著貝聿銘說，『貝先生，我希望你要記得把我們當成是一羣貪婪的華爾街銀行家。』貝聿銘一生都把微笑掛在臉上，但是這一回他的笑容倏地消失。貝聿銘作了說明，但隨即事情便明朗化了，這項費錢的計畫最後還是轉交給一位比較便宜的建築師。」

想當然爾，齊肯多夫失望到極點了。「我對最後的計畫一點也不感到驕傲，」他在回憶錄中寫道：「我覺得很丟臉……事實上，我對貝聿銘這個人，以及他的想法和他能做的作品深深著迷，以致於沒有其他建築師能真的提起我的興趣。」

〃　〃　〃　〃　〃

停車場中的城市

在這座不名譽的十九世紀城市中，只有郡政府和市政大廳等重要的公家建築才有權傲然獨立，是貝聿銘的創新使這項特權擴及許多建築。在當時，很少有辦公大樓和百貨公司能有足夠的力量，可以不跟其他建物毗鄰而居。他們大而不當的廣場時常淪爲淒涼的水泥平原，狂風亂作，令人裹足不前。路易斯・姆福特（Lewis Mumford）曾形容，「公園中的柯比意城市」結果變成「停車場中的城市」。

及至五〇年代後期，原先伴隨著都市更新的閃亮承諾，變成沸騰的怨恨。愛德華・卻斯（Edward T. Chase）一九五八年在「共和國」（Commonweal）爲文總結，因現代主義未能實現的承諾所引發的幻滅心情：

我們人類是否夠堅强，可以忍受現代建築所呈現的嚴肅對稱關係——九十度角的僵硬形式；冷酷無情的鋼鐵玻璃所造成無法穿透，沉默無聲的外觀；毫無特徵，可有可無，漠視地方特色，隨處可見大同小異的單調幾何圖形；品味低下，醜陋地運用的新合成建材；用瑣碎的『功能』噱頭，愧咎地跟我們說這是機械工程結構的改良？

一九六一年，俄亥俄州史克蘭登市一名前報紙記者珍・雅各（Jane Jacobs），發表一份題爲「美國大城市的生與死」的宣言，公然鞭笞都市規畫人員，而引起社會上一陣騷動。她尖刻、諷刺的語調嚴厲斥責那些剷除老社區生命力，讓他們所喜愛的街道生活消失無蹤的人。她寫道：「低收戶計畫比他們所取代的貧民窟還要糟糕，中等收入住宅是無聊之最，集粗鄙之大成……這不是在重建城市，這是在掠奪城市。」

强迫「安」遷

雅各抹殺現代計畫的各項基本教義，將人行道奉爲文明中最重要的設施，是我們熟稔的住宅區進行日常儀式的舞台：孩子們吵鬧地上學放學，家庭主婦和屠夫討價還價，祖父母在台階上閒聊，行人逛到小店裏去躲雨，男孩子在約定地點等待女孩，日常生活中多彩多姿的點點滴滴就這樣流逝。有哪一個都市規畫人員竟敢替換這種可愛、熱鬧街道上偶發的光芒？

一旦被尊稱爲社會進步的工程師之後，現代建築師和都市規畫人員便逐漸變質爲獨裁角色，成爲政客和奸商的爪牙。雅各提到曼哈頓住宅計畫的一名房客抱怨：「他們拆毀我們的家，把我們趕到這裏，又將我們的朋友丟到別的地方。我們沒有地方可以喝杯咖啡或買份報紙，或是借個五毛錢……可是大人物來這裏看看草坪，然後說，『太棒了！現在窮人什麼都有了！』」

都市再開發最糟之處莫過於强迫安遷的政策。數十萬人眼看著怪手和大鐵球摧殘他們的家園，學校和小公司，而此時住宅又奇缺無比。華盛頓西南區的重開發計畫，至少讓二萬四千人無家可歸，這個地區窮歸窮，仍能提供一切偶發性社區的好處，而這是綜合計畫永遠無法取代的：熟人在後院籬笆邊閒聊，小孩在草地上玩捉迷藏，老朋友在門廊前向朋友揮手。聯邦法律規定開發商必須替他們在工作地點附近找到新家，不過這些居民勢必得用較高的租金去換取新公寓。由於被趕出家園的家庭有半數以上都是黑人，這項政策蒙上嚴重種族歧視的汚名。都市再開發私底下被人叫做「消除黑人」。

當美國人逐漸憎恨假都市更新之名，而强加在他們身上的毫不吸引人的水泥板和淒涼的廣場時，「開發商」變成一個骯髒的詞彙。身爲全國最搶眼的房地產開發商，齊肯多夫當然會被颱風尾掃到。例如，一九六二年一期「地平線」（Horizon）雜誌登出全版漫畫，把他畫成一個正要把紐約市吞下肚的「齊肯多夫野人」。標題寫著：「一隻穴居的野獸，除了那雙用來玩它有名的把戲『都市更新』的利爪之外，全身都是毛絨絨的，喉頭裏正發出聽起來像是『第一權利！第一權利!』的咕噥聲;牠憎恨高天花板、厚牆和裝潢的建築。自然主義者認爲牠的本能會建構黃泥色的大樓，就像海狸建構會漏水的攔水壩那樣。」

然而，齊肯多夫仍被視爲，執著於提升投機性大樓水準的啓蒙性開發商。「即使你能使水準提高一〇%，也不是件普通事，」貝聿銘說:「我認爲我們做到了這點。」

債台高築

貝聿銘來自一個建造富麗堂皇權力象徵，宮殿、墓陵及萬里長城的文明。在美國，貝聿銘加入新一代建築師和企畫家的陣線，毫不畏縮地將葛羅培斯和柯比意的理論運用在現實生活的住宅區。不幸的是，一個理想中的有效率、充滿光明的城市，幾乎無法付諸實行，這些建築師殖入悖逆歷史模式的高樓和主導性廣場，開啓進一步開發的大道，結果抹煞了波士頓、蒙特婁、華盛頓、費城、紐約、芝加哥和克里夫蘭市大多的固有特色，而貝聿銘或許是這批建築師中最多產的一位。「有人說，貝聿銘的計畫是，如基輔灣公寓大樓和紐約大學廣場公寓一般，提供當地居民兩個世界的精華:鄰近街道的人類活動以及獨立區域的隱密性，」都市學者菲利浦・霍華（Philip Howard）說:「我並不做如是想。如果你將他們抽離城市的脈絡——抽離第一大道和蘇活區的零售界面，他們將只不過是改良後的合作市（Co-op City）或住宅計畫。這些計畫如果沒有參照他們並不認同的城市風格，是不可能成功的。我認爲他們很單調，而且我想大多數人都會同意。」

貝聿銘除了說句「今天我們不會如此做了」之外，了無悔意，但也沒有遭到多少責難。「大家都沒有想到要指責貝聿銘，」強生說：「他也是全然無辜的人。他是那種無懈可擊的人，是世上最甜美的傢伙，大夥都愛他。」

〃 〃 〃 〃 〃

亢龍有悔

一九六〇年代初期，齊肯多夫面臨比公衆輿論更嚴重的問題。在威奈公司興盛榮耀的假象下，房屋抵押貸款和高利貸所構成的骨架正不斷猛烈搖晃。他借錢蓋房子的策略在地價維持戰後大漲行情時還行得通。不過一九六二年五月二十八日，藍色星期一，道瓊工業指數出現自一九二九年以來最大的跌幅，房地產也同步重挫。這波跌勢讓他深陷在過度擴張的危機之中。

威奈公司早已被營業成本過高而壓得喘不過氣來，再加上處理的交易如此繁多及複雜，齊肯多夫必須付錢給一團的律師和會計師才能擺平細節。單是貝聿銘的設計部門每年就要花上一百萬美元。此外，噴射客機的商務旅行讓公司主管可以單日往返各大城市，威奈公司旗下九家飯店的住房率因而降低不少。一九五九到一九六五年間，威奈公司便虧損七千萬美元。

爲了應付川流不息的債主，齊肯多夫很不情願地在建物開始賺錢之前，一棟接一棟地賣掉。很遺憾的是，這波拋售行動連他和貝聿銘絞盡腦汁的合作成果都無法倖免，包括丹佛市里高中心、費城社會嶺公寓及基輔灣公寓大樓。

齊肯多夫本性就不是適合公司結構重整的人，他的想像力還是趕在腳步之前。到最後，債務人的名聲完全粉碎他曾是建商的聲名，在耗盡傳統銀行的所有信用之後，他向高利貸借取高達二分四厘利（二四％）的資金，企圖阻止他的王國如紙牌蓋的房子那樣倒塌。他說：「我寧可在高利貸一分八厘利下苟延殘喘，也不要死在基本放款利率下。」

在這段岌岌可危的日子裏，齊肯多夫一直保持平靜和幽默。摩根擔保公司老闆說他自己看起來像個百萬富翁，齊肯多夫回答：「我更棒——我欠你三百萬美元。」雷諾鋁公司的一名主管告訴齊肯多夫，他們公司一年淨利達九百萬美元，他回答：「我的天啊，我付給高利貸的都不止這個數目。」

整個金融圈以看好戲的心態來追蹤齊肯多夫的困境。他不理會人們的喃喃詛咒，在快斷的線上搖搖欲墜，可惜他無法一直撐下去。齊肯多夫這場漫長的好戲在一九六五年一個星期五的午后倏地結束。他的大轎車行駛在東河大道時，車上的行動電話響起，告知他密德蘭銀行要求贖回一張八百五十萬美元的票據。威奈公司宣告破產，負債八千萬美元。齊肯多夫的電話被剪線。估價人在公司家具上貼上標籤，準備破產拍賣。「如今一切行動都告停頓，」齊肯多夫寫道：「我不能再爲公司行動。事實上，我變成一個清醒的旁觀者，這種角色既陌生又不愉快。」

威奈公司倒閉後，齊肯多夫的情況猶如雪上加霜。一九六八年他個人宣布破產，他的妻子瑪麗安在飛往哥德洛普（法屬西印度羣島）跟他會合的途中死於空難。兩年後，他第一次中風。一九七六年，曼哈頓大陪審團控告他拖欠州所得稅，六個月後齊肯多夫死於第六次中風。

〃　〃　〃　〃　〃

脫離威奈

在齊肯多夫過逝的前十年期間，貝聿銘逐漸意識到開發案的極限，並在威奈公司開始不可自拔之前便機警地保持距離。紐約時報評論家高伯格解釋說：「替齊肯多夫工作不僅幫了貝聿銘，也害了貝聿銘。他們共同的洞察力，讓嚴肅的現代建築學與別人尚未察覺的房地產開發市場產生交集。爲使工作順利推展，雙方都要作出很大程度的妥協。齊肯多夫不能只顧實用主義；貝聿銘也不能發揮一個正派建築師所希望的自由。」

貝聿銘和齊肯多夫的關係，使他蒙上開發商專用建築師的汚名。據傳萊特便曾跟貝聿銘說：「我聽說過你，你屬於齊肯多夫。」一些衆人垂涎的知名工程，諸如紐約林肯中心等，根本都不將他列入考慮。威奈公司副總裁爾斯達特表示：「貝聿銘認爲有很多世界值得去征服，他要建立自己的資產。很自然地他希望建立起自己的形象。」

貝聿銘明白走出齊肯多夫陰影的時候已經到了。他回憶說：「我在一九五五年或一九五六年即向齊肯多夫表達了我們的不安，他很能瞭解，他說，『你可以接一些外頭的工程，但不要忘了我們。』」

貝聿銘第一件獨立工程是政府都市更新計畫長官威廉·史雷頓（William Slayton）位於華盛頓特區的住宅，有三道混凝土做的半圓形頂棚走廊，每一端都是玻璃牆。「我們是在各城市旅行時，利用信封背面設計的。」

一九五九年貝聿銘接下他名下的第一件大型工程，他的母校麻省理工學院邀請他設計一棟九層樓的地球科學實驗室。貝聿銘說服他們蓋一棟二十層的高樓，並保證讓它成爲這個新古典校園的地標。靠著這項二千八百萬美元的委託案，貝聿銘在四十三歲那年，正式脫離威奈公司。這是雙方互利的好聚好散。齊肯多夫危顫顫的王國，再也無力負擔設計部門昂貴的百萬美元人事費用；貝聿銘付給齊肯多夫一些辦公室租金，雙方改訂工作契約。爲慶祝貝聿銘聯合建築師事務所（I. M. Pei & Associates）的成立，他請同事到聖雷吉斯飯店去吃飯。

很諷刺的，齊肯多夫的失敗給了貝聿銘在適當的時機自立門戶。就好像威奈公司是一具堅固的火箭推進器，將貝聿銘帶到更高的軌道，然後自行爆炸。「我自覺被困在尋找工作、拉工程的角色之中，」貝聿銘說：「手下可以悠哉地一次做一件差事，我卻得注意整個公司。我在設計上

▶

基輔灣公寓大樓，1960年10月時只完成了一棟公寓大樓。它開啓建築的新方向。

▲

柯蘇塔和貝聿銘檢視麻省理工學院地球科學館的模型，攝於1960年12月。這是他們獨立後的第一件大型工程。

▶

德州艾爾帕索的機場航空管制塔，這是按照貝聿銘設計原型所興建的50座塔台中的一座。

的成長宣告停頓；原本應該早些達到成熟期的。就某方面來說，齊肯多夫的財務問題是我成為建築師的機會開端。」一九六二年時，貝聿銘已蒐羅到許多工程，足以匹配他提高水準後的野心：台灣東海大學路思義教堂，紀念時代雜誌創辦人之父路思牧師（編按：現多將其姓譯為「魯斯」）；供全美五十處機場參考興建的五角形聯邦航空管制塔台原型；波士頓市中心綜合計畫；以及紐約甘迺迪國際機場國家航空公司航站大樓。

貝聿銘的工作量增加之後，他便不願意參與他那不屈不撓的前任老闆在威奈公司倒閉後企圖發起的計畫，他向齊肯多夫推薦一些有才幹的年輕建築師。「聿銘知道這些計畫通通蓋不成，」曾受他推薦的理查・梅爾（Richard Meier）說：「他對要做什麼、不要做什麼非常精明。這點值得我們向他學習。」

脫離中國

貝聿銘的家庭生活也邁入新的里程。十年來，他和艾琳一直不放棄回歸故國的渺茫希望。及至一九五〇年代中葉，他們兒時的中國已成了人民共和國。事實上，日軍投降後，貝聿銘的弟弟貝聿昆已回到上海開了一家玻璃工廠，但數年後又面臨威脅而不得不離開。「毛主席的人說，『不是朋友，就是敵人』，」貝聿昆回憶說：「他們說我不受歡迎。共產黨掌權之後不久，我跟家人說我們的生命有危險，所以我們便離開了中國大陸。」

一九五五年十一月十一日，在退伍軍人紀念日的第一項儀式上，各國移民魚貫進入紐約馬球場，布朗爾二世檢察長在二壘板後豎立起的台子上，帶領一萬名移民宣誓成爲美國公民。貝聿銘對這段經歷有著矛盾的情緒：

> 就某方面來說，是心懷悲傷，因我們必須拋棄自己的文化、根以及老家；另一方面，是心懷感念——更甚於快樂，我們得以生活在這個神奇的國度。那些矛盾的情緒大約十年後在詹森總統邀我參加艾麗斯島的一項典禮時，才告消退。那時我覺得是個十足的美國人。
>
> 美國已成爲我的貴人。她給了我在別的地方所不能經歷到的挑戰空間。對我來說，我的一切都是這個國家賜予的。

一九五二年貝聿銘爲成長中的家人，在紐約凱統市西徹斯特鎮蓋了一間簡單的鄉村別墅。沒有大型計畫那樣的外在壓力，貝聿銘在一塊斜坡地蓋了一座原始的木造小屋，屋前種了中國松。這種斜頂、地板架高，門前一片空曠的房屋，很有密斯風格或日本風格，揉合東西方特質。建築師兼評論家布萊克說它是「有節制的奢華」。它散發出大型創作並不易有的輕盈與溫馨。

不管它啓發了什麼，貝氏別墅其實再簡單不過，它只是用支柱架高的木屋，整個屋頂用木板釘的，還有一個四周圍繞屏風的門廊而已。幫忙的助手說：「就像他生活中的許多事物，它很謙虛，但不失優雅。」工人們在一天內豎立起樑柱、門楣等框架，然後在一週內完工。貝聿銘和助手親自裝上屏風。貝家四個小孩的床腳都裝上輪子，他們可以在暖和的夏夜把床移到任何喜歡的角落。光線由戲劇性般照明的樹木間射入這棟屋子。

電光石火的交會

凱統市小屋變成貝聿銘週末時遠離自己執業壓力的地方。想辦法爭取到足夠的工程來養活七十五人工作小組的重擔，如今都落在他瘦小的肩膀上。他擔心以前與齊肯多夫的關係，會使他擺脫不掉大手筆建築師的惡名。不過他還是決定忘掉都市重開發計畫，朝較受人尊敬的工程邁進。他向時代雜誌表示：「投機性房地產已不再吸引我，這類房地產很難造就出好的建築。」

貝聿銘在搜尋新方向時，認爲有必要將現代形式加上一些雕塑戲劇風味。一九五一年，貝聿銘一家人利用哈佛大學提供的大學特別研究員獎學金遊覽歐洲。「我沒有去參觀大教堂或王宮，」他說：「而是將大部分時間消磨在隆河山谷。」他唯一去看過的地標景觀物是查特斯大教堂（Chartres Cathedral），心中暗自欣賞葛羅培斯不以爲然的誇大燈光和歷史性建築物所凝聚的力量。這是一次電光石火的相遇。貝聿銘說：「我的建築教育就是在那個時候開始的。我第一次張開了眼睛……如果再早些時候，我不會有如此的領悟。那是完美的時機。」

一九六一年，以麻省理工培特羅・貝魯斯基（Pietro Belluschi）爲首的七所建築學院院長所組成的委員會從一份名單上，無異議挑選貝聿銘來設計全國大氣研究中心（NCAR），名單上還包括巴恩斯、埃羅・沙利南及史奇德摩・歐文思及梅里爾公司等强敵，這時貝聿銘終於爲他的突破找到新方向。該委員會的備忘錄指出：「對貝聿銘而言，這項計畫將是一項全新的挑戰，並將提供個人和專業的進步與滿足，使他全力投入。」

NCAR是羅伯茲博士（Dr. Walter Orr Roberts）的心血結晶。他是哈佛出身的大氣學者，從基層研究工作開始做起，一直晉升爲科學界第一流的政治家。羅伯茲起綯的工作袍和涼鞋透露著，他是一位高瞻遠矚的自由思想家。他一手開拓出大氣科學的領域，並爲它爭取到信譽和可觀的資金。他總是說：「我們生活在地球上，卻是活在大氣中。」

二十年前，哈佛大學派羅伯茲在科羅拉多州創設一所高海拔氣象台。羅伯茲開著輛破爛、沿路需要不斷修理的舊式葛拉漢佩吉轎車，頂著盛暑的熱氣向西行，乘客座上坐著新婚數週的妻子，後座擺著拍攝太陽用的精密儀器。這對新婚夫婦婚後第一年，就住在可以眺望遙遠礦業小鎮克萊美的一個獨立山峯上，緊鄰氣象台的一間小屋，數年後，羅伯茲使科羅拉多高海拔氣象台躋身爲全國最受景仰的科學機構之一。

羅伯茲爲NCAR挑選一個縱覽天地間壯麗美景的地點：洛磯山脈丘陵地帶中一塊海拔六千二百呎的岩石台地，遠望波德市和向東延伸的大平原。選上這裏有部分原因是方便，波德市是個罕見的高海拔大學城。但真正原因是這個地方的天然美景，羅伯茲從他起居室的窗中已欣賞了好幾年。這塊台地覆蓋著五百多英畝的草地和野花，還有野鹿及土狼行走其中。建築師和委託人走過芳香的鼠尾草和霸王樹，討論著建築計畫，羅伯茲穿著一貫的起縐工作袍和涼鞋，貝聿銘則穿著拘謹的套裝和高級皮鞋。貝聿銘說：「我常在台地上睡覺。我不知道有多少回我走過台地，在上頭喝了許多酒。那幾乎是一種宗教經驗，真的有接近大自然的感覺。」

美麗的沈思殿堂

羅伯茲博士是貝聿銘第一個聲名隆重的委託人，貝聿銘和他們形成非常密切的工作關係，幾可稱爲分工合作。參與這個研究中心的一名設計師密克森表示：「貝聿銘在開始工作之前，會先和委託人交朋友，這是中國上流社會的特質。互相熟識的親密關係，使他可以更深一層去談生意。」

在台地散步時，羅伯茲勾勒出他對這個機構的構想，如修道院般遺世獨立，科學家解放出大學的日常例行負擔後，可以沉思大氣化學和雲層物理的偉大奧秘。雖然NCAR無可避免地會有實驗室的喧嘩和電腦的吵雜，但羅伯茲想像，它將是第一座也是首屈一指的美麗沉思殿堂。

在威奈公司的期間，貝聿銘不得已放棄日常的設計工作。他得爲維爾馬瑞廣場和基輔灣公寓大樓等大型個案估價，構成設計概念，再交給柯柏或柯蘇塔。在研究中心的合作下，他得以回到

▲

科羅拉多州的國家大氣研究中心，是貝聿銘發人深省的幾何作品的早期範例。

熟悉設計的細節。「我總是監督和我一起工作的建築師，」他說：「我會參與概念，偶爾畫條線來試試某個主意行不行得通，或是協助某人整合他自己的設計方針。但直到〔全國大氣研究中心〕，我才再度全心投入設計過程。」

但是，這個地點的戲劇性效果讓貝聿銘瞠目結舌。他早期的作品中只有依據都市尺度的門、窗和地板等來設計的城市建築，這些比例根本無法適用於周遭大草原的超大尺寸。他熬夜構思著不下十五項計畫，但都徒然無功。低矮伸展的建築，高聳的大樓，都配不上山區的背景。貝聿銘似乎一直胸有成竹，但在這裏他迷茫了一陣子。「我在掙扎，」他坦承：「我只抓住幾根稻草。」

追逐戲劇風格

這時，貝聿銘和盧艾琳開車遊覽西南部。十三世紀時，阿納沙茲族印地安人在科羅拉多州南邊維德平台（Mesa Verde）巨大的砂岩洞穴中，蓋出渾然天成的泥土及石塊塔樓。貝聿銘觀察，阿納沙茲族人是如何將房屋的外形與顏色，和附近地形揉合在一起。這片遺跡不僅存在地面之上，也存在地面之中。他說，「我看到印地安人没有抗拒他們的背景，反而將之加入，成爲建築的一部分。他們的成功源於使用這片土地上固有的建材，然後將建築塞入山中，看上去彷佛是從山裏雕琢出來的。」這使他想起去年看到的歐蘭泰坦波（Ollantaytambo）的安地斯印卡人殖民地。這趟旅程啓發了貝聿銘，使他跳脫建築學院訓練的僵硬限制，探索出日後成爲他個人標誌、發人深省的幾何圖形。

貝聿銘設計的NCAR在幾個方面都有缺陷。屋頂漏水、噴泉被迫關閉、混凝土的裂縫需要精心修補。但拋開這些煩人的技術性問題，NCAR是貝聿銘成熟期作品的第一道光芒。它那紅褐色的混凝土外牆有一股神秘、發光的力量。他們屹立在紫褐色的山崖上，就像山丘上的浪漫城堡，也像一座新世紀的雅典衛城。菲利浦・強生形容它是「第一座後現代大形建物。」全國大氣研究中心是一個轉捩點，流露出貝聿銘成熟時期的第一道曙光。從這時起，他放任自己追逐戲劇風格。

「我開始瞭解到自己所知的有多麼貧乏，」貝聿銘回憶道：「一旦領悟後，我挖掘到不斷設計的興趣。」

▲ 貝聿銘和賈桂琳・甘迺迪。

第6章 甘迺迪的祝福

在甘迺迪總統突然遭到暗殺之後，新寡的第一夫人舉行了一項歐式、暗淡的葬禮。依照她個人的意願，紅木棺材放置在，曾經載運過羅斯福總統遺體的黑色閃亮靈車上，穿越過寂靜的街道來到聖馬太教堂。在馬車後頭跟著一匹無人駕馭的雄馬，馬鐙上倒掛著一雙軍靴，象徵著領袖的殞落。第一夫人跟在後面，遮著面紗的頭垂得低低的。

當公開露面的時刻結束後，甘迺迪夫人退場舉行家族的哀悼。除了子女約翰及卡洛琳之外，她全神貫注的事是籌畫一處能恒久紀念丈夫的所在，對這件事她付出與規畫葬禮細節同樣的心思。在暗殺發生後的一星期之內，有百餘項紀念活動舉行，惟在查爾斯河畔的甘迺迪紀念圖書館計畫，是最引人注目的。

葬禮過後的一個月，甘迺迪夫人召集丈夫生前最親近的助理到喬治城她向艾佛瑞・哈瑞曼（Averell Harriman）借住的家裏。在客廳裏聚集的有甘迺迪的弟弟羅伯與泰德，亞瑟・史勒辛格二世，約翰・肯尼茲・蓋布瑞斯（John Kenneth Galbraith），泰德・索倫森（Ted Sorensen）與麥克喬治・邦迪（McGeorge Bundy）。蓋布瑞斯回憶說，當時所進行的是「關於圖書館及其教育性更高用途的嚴謹討論……自一開始我們就有個共識，即這座圖書館應該不僅僅是總統信件或文件的保存所。」

對於一位不是自然辭世的總統來說，塑造一座類似林肯紀念堂的坐像似乎是有點虛矯及不當。若是甘迺迪活著，他一定希望他的圖書館，能以學術性的論述來增添活力。如同在彌補他的缺席，未亡人增設了圖書館的功能，定位在激勵年輕政治家能爲公衆服務，以及一個描述他生平故事的博物館。哈佛大學校長那珊・普西（Nathan Pusey）稱之爲「學術界與公共事務界之間的交會點」。他們預想到這種熱鬧而具實用價值的紀念處所，可以使其名永垂不朽。

元月中旬，甘迺迪夫人出現在電視上，向寫信致哀的八十萬美國人表示謝忱，她以一貫的低沉聲音，保證所有的信件都會被保存在圖書館裏。「這些都是寶藏，不只是給我的子女，而是給所有美國下一代的，讓他們知道國內外的人們是如何的懷念他……我希望在未來的幾年，各位及各位的子女能夠到甘迺迪紀念圖書館參觀。我們希望，這個地方將不只是爲了紀念甘迺迪總統，而是研究他有生之年的所在，以及一個提供給全世界年輕人與學者使用的研究中心。」

籌募建館基金

甘迺迪夫人有充分的理由期望，圖書館會在一九七〇年以完工，或者更快。羅伯・甘迺迪在宣布將籌募六百萬美元的基金之際說道：「我的哥哥已被剝奪了上圖書館的樂趣。不過這座圖書館的迅速完成，將是他最重要的心願。」接下來，甘迺迪家族集合所有的心力，較之過去所有的政治活動更為活躍地進行募款事宜。賈姬・甘迺迪在富有的親友之間勸募，而她的妹婿史帝芬・史密斯在曼哈頓活動。總統的母親羅絲則參加在北卡羅萊納所舉行的募款餐會，會中有福音教會牧師比利・葛拉漢（Billy Graham）以及州長泰瑞・桑福（Terry Sanford）參與。泰德・甘迺迪為感謝法國政府捐贈十萬美元飛到巴黎，然後轉往德國，與法蘭克福的勞工領袖、漢堡的學生以及慕尼黑的捐款者交換意見，他甚至拜訪梵諦岡，與教宗討論這項計畫。同時，IBM的總裁湯瑪斯・華特生（Thomas Watson）向美國企業界募款，而前任世界銀行總裁，也是募款者首腦的尤金・布萊克（Eugene Black）則在外國大使館奔走。

當三千萬人的捐款湧進波士頓郵局時——少至幾毛錢，多到二萬五千美元，布萊克說：「我從未做過這麼容易的工作。」。紅襪隊將他們一九六四季開場賽的門票收入捐出來（那場比賽他們以四比一獲勝）。同時，美國勞工總會工業總會聯合會（AFL—CIO）向每個會員徵收五角錢，甘迺迪的紀念物品巡迴世界展覽以配合籌募基金，在每一站都有數千人前來觀看空搖椅，和著名的甘氏父子在總統書桌前合照。「親愛的甘迺迪夫人，」一名年輕的捐款者寫道：「我捐贈了一角錢，這是我在星期天拜訪嬸嬸時表現得像個紳士所賺來的。」其中最感人的事，是來自一名年輕的日本人，他徒步旅行了八百哩搭上往美國的輪船，然後長途跋涉橫越美國，途中穿破了五雙鞋，為的是向賈姬・甘迺迪呈獻一串珍珠，做為圖書館成立的基金。

甘氏家族到哪裏去找建築師來託付這項重任呢？甘迺迪夫人向威廉・華頓（William Walton）求教。華頓是甘氏家族的朋友，有著強壯的體格，淺茶色的頭髮，曾經在二次世界大戰時擔任時代週刊與生活雜誌的戰地記者，與友人羅伯特・卡帕（Robert Capa）及厄尼斯特・海明威（Ernest Hemingway）跳傘到法國，報導諾曼第登陸一役全部經過。稍後，他成爲著名的畫家，並且是甘迺迪競選時期在威斯康辛州、西維吉尼亞州與紐約州等地的重要幹部，在甘氏就職之前，還使用過華頓在喬治城的住所當做辦公室。

華頓拒絕了白宮的工作，但仍同意主持藝術委員會，這是監督聯邦建物品質的組織。由於這是政府文化事務方面的要角，他協助保存了位於白宮對面、四角型老建築的拉法葉廣場，而且非正式地幫助甘迺迪夫人在白宮修繕時重新選畫，她認爲華頓具有一定程度的品味。在暗殺事件發生當晚，甘迺迪夫人派遣華頓到白宮圖書館，去研究林肯的葬禮是如何辦理的，華頓並且將東廂房以黑布幕掩蓋起來，以保存總統的遺留的物品。

取消競圖

在悲戚哀悼的午后，特勤人員護衛著甘迺迪夫人穿越過喬治城，到達華頓的寓所，兩人對圖書館一事反覆進行研究。華頓勸阻她舉辦正式的競圖，他爭辯說，最好是找個自己的建築師，而不要把選擇的權力交給外界的評審。因此，他們在一九六四年四月間，召集了十八位全世界最知名的設計家到波士頓麗池——卡爾登酒店，進行二天非正式的諮詢。建築界的精英從各個角落抵達這個城市，巴西爾·史賓塞爵士（Sir Basil Spence）來自倫敦；丹下健三（Kenzo Tange）來自東京；還有來自斯德歌爾摩的史凡·馬可羅斯（Sven Markelius）。美籍建築師包括有：密斯，路易士·凱恩（Louis Kahn），雨果·史塔賓斯（Hugh Stubbins），培特羅·貝魯斯基，約翰·卡爾·華內克（John Carl Warnecke），還有，名氣不大，但以豐富的作品入選的貝聿銘。杜勒斯機場根據貝聿銘設計的原型建造航空塔台時，華頓曾見過貝聿銘。

泰德·甘迺迪在他們到達時說道：「在歡迎各位建築師之際，我必須先聲明，你們是在跟神奇建築世界沒什麼概念的家庭打交道。沒有例外，我們都是住在租來的房子。」之後，他們參觀了甘迺迪在前一年五月時，在查爾斯河畔選擇興建圖書館的地點。當時，白宮方面嘗試讓這次旅行不惹人注目，但是當甘迺迪總統所搭乘的海軍直升機在海尼斯港降落時，已有數百人聚集在哈佛商學院外的草皮上等待，當總統走過草坪時，濕冷的春日微風輕輕拂過，弄亂了他男孩似的頭髮。從無花果樹葉所形成的天蓬透視出去，可以看到查爾斯河對岸，哈佛建築的圓穹和白色尖塔。這片寬廣的視野，尚包括甘迺迪在哈佛讀書時所住的宿舍溫佐普屋。此時，羣衆叫道：「演講、演講、演講……」，總統對他們報以微笑，然後坐進一輛隨伺等待的大轎車。

當年甘迺迪造訪時，設立總統圖書館仍是個相當新穎的構想。自喬治·華盛頓開始的每一任總統都將文件放置到國會圖書館，或者是帶回家去，然後其中有不少遭到丟棄、拍賣或是燒掉了。直到富蘭克林·羅斯福總統，才在海德公園他家族所有土地上，設計了一處荷蘭殖民式的房子，做爲保存他文件的保管處所。甘迺迪和杜魯門及艾森豪一樣，也將跟隨羅斯福的前例——但那似乎是很遙遠的事。甘迺迪必須競選連任，並任職到一九六八年，以四十一歲之齡退休後到總統圖書館完成期間，他將有充分的時間來寫他的回憶錄、教哈佛研究生，並追求他豐富的著作。

甘迺迪僅僅再看到這片草皮一次，那是十月間在他參加哈佛與哥倫比亞大學的足球賽之後。過了幾天，回到白宮後，他簽署了一份文件，正式將河邊土地保留爲圖書館用地。這真是天意。一個月之後，總統的敞蓬車駛進了達拉斯迪雷酒店。（譯註：甘迺迪在達拉斯遇刺）

不戴帽子的圖書館

建築師們視察了總統所選擇的河邊用地，接著觀看甘氏的電影專輯，史勒辛格、蓋布瑞斯與索倫森等人分別向他們簡述圖書館的用途。甘迺迪信任的摯友、哈佛教授撒姆爾·比爾（Samuel Beer）建議說：「約翰·甘迺迪是個從來不戴帽子的人，因此，這個圖書館應該是一個簡單、直線的建築物……不戴帽子的圖書館。」

這羣人「深受感動」，史賓塞爵士回憶，當有人拿出已故甘迺迪總統寫給一名設計聯邦大樓建築師的親筆信函，其中引述雅典政治家培里克里斯的一段話：「我們不模仿，因爲我們是別人的典範。」

史賓塞總結說：「這句話，應該就是這座建築物的座右銘了。」甘家的人不在場時，建築師們向華頓抱怨他們左右爲難。他們樂於向這家人提供設計上的建議，但是不願意推薦特定的人選。華頓說：「這在建築界是項史無前例的作法——向這些建築師詢問哪位同業能夠獲得這項殊榮。」外籍建築師主張人選局限於美國人，最後大家同意，每人不記名地提出三位美國籍建築師候選人，給甘家考慮。在他們搭乘甘家飛機卡洛琳號前往海尼斯港，赴甘氏家族莊園的午宴途中，大家完成投票。華頓收集好密封著的信封，並在手邊的架子上完成統計，然後燒掉這些信封以確保秘密。出現較多的名字包括有：密斯，華內克，邦沙夫特，魯道夫，凱恩，强生與貝聿銘。

賈姬．甘迺迪在華頓及表妹珍．甘迺迪．史密斯的陪同下，研究這些候選人的作品選集，然後前往芝加哥、新海芬、費城等地視察這些建築，並與這些候選人在他們自己的辦公室面談。密斯是候選人當中名氣最大者，但是他年紀太大了，無法表現出殷切的雄心。在面談的時候，他不斷抽著雪茄，表現出不太在乎的態度。建築界專業人士可能會選擇費城的路易士．凱恩，他的著名建築包括賓州大學的理查醫學研究中心。他是現代主義第二代的前鋒，重新詮譯了包浩斯學院的主張。一九六一年建築歷史學家文斯．史考利（Vince Scully）曾推薦凱恩爲現存美國建築師當中專業地位最崇高者。只是他羞澀、唐吉珂德式的態度，抽象式的沉思以及笨拙舉止——他是個矮小、亂髮的人，有著高亢的聲音，和因小時候發高燒造成肌肉扭曲的難看面孔——都讓他被排除在考慮之列。

假如路易斯・凱恩對於具有上流社會高尚品味的甘氏家族來說是不適合的，那麼迷人的、具有自信的貝聿銘就完全對路了。「在建築界，通常傳達訊息的人本身就是訊息，」建築歷史學者史皮若・柯史多夫（Spiro Kostoff）曾說：「可憐的路易士・凱恩，是當時具有幻夢般理想的建築師之一，他有話要說，但是說不出來。當他面對著觀衆時，那張麻臉喃喃地述說著神秘的情事，很難讓人喜歡他。然而，另一方面，貝聿銘走進房間時，光線爲一亮，他充滿活力與自信，他令人暈眩。那麼，你會選擇誰？」

貴族光臨

這項任務正是貝聿銘在齊肯多夫旗下所缺少具有紀念性的工程。尤有甚者，這可以洗刷他爲房地產開發商工作的汚點。於是貝聿銘像迎接皇室光臨般準備他的面談，他的辦公室在外表上不能與邦沙夫特那種一長排的繪圖桌的壯觀相比擬，也不能和菲力浦・强生在公園大道上席葛蘭大樓豪華玻璃帷幕套房相比。貝聿銘的工作室是向威奈公司租來的，一間斗室裏擠滿了六名繪圖員，他們經常自娛的把戲是把膠帶當保齡球，從客廳直滾到貝聿銘與秘書共用的角落辦公室。

但貝聿銘很機敏地把小巧、非正式的辦公室轉變成有利的資產。重要的日子來臨時，貝聿銘的職員，倉促地將新漆好的辦公室看得見的雜物及落灰的模型藏起來。之前大家還曾熱烈討論過應該在會議室裏陳列什麼。男洗手間已經擋起來，讓甘迺迪夫人看不到。「我們對於賈姬・甘迺迪的來到非常在意，」哈洛德・佛瑞登柏格（Harold Fredenburgh）回憶說：「卻無人能認清這次晤面所具有的專業性意義。不過貝聿銘一定知道。他總是能夠看到他自己所想要到達的地位。」

甘迺迪夫人的座車經過一大羣得知她要來的看熱鬧人羣，緩慢地在麥迪遜大道上前進。警察護衛著她穿越圍在走道及大廳的人羣到達電梯，設計師佩吉回憶說：「我們有一小塊歡迎區，放置一大盆的鮮花，她走進來說道，『哇，好美的花，你們是經常這樣放置的嗎？』貝聿銘說，『哦，不，我們是特別爲妳準備的。』當然，大多數的人是不會這麼誠實的。」

貝聿銘不卑不亢地承認，自己並沒有著名的大型作品如路易斯・凱恩及密斯那樣。「像紀念館這種大型工程，」他說：「通常不會到我這裏來。」在他四十七歲時，他的作品已遍布全美十二座城市以上，而持續增加的作品，使這名年輕的建築師已接近偉大的邊緣。「貝先生，」她說：「你如何有這樣的精力來做這些呢？」

「甘迺迪夫人走住我辦公室的那一天，」貝聿銘說：「我告訴她，『我没有大型的音樂廳可以給妳看，也没有類似林肯中心這種的可以參考。我的工作並不是光彩奪目的，例如貧民窟改建計畫，紐約的基輔灣公寓大樓，芝加哥的海德公園區等。』她並没多説什麼，卻不停地問著爲什麼我會這麼做。」在當時，人們仍然篤信現代設計可以解決城市問題。貝聿銘的作品將他塑造爲一位具有社會良知的年輕人。

當別的候選人正精細地描述著心目中所想像的圖書館時——當時的情勢看起來似乎需要展現一些前衛的想法，貝聿銘卻誠實地表示，他認爲不必急著說出他要怎麼做，但是無疑地，他給人一付胸有成竹的印象。

他小心含蓄的表現確是成功的策略，甘迺迪夫人離去之時已深信非貝聿銘莫屬了。他與她的丈夫剛好同齡——他們的生日僅相差一個月，而且就像甘迺迪，他也是自哈佛畢業之後快速嶄露頭角，兩人同樣流露出自戰後開始打破世俗藩離的年輕氣盛特質。最理想的是，貝聿銘並不是個她必須表示服從尊重的長者。相反地，他是個熱情洋溢、謙沖自抑的人，而他東方式的詼諧，讓她覺得談得來，將來或許可以成爲朋友。

「賈姬與我爲了甘迺迪紀念圖書館，和不少的建築師面談過，」珍．甘迺迪．史密斯說：「當我們看到貝聿銘的時候，毫無疑問地，就是他了。他的工作就像他本人一樣，帶有詩意。」

大放異采

一九六四年仲夏，貝聿銘帶著艾琳與四個小孩到義大利度假，接到執行合夥人雷納德拍來的電報：「請立即打電話給華盛頓的威廉．華頓先生」。貝聿銘在比薩斜塔外的一家小鎮啡咖館，花了幾乎一整天的時間打電話，他的家人則在小鎮廣場上等待。終於，他聽到華頓在長途電話中

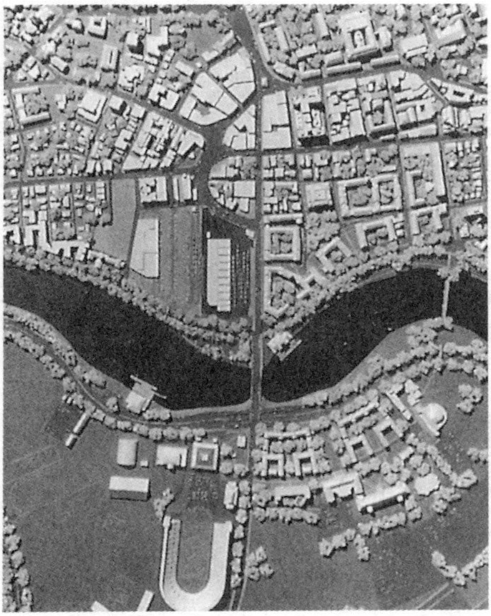

◀ 甘迺迪總統的未亡人拒絕圖右下角的河邊草地，而看上圖中央的麻州灣運輸局汽車倉庫。

賈桂琳．甘迺迪和貝聿銘在1964年的記者會上宣布他獲選爲圖書館的建築師。她說：「我想這項決定有些不太正統。」

▼

向他道賀。後來貝聿銘形容當時是他一生中最興奮的時刻。「家母讓我相信這件事是理所當然的，」貝庭中說：「大家都非常期待父親的成功。我覺得他早晚都會大放異采的。」

羅伯·甘迺迪在紐約皮耶飯店所舉行的記者會上公開宣佈貝聿銘入選。「我想這項決定是有點不太正統，」賈姬告訴記者說：「畢竟，有些候選人是比較有名氣。但我們所考慮的是好的建築，是貝聿銘！他樂見事物具有美感。人們會說，你們為什麼不找個更有實績的人呢？我們覺得貝氏的最佳作品才正要來臨，一如一九六〇年時的約翰·甘迺迪。」

在全國注目之下，貝聿銘當天首次在攝影鎂光燈下展露笑容，如同受卡美洛皇后親命聖職的新貴一般。他已達到所有的建築師渴望的地位，以他的年紀就有如此殊榮也是少見。從後來他得到的委託案可以證明，他的溫文有禮以及不可思議的交際手腕，經由此事傳遍全國，成了最好的宣傳。「那時他搖身一變成了外交家先生，」菲利浦·強生回憶說：「他所有的工作都成為絕佳的外交表現。他所展現的政治手腕令人難以置信，是我們其他人所無法望其項背的。」

ℳ ℳ ℳ ℳ ℳ

撥土動土

貝聿銘贏得這項任務之後不久，便對這個地點提出質疑。二·五英畝的草皮足夠容納總統所想像的十萬平方呎圖書館面積，但要加上檔案室、博物館與管理處則需要三倍大的空間，爲何在暗殺事件發生之初國內情緒性反應强烈時，他們未要求任何更理想的地點，而決定在這個受到查爾斯河兩岸吵雜交通干擾的狹窄地點呢？在這個悲劇時刻，有誰敢否定甘迺迪家族的決定？

貝聿銘很快地便飛到波士頓，與州長安第考特·皮巴底以及麻州港灣管理局商談，有關將圖書館與建地點遷移到查爾斯河對岸一處名爲「汽車倉庫」之事。這是塊散布著地鐵車箱與修理機房的電車場地，占地共計有十二英畝，位處哈佛學生宿舍與查爾斯河和哈佛廣場之間柏油鋪面的不規則土地。這裏是哈佛向外擴充的最後一塊鄰近土地，多年來學校方面曾積極爭取，甘迺迪本人也認爲這裏很理想，後來因爲政治因素而打消念頭。「我告訴羅伯·甘迺迪說，我想要永久取得這塊土地，」哈佛校長普西回憶說：「他說，『希望我這樣說不會冒犯你，約翰·甘迺迪的名字也許比約翰·哈佛更具有影響力。』」

羅伯·甘迺迪是對的。劍橋市的愛爾蘭民主黨郡政府，並不打算把汽車倉庫用地讓給哈佛，他們殷切地想收容烈士進來。市議會通過一項決定性的承諾要「盡一切努力」讓圖書館蓋在劍橋，波士頓地球報一篇評論形容這項建議：「不光只是靈機一動而已，這是項挑戰……人們必將毫無怨言地予以配合，對甘迺迪的永恒感念莫此爲甚。」

地球報同時支持一項授權州政府買下十二英畝土地的法案。十月份時，一項針對此案舉行的聽證會由特別立法委員會召開，一名證人自州議會前排席次站出來作證。此人係總統的母親羅絲，她的父親「蜜糖費茲」約翰・費茲傑羅，曾經是波士頓市史上最顯赫的市長，在本市的愛爾蘭民主黨當權派之中頗具有影響力。「我兒子絕未想到要紀念自己，」她以顫抖的音調説道：「甘家人認為在查爾斯河畔興建圖書館可以讓他的精神長存，勝於其他任何事情。這是甘家唯一要求協助的紀念活動。」委員會只花了十八分鐘，就完成了這項花費七百萬美元購買汽車倉庫土地一案的投票。再也沒有一件事能像這件事那麼順利了。

貝聿銘稱這件事的成功為，「甘迺迪紀念圖書館計畫打下了基礎」，汽車倉庫所有權的賣方，也很爽快地同意，只要找到合適的地點將盡快搬走，最遲在一九七〇年以前。理論上最理想的地方是鱈魚人廣場，在偏遠的道徹斯特附近，且賣方原本就擁有這塊土地，然而這項搬遷行動遭到當地民衆憤怒的反對。在一次公衆聽證會上，九百名跺腳的居民表示反對立場，而當地的民意代表，以修理汽車的嘈雜聲會干擾到鄰近的醫院為由，將此案否決。於是目標再改到米爾頓的沼澤區，但這次是遭到環保團體的反對。另外，計畫到麥塔盆廣場及南布園區也分別遭到挫折。最後，經過了六年費心煩人的尋找，終於在南波士頓的舊賓州中央調車場找到一塊狹長的土地。

這件拖延許久的事情終於解決了，但仍尾大不掉。波士頓市長凱文・懷特（Kevin White）强烈質疑，市政府機關怎能徵收可課稅土地？經過極力遊説，泰德・甘迺迪爭取到足夠的支持力量，才把懷特反對之事擺平。（幾年之後，喬治・麥高文邀請懷特出馬擔任副總統候選人的競選夥伴，遭到泰德・甘迺迪的杯葛，這件事被解釋為報復他在圖書館計畫的從中作梗。）「結局已然在望，」甘迺迪參議員告訴紐約時報說：「我們現在終於可以開始搬磚動土了。」

※　※　※　※　※

草根激進主義

只要甘迺迪的血能鮮活地留在美國人民的記憶中，那麼為了他的緣故，高山也可以移走。但是現在這項計畫已虛耗了不少寶貴的原動力。當報廢電車終於從汽車倉庫移走時，「暗殺」的心靈震撼早已沉入歷史，取而代之的是當前的要務，越戰、戰備競賽、水門事件，乃至於甘迺迪私生活的揭露及泰德・甘迺迪駭人聽聞的女秘書溺斃事件。

甘氏家庭已褪去不少神話式的共鳴，而在這塊土地之上，反極權主義精神燃燒熾熱，沒有人比甘氏所任命的國防部長羅伯・麥納瑪拉（Robert McNamara）更能體會這種文化的轉變。一九六六年，他在哈佛現身時，座車遭到八百名抗議者的追逐，他在這毫無尊嚴的處境虛弱地與抗議者對談，直到警察强行將羣衆排開，在備受折磨且羞辱之中護衛他離去。三年之後，學生占據哈佛廣場上的行政大樓，逐出八名院長，並將此大樓改名，在他們多項要求當中，尚包括廢止學校方面向城市週邊所實施的「擴張主義」。

不單是學生對建設所帶來的「進步」感到憤怒。六十年代的重大轉變，在於對政治表達能力的興起，使一般人有權決定誰來當自己的鄰居。幾年之前無法想像有組織的抗議之聲，現在似乎已是非常正當的。哈佛廣場周圍老舊社區的强烈排外，是任何新興保守地域所比不上的。交通阻塞與投機炒做房地產，已嚴重威脅到老殖民地街道的一排書店、咖啡館、骨董店及爬滿長春籐的古宅。劍橋市察覺開發有不少缺點，而這裏正是少數幾個全然抗拒都市更新計畫的地方。

是故，圖書館計畫歷經幾年的波折與政治交涉之後，在劍橋遇到的是冷淡的對待，他們對於過度發展的憂慮，已然超過了對甘氏傳統的忠誠。據估計，每年有三百萬人到威靈頓國家公墓的甘迺迪墓地，同樣數目的人潮是否也會湧到哈佛廣場呢？賣紀念品及炸雞薯條的小攤子，是不是會取代後街脆弱的書店與咖啡館呢？查爾斯河畔的草地，是不是會變成大停車場，或是林立的霍華·强生連鎖汽車旅館呢？

爲配合當地正盛的草根激進主義，市議會任命一個十九人研究小組，代表社區表達他們的關切。研究小組於一九七一年召集成立時，天真地以爲甘氏家族會同意他們的想法，讓圖書館分割並融合到當地具歷史特色的環境當中。他們所設想的熱誠合作關係並不存在，波士頓地球報建築評論家羅伯特·坎培爾（Robert Campbell）寫道：「相反地，甘家人一開始想建的是紀念館，對於社區的態度，是最好永不接觸。」

在羅伯·甘迺迪於一九六八年遭到暗殺之後，這項計畫的執行單位圖書館法人組織，轉交給羅伯的內弟史蒂芬·史密斯掌控。他是個精明幹練的紐約客，在約翰·甘迺迪一九六〇年競選時期，負責財務及行政事務。接下來的幾年，他管理甘家的投資事項，以及在甘家人經常惹出問題時，用堅決果敢的本能與頑固精明的策略處理危機。「有人說我嚴厲無情？」羅伯・甘迺迪經常這麼說：「他們應該看看我的內弟史蒂芬。」

史密斯在州政府對街，甘迺迪所住的寶杜銀街寓所，管理圖書館法人組織。年輕的約翰・甘迺迪自戰後從軍歸來，即以這裏為法定的住址，一直到他去世為止。在史密斯的費心經營之下，這裏逐漸成為甘家政敵圍攻時的掩體。身為全國最有政治實力家庭的掌控人之一，史密斯並不傾向於同意研究小組的建議，也不贊同鄰近地區想要共同參與計畫的想法。他所想的是，甘家人不需要忍受自家後院的不和。

截頂的金字塔

社區的強烈反彈使貝聿銘的任務更為棘手，他贏得這個案子的時候，並沒有對這座圖書館將是何種風貌多說什麼，現在他則必須要創造出一個合宜的紀念館式設計，能夠反映出人們對甘迺迪生平的著迷，卻不致冒犯到劍橋市珍貴的地方尊嚴。貝氏承認在這種情形下有點為難，他比其他的候選人有更多的都市計畫經驗，但是這次他還沒有準備好。因為直到那時，他的建築仍如孤立、自成一格的雕塑般挺立著，與都市氣質毫不契合。

「這是個更深、更複雜的問題，」一名研究小組成員，也是葛羅培斯「建築師團隊事務所」的合夥人的摩斯・佩恩(Morse Payne)說:「你如何能把現代化建築移植到一六三〇年代的環境?你必須下馬走在街道上去感受體會。貝聿銘的大型作品從來不需要他這麼做。從政治角度看,貝聿銘是合適的人選,但是這個地方的需求卻與貝聿銘的大相徑庭,他不知道如何去調適。」

甘迺迪遺孀的構想是,這個圖書館能與他的心靈層面相調和,成爲一個由喧鬧的學生、觀光客、好奇的孩童所帶來有朝氣、不虛飾的活生生紀念館。但是貝聿銘卻將圖書館視爲紀念館。「貝氏有一次曾告訴我說,他覺得建築物本身是具有紀念意義的,」圖書館董事丹・費恩(Dan Fenn)回憶說:「我說,『不,這個機構本身才是具有紀念意義的。』」

在甘迺迪夫人第五街大道的寓所裏作過私下展示之後,貝聿銘在甘迺迪的五十六歲冥誕那天,公布等待許久的設計圖,評論家珍・賀茲・凱寫道:「以一種埃及法老對尚未出生的後人宣布既成事實的果決態度。」一張廣爲流傳的合衆國際社照片顯示,甘迺迪參議員、尤利斯・夏佛及十五歲的卡洛琳正在觀看這個巨大的塑膠及木製模型,它是一個由混凝土建築圍繞著的八十五呎平頂的金字塔。評論家艾克卡德感嘆這是,「甘迺迪權力金字塔,悲劇性地被命運截掉尖端的陳腐象徵。」

貝聿銘的堂皇設計,與羅斯福總統謙遜的海德公園原型相去甚遠,那裏建造得像個私宅,有自然石牆、小窗子和簡單的白漆木工。貝聿銘似乎是採用了上個世紀的紀念館型式。「這是約翰・甘迺迪最不願意和他所深愛的古老哈佛產生的關係,」他的朋友華內克說:「它並不謙遜,它叫著，『看著我！看著我！』」

「它讓我大吃一驚，」摩斯・佩恩附和說：「它的巨大是我們難以想像的，與哈佛的建築一點也不協調，大多數能逛遍哈佛廣場的建築師，都會嘗試配合其格調，這項計畫似乎不想這樣；看起來一點也不和諧，這就好像住在一個沉睡的小鎮，突然聽到要建造大型購物中心一般，令人十分驚奇。」

當時的華盛頓國家博物館館長卡特・布朗，在圖書館設計圖神秘面紗揭開之後不久，正在倫敦的旅館調整旅途的時差，半夜睡不著起來寫了封信給貝聿銘：「就算是大人物也會有豬玀灣危機，」他寫道：「身爲朋友，我誠摯地祈禱，在歷史評價中，這棟建築不要被視爲你的作品。」「我害怕這會是個蓋在錯誤地點的正確建築物，」他後來說明：「我替哈佛及貝聿銘感到憂心忡忡。」

家族紀念堂

當研究小組要求參閱貝聿銘的計畫時，史密斯以根本還沒有計畫爲由加以拒絕。他們接受了他的解釋，直到某一天早晨，這個假設並不存在的計畫突然刊登在波士頓地球報。憤怒的反對者指責史密斯藐視社區福祉，這是整個事件的轉捩點。「他們欺騙我們，」在哈佛廣場外的聖保羅教堂擔任牧師的理查・西馬魯克牧師（Richard Shmaruk）這樣說：「當我們被激怒之後，我們知道必須要以同樣的手法來對付他們。」

社區人士所關心的焦點原先只擺在交通及停車問題上，但是金字塔與古老哈佛的不協調，進一步刺激了反對力量。「他給這個計畫造成了很大的傷害，」圖書館董事丹．費恩說，他在設計圖公開展示之前從未先看過。「那個金字塔又讓我們挨了一記悶棍。」

早在一九六七年，英國專欄作家亨利．費里（Henry Fairlie）刊載在華盛頓郵報及費城詢問報的兩篇文章，即已引起很大的震撼。他把這整個計畫歸咎於甘迺迪的渴望榮耀，並嚴厲批評哈佛大學接受了「一項主流大學不應該接受的官方捐款」，西馬魯克牧師說：「我們對於紀念約翰．甘迺迫抱著極高的崇敬，」貝聿銘的金字塔加深了這種印象。「但是他們任命貝聿銘來建造的不只是個圖書館而已，它成爲一個陵墓，不僅是約翰．甘迺迪，而是鮑比、泰迪乃至於整個家族的紀念堂。泰德也將成爲總統，這樣這個金字塔就可容納三隻鬼了，所以它必須要很大。」

距離破土還有一年的時間，整個劍橋市都在擔心這個圖書館會成爲新英格蘭版的迪士尼樂園。居住在時髦的柏拉圖街後頭大房子裏的律師、建築師、教授們，想像出一幅市容亂七八糟發展的夢魘般畫面，以及穿著短褲來自中西部的觀光客，擠滿在他們的紅磚路上——「像是壓迫知識分子的歌德野蠻人」建築評論家哈克斯特伯曾如此寫道。還有放置在查爾斯河畔裝滿速食的貨櫃。這其中最好戰的一員是一個名叫蓓寶．吉福德的女人（Pebble Gifford），她的丈夫唐（Dun），曾經是泰德．甘迺迪的高級助理。因爲受挫於駑鈍的官僚體系，吉福德太太寫信給她丈夫從前的老闆，抱怨那羣「嚼口香糖、穿跑鞋、丟紙屑的羣衆。」

史蒂芬·史密斯斥責不滿是來自頹廢的雞尾酒會裏、勢利地鄙視美國中部的開明派人士所發出的貓叫聲。他堅稱，在這個城市外圍的藍領階級中仍有很強大的支持力量：工人階級之中的愛爾蘭人與義大利人後裔，皆為甘家堅貞的選民。

讓步尋求和解

不管說的是否合理，史密斯的主張立即遭到打擊，來自於外圍河邊及劍橋港黑人社區興起了第二波的反對聲浪，他們與哈佛擴張主義已對抗多年。一名黑人市議員桑德拉·葛拉漢曾經因為在哈佛畢業典禮上，抓著麥克風大呼學校漠視窮苦鄰居而聲名大噪——「現在，你們聽我們說，哈佛！」她大聲警告，這座圖書館將不可避免地造成房地產增值，因而房租漲價，房客會被趕出來。事情必然已有了改變。幾年以前，甘家等於擁有整個麻州。如今這裏有個桑德拉·葛拉漢，將總統圖書館貶為另一件「二角五分錢的開發案」。

葛拉漢的出現，使史密斯無法再將反對者斥為一羣打著蝴蝶領結的特權人士。一名黑人女性的加入，也使得社區羣衆在對抗新英格蘭兩大勢力——哈佛大學與甘氏家族，獲得更大的同情和鬥志。到了一九七三年的春天，連原先支持圖書館興建的波士頓地球報也改變立場，在評論版抨擊甘家「推托」且對「社區反應」毫無感覺。

▲

貝聿銘與密斯合影。

貝聿銘的第一個構想是一座平頂的玻璃金字塔，自圓形的中庭升起。劍橋市民羣情激憤。

▼

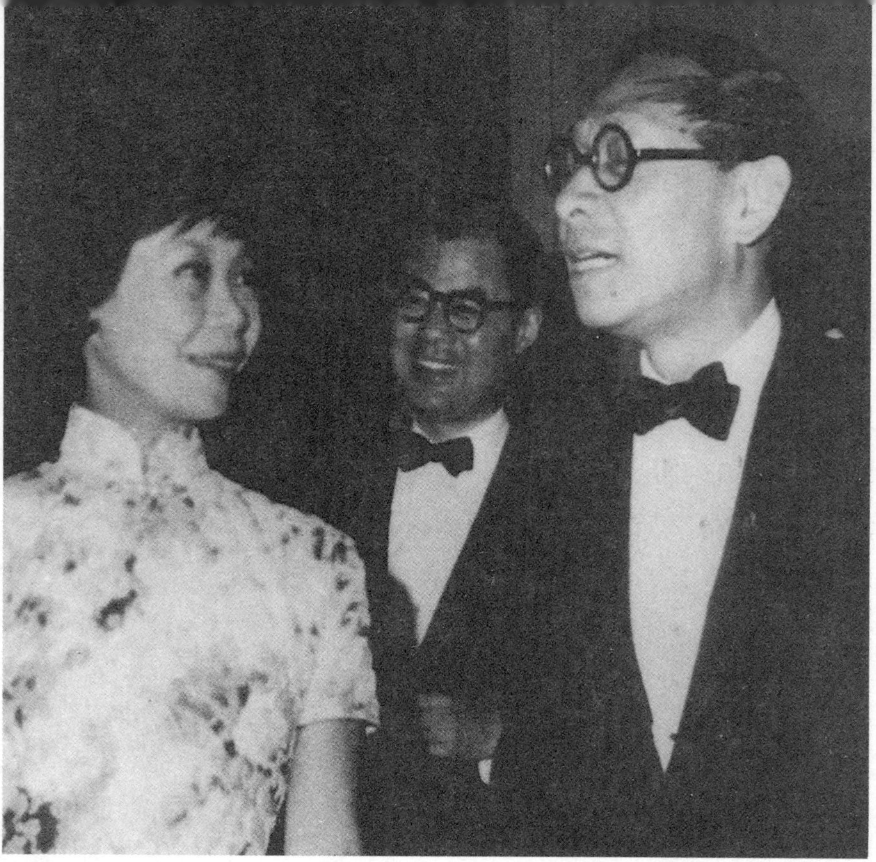

▲ 盧艾琳和貝聿銘攝於波士頓一項藝術展覽的開幕典禮。

▼ 貝聿銘刻意縮減規模的圖書館版本，仍無法緩和批評。

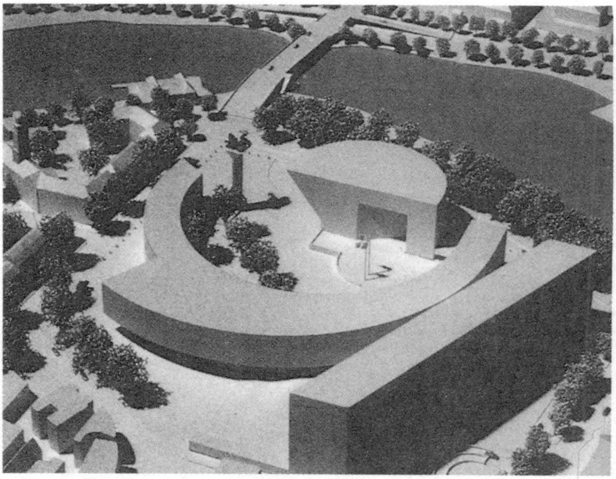

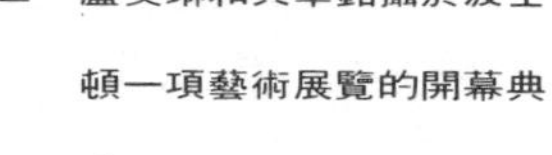

爲了因應這些壓力，貝聿銘撤銷了這個令人困擾的設計，在幾個月後換上一個規模縮小的版本。他在一次並不常見的市政廳記者會上辯解，說這項新版本的計畫案，是「更爲謙遜」且「適當地融入這個城市的脈絡中。」貝聿銘把原先背對著哈佛廣場的巨大混凝土建築立面，改成兩棟面對面的紅磚三角型建築，並以一條走廊經過中間的空地，與查爾斯河畔的哈佛廣場相連接。此外，新建築高度皆在隔鄰哈佛建築之下以示尊重。同時，新版本放棄了金字塔——不過劍橋居民在十幾年之後很感興趣地見到它又出現在巴黎的羅浮宮。

這些讓步未能平息貝聿銘所遭到的抨擊，反對者辯稱，小圖書館還是會引來同樣的人潮。事實上，貝聿銘提供的新方案，更加深了這裏將是給觀光客參觀而非提供學術性研究的印象，因爲有二千一百萬份的文件目前正放置在臨時倉庫，決定不再由圖書館接管保存，同時他們還在找地方，建造由威風的甘迺迪半身塑像坐鎮的接待區。確實，貝聿銘修改過後的計畫根本不能算是個圖書館，而像是個紀念人物的大會堂，將儲存的文物有：著名的搖椅、來自喬艾特的辦公桌、一個他雕刻的胡桃核（PT–109號在瓜達康納爾羣島沉沒之後，甘氏在胡桃核上刻出求援的號誌），這些都會使約翰・甘迺迪的個人崇拜永遠持續不斷。「這些事情不禁讓人臆測，紀念館實際上是由一羣提早老化的人所組成的委員會所設計，」西馬魯克牧師在「深紅色哈佛」（Harvard Crimson）頭版上寫道：「他們認爲要衡量甘迺迪總統的歷史評價，必須仰賴羣衆人數的多寡，就像從前一樣。」

險遭開除

現在輪到貝聿銘對那些不滿的地方人士展開獨特的勸服工作。他非常負責地每週一次穿梭在紐約與劍橋市之間，並無數次於教堂與私宅所舉行的會議中，扮演緩頰的角色。穿著麥迪遜大道套裝使他看上去有些不協調，但他像個有尊嚴、來自古老世界的醫生，以在床邊問診的態度，聆聽那些人的抱怨。「在無數的會議中看到貝聿銘的所言所行，給我上了許多難以忘懷的課，使我瞭解到要成爲一名偉大的建築師，不只是要會繪圖而已。」威廉・華頓回憶說：「他的耐心、策略，他透視到這個城市與大學的問題，他與人談判的技巧等，在在令人印象深刻。最後我終於瞭解到，成就他偉大成就的原因之一——這也許是他的秘密，那就是成爲每一座他所建築城市的市民。」

不管貝聿銘看起來是如何地妥協，他在圖書館籌建的寶杜銀街辦公室裏出示他的設計圖時，總是一副神聖不可侵犯、沒有商量餘地的態度。「貝聿銘是如此的可愛，而且口齒清晰令人愉悅，」丹・費恩說道：「但是他對設計圖絲毫不讓步，他要在那裏做他所要的，一點也不想跟蓓寶・吉福德磋商。」

如果貝聿銘巧妙地扮演紅臉的角色，史密斯就是黑臉了。反對者聲稱他曾經在某一場合恐嚇說：「要在你們的屍體上蓋圖書館。」當貝聿銘在市政廳公開他修改過的計畫時，一名記者詢問研究小組主席奧立佛・布魯克斯（Oliver Brooks），先前是否看過這項計畫時，他回答說是，他曾在貝聿銘辦公室後面的房間看過。「第二天早上八點鐘，我接到一通史蒂芬打來的電話，他很生氣，」布魯克斯說：「『奧立，你到底想幹什麼?』他說，『聽起來你好像想找麻煩。』很明顯地，身爲一個政治人物，『後面的房間』這句話給了他刺激。對我來說，這根本沒有降低尊嚴或是指桑罵槐的意思，但是史蒂芬卻把它視爲宣戰，我認爲這似乎有點反應過度。」

史密斯的反應過度其來有自，在劍橋市興建圖書館一事只差臨門一腳，然而建築費用已開始上漲。這是自韓戰以來最嚴重的一次通貨膨脹，侵蝕掉不少圖書館基金，這讓史密斯感到沮喪。比時，詹森總統（Lyndon Johnson）的紀念圖書館在德州大學落成，吸引了的參觀者人數幾乎是所有總統圖書館的總和。史蒂夫如此迫切地想推動這項計畫，據聞還想開除貝聿銘，但威廉・華頓勸阻了他。

對於甘氏家族拒絕處理社區的要求，同樣也讓社區人士感到失望。「他們不做功課，也不做任何讓步，」蓓寶・吉福德抱怨說：「我們的問題也得不到任何答覆，他們是以消極的態度來對待我們。」

冰凍三尺

到了一九七四年事情很明顯地陷入僵局。雙方各自提出數據支持自身的立場，然而劍橋與甘氏家族之間的心結已到達無法調停的地步，成員甚至各說各話不再接觸。所幸，這種膠著狀態有望被一項環境影響評估報告所打破，這份報告是社區程序小組堅持提出的，將交由聯邦政府做最後的仲裁，雙方於是都同意等待這個結果。

但是這份環境影響評估報告卻讓雙方宿怨更爲惡化，原因是聯邦行政總署將這份報告委託給馬奎爾公司調查，這家顧問公司曾經被控，在代表麻薩諸塞港當局的一項聲明中更改內容；同時馬奎爾的聲譽更因波士頓地球報的一篇報導再大打折扣，這篇報導揭露，馬奎爾的一名曾任州議員、與政治圈有關連的主管彼得·克勞賀弟（Peter J. Cloherty），打了通電話給西馬魯克牧師，威脅利誘地說要捐一大筆錢到牧師的管區，然後要求他幫個忙（克勞賀弟後來否認有此事）。

不消說，這番辯解更加惡化了馬奎爾公司的信用，一名研究小組的成員告訴「深紅色哈佛」說，他預期報告內容將只不過是「一團濕衛生紙」。

的確如此，一九七五年一月二十一日，六百頁的評估報告完成了，結論是，儘管有百萬的民衆會開車前來，這座圖書館對於這個古老社區只有「微不足道的衝擊」。這是個很荒謬的說法，抱著懷疑態度的反對者，立即指稱這份報告被甘家人所操縱，而呈一面倒。一九六四至一九六八年擔任哈佛建築系系主任的班·湯普森說：「這份報告很明顯地看來像是爲圖書館辯護，而不是客觀的分析。」波士頓地球報一篇社論也指出這份報告：「與事實及調查的發現差距甚遠，而且很清楚地偏向了預設好的結論，這使得整份調查報告的過程都蒙上疑雲……」。

一個月之後，這份報告再度受到質疑，「深紅色哈佛」報導說，史密斯曾經看過初稿，同時也揭露，聯邦行政總署完全遺漏了，馬奎爾公司一家名爲艾科設計的顧問公司所提出的報告，其不利於圖書館的部分篇幅多達二百五十頁。更啓人疑竇的是，艾科設計的辦公室曾遭人搜索兩次。於是，哈佛商學院教授保羅・勞倫斯以社區團體代表的身分，以資訊自由法案爲由，向聯邦地方法院訴請求取得所有的背景資料。

事態的發展讓在寶杜銀街的圖書館籌備辦公室的人傷透腦筋，這樣持續糾葛下去將成爲致命傷，尤其是，如果法院證實聯邦行政總署真的爲了甘氏家族改變報告內容。爲避免進一步難堪，在法院裁決的前幾個小時，史密斯先發制人地宣布，博物館部分將不會興建在劍橋市了。泰德・甘迺迪感嘆地稱，「這個喧鬧的小團體卯上此計畫並且打算纏訟多年」。除此之外，他們願意考慮兩個方案：將全部的建築計畫移到新地點，或者是把文件管理處留在劍橋，其他的部分遷走。貝聿銘已在這個案子上耗了十二年，期間已作了十五到二十項不同的設計案，其中只有兩件對外公開。「我不會碰我的鉛筆，」貝聿銘說：「直到有關各方達成協議之後。」

爭取圖館的興建

御任麻薩諸塞州海灣運輸處的主管羅伯特・伍德（Robert Wood）是甘家老友，在協助甘家取得汽車倉庫成爲圖書館用地上扮演了關鍵性的角色。十年之後，伍德已成爲麻薩諸塞大學的校長，在他的生命中再次與甘迺迪紀念圖書館有了交集。「我離開麻薩諸塞州海灣運輸處幾年以後，」他回憶說：「史蒂夫・史密斯打電話給我說，『蓓寶・吉福德在劍橋阻撓我們，現在這個圖書館將另有打算了。』」

伍德當然不會放過這個機會，他想把圖書館從哈佛搶過來。正如許多州立大學，麻州大學在五〇年代末期，也湧入一批戰後嬰兒潮時期誕生的學生。如果校方要容納下這些人，就必須讓這些學校擴充。因此，麻州大學取得大量的州政府補助，並且搖身一變，由一所六千五百名學生棲身在阿姆赫斯特農地的小型農科大學，轉變成爲研究自由藝術的中心，學生人數也擴增了三倍。這次擴充尚包括成立一處給低收入學生通勤的校區，坐落在哥倫比亞角那片荒涼風大的沼澤地。這塊位於波士頓港偏僻一角的半島，數十年來被充當波士頓的強制勞動營，以及一些不受歡迎的設施，例如垃圾場、戰俘營與新英格蘭最大的低收入戶住宅計畫區。在麻州大學哥倫比亞角校區讀書的學生，享受不到高級俱樂部，放滿書籍的研究室，也沒有書店和舒適的房間。這所私立學校的心臟地帶，儼然是冰冷的水泥建築與藍領階級大停車場。

麻薩諸塞大學需要注入一點尊貴的感覺，以消除自卑感，在麻州，沒有任何東西比得上甘氏家族的盾型家徽所代表的尊貴了。是故，伍德展開了快速的爭取行動。史密斯週五打電話給他，到了週一，他就已經寄信給甘家的重要成員，描述麻州大學是個前瞻性、具有大衆精神的學校，約翰・甘迺迪若活著一定會喜歡。不像劍橋市，麻州大學及其達徹斯特地區（羅絲・甘迺迪生長的地方）將會歡迎這個圖書館，並當做是個衷心的祝福。接下來，他運用他廣泛的政治與學術界關係，展開了遊說行動。

伍德像對待其他人一樣尋求貝聿銘的支持，他陪同貝聿銘飛到阿姆赫斯特視察麻州大學校園，並到波士頓看哥倫比亞角。這令在意學校聲譽的貝聿銘心驚膽顫。

他同時具有專業的動機來抗拒這項行動。由於哈佛與麻省理工學院自認爲是學術界的龍頭，因此，在過去幾年之內，將帶有前衛意義的工作交給葛羅培斯、柯比意、埃羅・沙利南及阿瓦・奧圖（Alvar Aalto）等人，甘迺迪紀念圖書館正是貝聿銘揚名立萬，將戰利品列入收藏的好機會。丹・費恩回憶說：「貝聿銘非常中意劍橋市，他根本不考慮哥倫比亞角，當事人不斷追問他：『怎麼樣？將來圖書館蓋在這裏會是什麼樣子？』他回答說，『糟透了！一個糟透了的地方！那裏不能做任何事。』」

計誘貝聿銘

伍德設計了一個聰明的計謀來爭取貝聿銘的合作，他聯絡在葛羅培斯的老友，正在南塔科特遊艇上的建築師雨果・史塔賓斯，並邀請他純粹以學術研究的角度示範，是否能在哥倫比亞角設計出卓越的建築物——不管有沒有貝聿銘的參與。「我知道如果我能將貝聿銘的强勁競爭者請來，我就能開始行動。」伍德這樣說：「而且，我做對了。」

伍德把圖書館管理委員們請到紐約市二十一俱樂部，在一間私人包廂裏，他放映幻燈片介紹哥倫比亞角以及史塔賓斯，他揭示了一個長型、低矮的建築物模型，以巨大的角柱延伸到水中。伍德說：「貝聿銘的臉上典型的毫無表情，他的舉止亦無異樣，但是在二十四小時之內，他的一名人員出現在我的辦公室，而且開始與我們一起工作，接著史塔賓斯退場。」後來，貝聿銘曾指責史塔賓斯是個「投機主義者」。

在計畫的過程當中，伍德在麻州林肯市的家中招待貝聿銘的人馬，伍德的太太珮姬，是位善於社交的女人，她接近一名靠在沙發上手裏拿著飲料的貝聿銘手下，問道：「你是誰，介紹一下你自己？」他回答說：「我是一名幾何工廠的奴隸。」

在此之前，哈佛大學未曾對挽留圖書館盡過多少力。哈佛大學的校長德瑞克·柏克和他的前任者普西都很高興能夠不捲入這場爭紛，同時自信地以爲至少保管處會興建在甘氏的母校旁邊。普西說：「哈佛在有美國之前就已存在了，而且它還會長長久久地存在。我告訴他們，這個地點必定能幫助紀念甘迺迪總統永垂不朽。」只要圖書館計畫留在劍橋，而博物館部分移走，哈佛校方是不會感到可惜的。先前曾經討論過，這個受人非議的博物館，帶著具有感情因素的骨董，已然遷移到廢棄的查理斯城海軍基地，那裏已成爲陳列歷史文物的公園，展覽重點是美國參議院憲章。

哈佛校方的自大，讓甘家人耿耿於懷，尤其是賈桂林，她私下表示，或許傑克與鮑比太過迷戀這個學校的風采了。她同時懷恨哈佛不尊重那些紀念物，好像誰坐在他丈夫的桌椅上都不干他們的事。哈佛爲什麼没有主動出擊?他們爲什麼不捐出一些校地來解決停車的問題?當甘家人與蓓寶・吉福德及桑德拉・葛拉漢等人纏鬥的時候，他們在那裏?

接著，帶著覺悟的心情，甘廼廸夫人與泰德・甘廼迪抵達波士頓去看看他們的另一種選擇。不知是偶然還是有意的設計，他們被簇擁著前往查理斯城海軍基地時，正好是交通擁擠尖峯時間，到哥倫比亞角時，便是一天當中最令人愉悅的時刻。陽光灑在水面上，波士頓方向的地平線落日餘暉，層層浪花拍岸，在成排的船隻之後，正是所謂的總統之路。「這真是我所見過最美的地方。」賈姬說。

哈佛大學校長德瑞克・柏克此時展開一連串近乎絕望的遊説行動，提供甘家好幾個哈佛校園內的地點，包括在十年前曾經放棄的商學院草地。

終於破土

甘廼迪遇刺十二週年紀念日之後幾天，圖書館管理委員們在貝聿銘麥迪遜大道的辦公室召開決定性的會議，大家圍在一張會議桌前，桌上散置著地圖與模型。（據説貝聿銘的招待人員還斥責歐納西斯夫人遲到了二十分鐘。）經過了通盤的討論，歐納西斯夫人還一度表明中意哥倫比亞角，甘家人退出進行秘密會議。三十分鐘過後，他們回來再繼續討論，接著再度退出自行召開會議，然後投票決定放棄耗時十二年的計畫，整個建築案將移到哥倫比亞角的麻薩諸塞大學。「我記得當史蒂夫把甘家人帶進來，同時宣布將地點移到哥倫比亞角時貝聿銘的表情，」丹・費恩說：「他成了個碎心的人。」

當羅伯特・伍德召集學生到一棟名爲「大學部一號」的哥倫比亞角校區大樓，宣布他們這所殘碎、稚嫩的學校，已擊敗全國最尊貴的大學時，學生們歡欣鼓舞開始慶祝。頗爲驚訝的德瑞克・柏克補了一句希望計畫成功。「這對他們是很大的打擊，」羅伯特・伍德說：「有好多年我在哈佛都不受歡迎，雖然我一度在那裏任教。」

現在哥倫比亞角已成事實，貝聿銘必須要瞭解它的優點：沿海土地能夠使人聯想到約翰・甘迺迪的個人色彩，以及他童年時期在鱈魚角時即熱愛海洋。麻薩諸塞州大學並不是哈佛，但是至少還是個大學，它的偏遠，讓貝聿銘可以不受鄰近住戶的抱怨阻礙，而能專心地培養創作紀念館的靈感。

史蒂芬・史密斯的助理傑克・佛倫（Jack Fallon），對於在哥倫比亞角所選定的地點持保留態度，以爲這個地點之所以被選中，是因爲它鄰近學校自助餐廳以及停車場。貝聿銘也同意他的看法，認爲圖書館的一邊可以俯視平靜的海水，另一邊卻可能會被冷峻而巨大的大學建築物所矮化。他們較中意附近另一個地點，那裏可延伸進入到波士頓灣。爲了使他們的觀點具戲劇化，

▶ 貝聿銘審視哥倫比亞角。貝聿銘後來承認這裡的環境呼應著甘迺迪對海洋的熱愛。

▶

110呎高的中庭毫無裝飾，只有在頂端懸掛著一面美國國旗。

▶

甘迺迪圖書館於1979年10月20日開幕，剛好是暗殺事件發生後的16年。

就在現場搭建了一座平台，以展示從所選地點看到的景觀。圖書館管理委員們在過去十年裏，受夠了在兩處預定地所遭受的磨難，在這個地方，他們看到了如詩般的景象，從廢棄港口的小山丘一直延伸到大海，於是很快就點頭了。在暗殺事件發生之後的十三年又六個月，圖書館終於破土開工了——這正是甘迺迪整個從政生涯的時間。

十五年終見天日

貝聿銘第三次也是最後的設計，是一個倭拌的圓柱體與空曠的方盒子的組合，再加上一座十層樓混凝土大樓，像座燈塔似地指引出這個地方。這是一個表達敬畏與紀念的聖地。在陰暗的地下室裏，參觀者可以觀賞半小時有關約翰・甘迺迪成就的影片，以及感性的紀念物品——包括甘迺迪夫人的衣服、在民權暴亂中被弄凹的美國三軍統帥頭盔，接著參觀者可以走入只以一面美國國旗掛在最高點裝飾的中庭。外面陳列著約翰・甘迺迪的小單桅帆船，船首指向廣闊的大海。紐約時報的哈克斯特伯這樣寫著：「這正是戲院、藝術與政治等的完美表現……這座機構建築證明了建築物是象徵主義的有力工具，並能有效地塑造環境與感情的反應。」

學者與檔案管理人員將被安頓在一棟看起來笨拙的三角型建築裏。「在向甘家展示哥倫比亞角建築計畫之前的兩週，我才看到這項計畫，」丹・費恩說：「我說，『這是個十分奇怪的空間組合。我要這些三角型與怪異的角落幹什麼？何不弄平其中一個角落？』貝聿銘是不會同意的，這個主意彈指間便被打消了。」

評論者指出這棟建築有點僵化，彷彿經過多年的延宕之後，貝聿銘鉛筆下的說服力已然耗盡，只留下一副正經八百的紀念堂型態——狹窄、人工化的象徵性城堡。「很明顯的，貝聿銘可以做得更好，」評論家查爾斯・詹克斯（Charles Jencks）寫道：「但他對於合作關係上的無力感也是很清楚。好的品味與表達能力，在和巨大的人際合作關係角力之後，通常是無趣獲勝。」

經過了十五年的混戰與爭論，這座圖書館終於在一九七九年十月二十日落成啓用了。那種解脫感包容了，冷淡地讚賞這一天是個頗適合打足球俐落清爽的秋日。七千名賓客參與盛會，甘家親友和年邁的新拓荒者，聆聽站在藍白色帳蓬下的波士頓主教演講，接下來分別是卡特總統與參議員泰德・甘迺迪的演說（他們倆站在一起有點令人尷尬，因爲泰德・甘迺迪即將要宣布出馬競選擊垮總統）。在中庭牆上刻著約翰・甘迺迪就職時所說的一句話：「這些事在頭一百天內都不會完成，也不會在未來的一千天或我的任期內完成，甚或在我們生存於地球上的時間內，都不會完成。但是，讓我們開始做吧。」這句話對於圖書館多災多難的興建過程真是無比的貼切。

「或許自埃及法老王以來，」史蒂芬・史密斯在那一天對新聞界挖苦地說：「從沒有一名建築師能與顧客維持這麼源遠流長的關係。」

▼

貝聿銘：「對他來說，這易如反掌。」

第7章 成立建築師事務所

貝聿銘著手進行甘迺迪圖書館之後不久，他的合夥人柯柏用基輔灣公寓大樓的粗獷混凝土風格，設計了第一權利法案在波士頓的一個住宅計畫，名叫港口大樓（Harbor Towers）。這是貝聿銘事務所的最後一項都市住宅工程，也是最不成功的。「如果有什麼計畫是我深深感到遺憾的，那就是港口大樓，」柯柏說：「我無法克服一位差勁客戶的無能。我們所想的落差實在太大，這種差異在成品上都可以表露無遺。它可憎地動工了，而且就蓋在我哈佛畢業論文計畫的港區土地上，讓我痛苦莫名。」

如果不是重量級的波士頓重開發局局長羅奎，房地產開發商可能不會雇用如此苛刻的建築師。身爲都市更新最重要的人物，羅奎强迫開發商聘請他喜歡的建築師，以取得他的合作。甚至在賈姬·甘迺迪將貝聿銘送到聚光燈下之前，羅奎便已起用他草擬一項總額九千萬美元的市中心綜合計畫，名爲市政中心，是少數按照原計畫而興建的都市更新計畫之一。

羅奎欣賞貝聿銘事務所的作品，但他和柯柏同樣對港口大樓感到失望。有一天他問貝聿銘這到底是怎麼回事，羅奎回憶說：「貝聿銘說了些令人不可置信的話。他說，『當時，我已不再對住宅感興趣。』」

最搶手的年輕建築師

貝聿銘並不是一九六〇年代中期唯一放棄住宅市場的建築師。在甘迺迪政府達到巔峯之後，都市住宅的資金來源枯竭，焦點轉移到建築論述的領域。建築師轉而注意有機會表現自我的尊顯工程。早期現代主義的英雄心態已然消失，他們的意象——包裹在鋼鐵、玻璃和混凝土原始中性外觀下的矩形體積，充塞在捐贈頗豐的美術館、市政廳，和堪稱今日金錢文明聖母院那些引人注目的企業大建築物。現代主義之所以能成爲美國的官式建築風格，貝聿銘功不可沒。他的部屬曹凱文說：「他總是站在當權者這一方，榮耀那些掌權者。他永遠不會是個叛徒。」

賈姬．甘迺迪選上了他，證明貝聿銘有資格承接一些尊榮的工程，他們恒久的友誼給予他珍貴的社交關係。「我們有那種化學反應，」貝聿銘說：「我們彼此瞭解。」不論圖書館遭遇到什麼樣的問題，他仍然成爲一九六〇年代後期最搶手的年輕建築師，也是許多重大委託案的受委託人。他的同事方佛瑞表示：「每天你都可以看到聿銘的名聲一點點地增加，但他從不得意忘形。他還是那個老樣子。」幾年之後，貝聿銘的合夥人柯蘇塔，忙著興建圍繞著教堂的波士頓基督教科學教會中心，柯柏主持巴爾的摩內港一棟三十二層的辦公大樓。貝聿銘本人則設計沙利南規畫的狄莫伊藝術中心（Des Moines Art Center）增建部分，拍立得公司的辦公大樓，康乃爾大學

▲

達拉斯市政廳，繼甘迺迪圖書館後，貝聿銘又一得獎作品。

的一間美術館，麻省理工化學大樓，以及達拉斯新市政大廳，市府當局委託貝聿銘的目的是，希望提升該市在甘迺迪遇刺後每況愈下的名聲。設計師赫塞爾（Ralph Heisel）回憶說：「每個禮拜好像都會發生令人興奮的事情，就彷彿整個世界在迎接我們。大夥兒發揮同志情操，同心協力。這是建築界的巔峯狀態。」

不斷湧進的工程使貝聿銘的職員人數倍增，他現在雇用了一百名建築師、企畫師和製圖員五十名助理。一九六六年，公司必須搬遷到麥迪遜大道六〇〇號的一棟辦公大樓，距離麥迪遜大道和第五十七街時髦的交叉地段僅有幾步之遙。貝聿銘的公司也披上大企業慣有的外衣，電梯門打開後，是一處傳統的接待區，裝飾著必要的白牆和鋼管椅子。鋪著地毯的大廳走道上，掛著一排展示公司作品的彩色幻燈片。貝聿銘一人占據一間備用的邊間，有一整面牆都是艾爾・赫德（Al Held）所繪的壁畫。柯爾德及畢卡索等，他用來裝飾麻省理工和紐約大學大樓的雕塑模型，放置在一個個的櫃子上。一座端正、精巧的書架放著建築學院的專題論文、羅馬建築歷史的書籍和他自己作品的目錄。貝聿銘捨棄傳統的書桌，而選擇一張黑漆餐桌，上頭堆滿檔案和文件。合夥人三三兩兩地進來，討論不斷增加的案件。

怪異圓融的組合

貝聿銘選擇這個時機將公司名稱由貝聿銘聯合事務所（I. M. Pei & Associates）改爲貝聿

銘與合夥人建築師事務所（I.M. Pei & Partners），以反映柯柏、柯蘇塔和行政合夥人雷納德日增的貢獻，不管他們的貢獻是多麼隱密。據說貝聿銘很不高興一處建築工地的告示牌，將柯蘇塔列爲基督教科學教會中心的負責人。因此，柯蘇塔一九七三年離職他去，自行開業時，大家並不覺得意外。他的空缺由傅瑞德取代，他是一個高個子、蓄鬍的德國移民，在協助密斯完成西格拉姆大樓（Seagram Building）之後，於一九五六年加入貝氏事務所。雖然外界都以爲這家事務所是貝聿銘一個人當家，實際上多年來它都是三頭馬車，由貝氏與柯柏、傅瑞德共同主持的。三人各有工作小組自行接洽業務；但三人的背景差異甚遠——一個是中國人，一個是波士頓的貴族，另一個則是來自納粹德國的難民。這個怪異的組合根基於一些共同信念，即輕巧不亂的幾何學、對嘩衆取寵的反感，以及讓環境決定型式的傾向，不屈不撓追求高雅、合乎邏輯結果的精神。他們三人的行爲舉止都像是謙謙君子：做事謹慎、深思熟慮、有耐心、思想縝密而且具有外交手腕。建築師波席克說道：「他們有共同的人生與工作態度，就像是一個安靜、秩序井然的男性俱樂部。大家都瞭解這裏的不成文規定。貝氏不需要擔心有人會魯莽行事，或是盲目的追求流行。」

假如說貝聿銘的合夥人是陰陽兩極圓融合作的典範，他的執業模式也是如此：他不但要爭取足以養活大公司的大規模商業個案，也要可以搏得注意與建立名聲的小型法人機構委託案。他結合了嚴厲的實際想法與優雅的態度。「貝聿銘一直想擁有兩個世界的菁華，」柯柏說：「很顯然的，他想做個明星，但他也想闖出一番大事業。」一九六〇年代晚期，貝聿銘一手造成的事務所正是實現這些野心的完美裝置。他在龐大員工中吸納出偉大的專業技術，同時又保住個人的忠誠和團隊精神。沒有其他公司比他們更擅於將言語化爲實際行動。蒸蒸日上的業務無可避免地形成一種新的階級意識，事務所也逐漸脫離非正式的工作室氣氛。

合夥人坐視權責畫分模糊不清的情形，如此可確保大家全力以赴。「他們總是讓兩個人負責同一件案子，好讓合夥人做最後的仲裁者，」以前一名職員說：「結果造成勾心鬥角。」辦公室暗潮起伏：誰可以坐到那張對前途有利的桌子？誰可以接下最榮寵的工程？「長期相處的大家庭會有的狀況都發生了，」詹德默說：「所有的緊張關係——誰是最得寵的小孩？在慎重行事和客氣的態度中一一化解開來。」

貝聿銘以個性魅力和吸引忠心的罕見能力，使大家凝聚在一起。他表現出信任身旁的年輕才俊。他們努力工作，回報他的信任。凱倫·藍根說道：「貝氏是這家偉大事務所之父。他知道如何創造工作氣氛，這也是他的天賦之一。他不是要讓你工作，而是能讓你想要工作。」

魅力領導

年輕設計師來到貝氏的事務所，因爲擁有大量委託案的公司可以提供保障，以及參與重大計畫的機會。貝聿銘以分組作業的方式，讓職員從案件的構思到最後的修正都能全程參與，形成吸引他們工作的額外誘因。這樣一來，也使員工都能學到較高層次的技巧。其他規模相當的事務所，他們的員工只能枯燥地打打雜，做些收集浴室用品規格的小事情。能夠分配到與貝聿銘一組的員工更是格外有福氣——許多人都證實的確如此，因此能有機會與大師本人密切合作最令人垂涎的工程。

貝氏確能提振士氣。他在辦公室裏巡視，看著員工設計或提供意見，有時拍拍肩膀以示鼓勵。他是個很好的傾聽者。不管是多小的案子，他都會審慎地做出每一項決定。設計師勞夫·黑索爾說道：「有些建築師主持事務所，卻不願聽到不同的意見。貝氏很能包容，他能運用他人的長才而呈現出最好的結果。你不會感覺他就是老闆，而你是員工。他總是誘導出人們最佳的一面，並利用他們的才華。」

幾乎是顯揚的使命感——一種浪漫的情愫，加速了坐滿麥迪遜大道六〇〇號小房間，長春藤聯盟設計學院胸懷大志年輕畢業生的脈搏。貝聿銘能看出他們的才能，並提供途徑讓他們發揮。「你是唯一能做這件事的人」是最受用的鼓勵。他有辦法讓部屬覺得自己十分重要，即使他無聲無息、幾乎不露痕跡地單獨做出決策。「他讓你覺得有所貢獻，」貝聿銘的三兒子（一九七六年加入事務所）說道。「這是個探索的過程，他不給答案，只給你線索。」

員工們對貝氏爲他們創造的迷人世界相當欣賞，貝氏也知道如何用額外補貼來鼓舞他們自尊。例如週末的時候，貝氏常帶他們到賴辛頓大道一家喜愛的餐廳，大家圍在一起吃頓很長的午餐。「午餐後我們回家時，」合夥人哈洛德・佛瑞登伯格回憶說：「會向老婆抱怨說我們工作得多麼辛苦。」事務所員工搭飛機頭等艙、住一流飯店，與美術館館長、企業執行長，甚至於州長之流洽談公務時，毫不受到差旅費的限制。馬瑞克・詹德墨（Marek Zamdmer）說：「在一家消息都是來自倫敦、巴黎，而不是長島市之類的辦公室工作真是刺激，而且還會上癮呢。」

貝聿銘並以個人溫情贏得員工的愛戴——在這種類似紅牌女明星驅使奴役一樣的行業裏，是相當少見的。他在電梯裏與他們閒談、以祖父般的口吻責備他們在星期六加班（雖然這是個默認的義務），也會半路停下來讚美帶到辦公室來的嬰兒。他從不擺架子；從不把員工視爲低等動物。以前的職員珍妮佛・奈德勒（Jennifer Nadler）說：「他給人的印象是謙虛細心。他的優雅溫文影響了整個辦公室。他的眼裏閃耀著光芒。」

雖然很少表現出來，不過貝氏也能打動人心。雷納德回憶說：「六〇年代初期，我們離開威奈公司不久，我第一任太太罹患乳癌，我明白這必然會讓我從工作上分心。我告訴貝聿銘這個問題，他回答說，『做你該做的事去吧，合夥人是要來幹什麼的？』這件事我永遠也難以忘記。」

颱風眼的平靜綠洲

貝氏偶爾也會有冷峻、輕慢的威權態度。一名前任合夥人說道：「辦公室裏有很多人怕死了貝聿銘針對他們開刀，他可以用一句話打倒一個人。我曾經看過他這麼做，甚至對他的兒子也是這樣。當然，他也可以用一句話讓他們開心。這種說話技巧能讓他的部屬發揮出最大的能力。得到貝聿銘的一個微笑，就好像收到聖水一樣令人高興。」

最重要的是，貝聿銘賦予他辦公室一種真正的格調，凌駕了設計，還涵蓋儒家的風範。「貝聿銘是一個完全誠實的人，」布魯意一九六七年說：「他的個性和建築獨樹一格，沒有虛假或刻意裝飾的立面。」他華人踏實的作風延伸到一切事物上。「即使沒有賺很多錢，」設計師伍德森・淵尼（J. Woodson Rainey）說：「你也會想住在那種一片清澄之中。」

「當年我們就像是一家人，」傅瑞德說：「那是純真的黃金歲月。我們總會在週六和週日到中國城去吃餃子。聿銘告訴我訴多中國食物的事，我仍牢記心中。人們總可以由聿銘身上學到一些事情，有關生活的事情。他講的故事無人能及，他的看法很獨特。有的藝術家只活在他們的作品裏，但是他瞭解建築不是生活的全部。你得看看他笑的模樣才會明白。我只能說：他活得很怡然自得。」

貝聿銘異常鎮靜地處理所有的問題，日趨增加的時間壓力，並未改變他向來不遵守每日行事曆的習慣，彷彿他的眼睛看著遙遠的星球。有一天他錯過到兒子學校開會的巴士，也只是淡淡地說道：「哦，我是個中國人。」他就像是颱風眼中的一處平靜綠洲。

他的秘書老是催促他，出發去參加馬上就要召開的會議，或是到機場去趕搭半小時內就要起飛的飛機。「哦，來得及的，」他會說。有一回，貝聿銘逗留得稍微晚了一點，才跟同事黃家樂

一九六〇年代中期，貝聿銘與布魯意家人一起赴歐洲渡假時所攝。

（Kellogg Wong）出發，準備與建築師培特羅·貝魯斯基一同搭飛機到紐約州西拉克斯市。「我們坐上計程車，出發了，」黃家樂回憶說：「我心慌意亂。拉加迪亞機場（LaGuardia）正在興建之中，所以計程車司機要我們在距離終站還有一段距離的地方就下車，可是貝聿銘叫他穿過路柵。我們衝過進關櫃台，結果跑錯登機門。他們叫我們到另一個登機門去。等我們終於踏上飛機後，其他乘客紛紛鼓掌叫好。貝魯斯基說，『我就說吧，他一定趕得上的。』我已經精疲力竭，可是貝先生卻臉不紅，氣不喘的。對他來說，這易如反掌。」

▼ 窗戶開始剝落的漢克考大樓。

第8章 柯普利廣場上的窗户

某一天，貝聿銘抵達波士頓的一項餐會時，正好聽到他當年在麻省理工學院的同學，現在已是麻州州長的法蘭克・沙根特在發表談話。「貝聿銘進來以後，」沙根特回憶說：「我說，『我想替我往日的同窗遲到説聲抱歉，因爲他一直忙著替漢考克大樓裝窗戶。』」

這可是一個有點殘酷的笑話。貝聿銘撈到的油水其實是一項幾乎讓他一敗塗地的委託案件——爲約翰・漢考克共同人壽公司（John Hancock Mutual Life Insurance Company）在波士頓具歷史地位的柯普利廣場上，興建一棟大膽無比的玻璃帷幕牆大樓，而且是新英格蘭最高的。一如甘迺迪圖書館，漢考克大樓差一點也給它自身的野心所打敗。它變成建築界最痛苦的一次慘敗，也是貝聿銘生涯中的嚴重考驗。「漢考克大樓的故事是没有結局的，」波士頓環球報評論員羅伯持・坎培爾説：「不論你從什麼角度來看，它留下的是無窮無盡的災難、悲劇、計算失誤，以及工程師和建築師專業行爲的絕妙例子。它開啓一扇門，通到一間房間，然後又是另一扇門，以及更多的門。」

漢考克大樓是一長串保險公司大樓的濫觴。不同於鋼鐵、煤炭和鐵路等其他十九世紀重要產業，壽險公司供應的是無形的產品，他們賣的是信任。自一八七〇年金融風暴以降，壽險公司賴以生存的公衆信心益發岌岌可危，一家又一家的保險公司帶著保險人的錢宣告倒閉，媒體莫不大加撻伐。倖存的公司馬上利用建築物，來爲他們增添一些穩健踏實和負責任的氣質。因此，早期的壽險公司大樓，諸如紐約的公正壽險公司大樓（Equitable Life Building，一八六八——七〇），芝加哥的家庭保險公司大樓（Home Insurance，一八八三-八五），其設計主旨都是爲了傳達社區穩定的訊息。保德信人壽公司（Prudential）董事長在一八九二年時寫道：「我們的想法是要蓋一棟大樓，俾以彰顯出保德信人壽的企業特色，證明公司堅持慈善的精神和執著於『己所欲，施於人』的金科玉律。」

漢考克也喜歡碩大、方正的大樓。一九二二年該公司遷出市中心總部時，四十輛卡車組成的車隊，在警方護衛下，載著五噸重的債券和一千八百名員工製造出來的文件，搬到柯普利廣場上一棟新的十層大樓，這裏正是波士頓後灣區（Back Bay）上流社會的樞紐。坐落在有著複折式屋頂，和閃閃發亮門牌的街屋之中，曾獲得建築獎的漢考克大樓可說是碩實宏偉。

PRU獎

到了一九四〇年代，漢考克大樓又不敷使用，於是在隔壁又蓋了新的總部，辦公面積擴大一倍。這棟新大樓是一棟模仿一九三〇年代市政地標的石造裝飾藝術（Art Deco）大樓。它有一個很醒目的金字塔屋頂，上頭是個氣象觀測平台和一間玻璃塔樓，並用彩色燈光來顯示天候狀況，與葛羅培斯在幾哩外的哈佛大學所提倡的樸素玻璃小屋相較，可說是大開倒車。「站在漢考克大樓的石材和鋼鐵之前，我不會感到敬畏，」總裁保羅．克拉克（Paul Clark）在獻詞時說：「因爲它的基本概念——人壽保險的概念，是如此之宏偉，使大樓也爲之渺小。在人壽保險奇蹟所激發出來的情緒下，信任現在、展望未來、教育、家庭團結、陽光和歡笑，最重要的是，自立自强和決心過自己想要的生活，即使是最有效率的工作場所也會相形失色。」

在一九六四年以前，漢考克大樓一直是波士頓最高的建築，但是保德信人壽延聘洛杉磯建築師查爾斯．陸克曼（Charles Luckman）在不到半哩外興建一棟五十二層的大樓。這棟新大樓笨拙地聳立在後灣區的紅磚村莊之上，環球報評論員坎貝爾，特別用這家公司作爲他年度最醜陋建築物名單的名字，並取名爲「PRU獎」。不論美醜，它已掙得城內最高建物的虛名。想當然爾，漢考克公司的人恨死了這家總部設在紐雅克的競爭對手，竟然在他們的地盤內蓋出這麼一棟嚇人的地區辦公大樓。尤有甚者，保德信人壽的傢伙好像還對「PRU獎」沾沾自喜。由他們新蓋好的高樓看下去，硬是把漢考克大樓比成侏儒。

漢考克公司董長羅伯特．史萊特（Robert Slater）忍受這種羞辱一年之後，才於一九六五年決定雇用貝聿銘來教訓PRU。儘管還年輕，貝聿銘已是波士頓響噹噹的一號人物，部分原因是羅奎找上貝聿銘，規畫一項名爲政府中心的市區綜合計畫。羅奎說：「漢考克知道我很在意建築品質，還有科林斯市長也很支持我的看法。他們知道我會同意貝聿銘的任命案，也明白他們需要特別的通融，才能蓋出一棟六十層樓的大樓。」

没有人指示貝聿銘要超越保德信人壽的高度；這是一個心照不宣的責任。他最初的六張草圖都是六十層樓，一九六六年夏天最後完成的一個草案，畫的是一支混凝土長矛，面對州首府的是一面平坦的玻璃帷幕牆（這是設計師佛瑞登柏格將一個厚紙盒縱切，拿進貝聿銘辦公室後得來的靈感）。漢考克喜歡這項設計，並打算將一九二二年蓋好的總部拆除，俾在舊址上興建二棟較矮的大樓，形成一個面對地標建築物聖三教堂（Trinity Church）的三角廣場。

「我受邀到漢考克董事會會議室，去看這個地區以及預定建物的模型，」羅奎回憶道：「貝聿銘和公司總裁坐在會議室的牆邊，總裁跟貝聿銘說，『你認爲他會喜歡嗎？』貝聿銘回答，『不要擔心，羅奎喜歡我蓋的任何東西。』」

羅奎大體上同意，也不太在意其高度。他說：「我很清楚，如果英商保德信人壽蓋了這麼難看的五十二層樓，那麼漢考克便應該蓋高一點。這是地域性的需要。」

峯迴路轉

貝聿銘的設計即將公諸於世之際，羅奎突然宣布他要辭去波士頓重開發局的職務，以競選市長。於是，一切都改觀了。只要羅奎仍留任原職，房地產開發商都得遵守他的高度限制。但在他離職後，漢考克就可以隨心所欲地蓋得更高，所以他們撤回貝聿銘的混凝土長矛大樓，另聘精明的紐約不動產顧問麥斯威爾・菲利浦森（Maxwell Philipson）來協助擬一份新計畫。

受到戰後出生率不斷升高的激勵，該公司最年輕的執行長史萊特，在一九六〇年代即不斷擴張傳統營業項目，跨足共同基金和浮動養老金等新領域，並用電腦重整業務。菲利浦森力勸高階主管興建一棟更大、更偶像化的高樓，以象徵史萊特領導下積極新作風的漢考克公司。此外，羅奎已下台，分公司如雨後春筍般滋生，主管階層必須盡可能爭取空間。經過整整一年後，漢考克大樓又重回貝聿銘手上，同時加上一項更艱鉅的使命：他們要二百萬平方呎的辦公用地，而非原先的一百五十萬平方呎，但是建築用地只能用原先的一半。

在這一年的中斷期間，貝聿銘的公司已湧入許多新工程。除了甘迺迪圖書館和達拉斯市政廳之外，他還忙著羅勃・甘迺迪參議員指示進行的布魯克林區的貝斯大街廓更新案（Bedford－Stuyvesant），以及加拿大帝國商業銀行在多倫多市的商業綜合大樓。由於太多工程同步進行，貝聿銘很難選擇他要親自指導哪個個案，以及將什麼個案交付給別人。後來決定，貝聿銘負責多倫多的工程，他的長期設計合夥人柯柏，則將重新接手漢考克大樓。

內向害羞的柯柏終於爬到大牌的地位，他和設計合夥人傅瑞德及柯蘇塔默默地負責公司大部分的設計工作，高姿態的貝聿銘則遊走於外交舞台上。戴著玳瑁框眼鏡，穿著花呢套裝，柯柏看起來就像是約翰・錢思勒（John Chancellor）輕聲細語的兄弟。

貝聿銘選擇柯柏作爲專業夥伴，或許不是巧合。他們兩人合成陰陽兩極：貝聿銘口若懸河，外向主動，柯柏則內斂保守；貝聿銘迴避學術論述，柯柏則擔任哈佛設計研究所所長；貝聿銘相信他的眼睛，柯柏則相信邏輯；貝聿銘是個移民，柯柏則是位英格蘭貴族，祖先來自北佬的發源地緬因州波特蘭市。「身爲華裔美人，聿銘覺得他必須有個盎格魯撒克遜的基柱，」在哈佛時便認識兩人的建築師魯道夫說：「而柯柏就是這個基柱。」

柯柏這種近似隱退的作風，以及說話吞吞吐吐，深思熟慮的樣子，使他不容易招徠自己的客戶，所以自然地依賴冷靜沉著的貝聿銘提供客源。一般來說，貝聿銘將新工程交給柯柏或傅瑞德去籌畫，然後在跟大客戶開會前的一小時才又現身。他的頭腦像傳真機般及時抓住他們的概念，而後自行加以發揮。在這種互利的關係下，柯柏設計了許多被視爲是貝聿銘傑作的早期作品，包括蒙特妻的維爾馬瑞廣場和丹佛郡政府廣場上的五月百貨公司（May D & F）。

公司合夥人爲了是否要按照漢考克公司開出的條件，來接下這個委託案而痛苦不已。「身爲波士頓本地人，我有些顧慮，」柯柏說：「當地有很多朋友認爲我應該拒絕這個案子。」

捍衛之城

充滿殖民時代風情和上流社會含蓄保守作風城鎮的波士頓，不太能接受摩天大樓是繁榮的象徵。相反的，地方議會抱持著北方佬冷漠的猜忌態度，看待已在芝加哥和紐約不斷蔓延的高樓。

他們首開全美限制建物高度之風，排斥高樓入侵，俾以捍衛維多利亞風格的低矮天際。在經濟大蕭條之前的那段建築風光時期，他們都維持這樣的限制。及至一九一九年，哈特福才出現新英格蘭最高的建築。

後灣區尤其抗拒改變巴黎第二王朝後的十九世紀平面模式建築，刻意與燈塔山莊（Beacon Hill）鍾愛的英格蘭風格作出區隔，他們會讓優雅的教堂尖塔和圓頂，聳立在一大片五層樓洋房之上，中間隔開一條寬闊的林蔭大道。由於舊勢力和暴發戶同時被吸引到後灣，當地儼然成爲波士頓人文生活的核心。成堆的政府機構和教堂雜亂地在柯普利廣場上落腳。

柯普利廣場——波士頓人口中自吹自擂的新世界衛城，有全美第一座大衆美術館，新老南方教堂（New Old South Church），與自然歷史學會隔著一條街。廣場之寶無異是一八七七年理查森（H.H. Richardson）設計的聖三教堂。身爲當代全美頂尖建築師，理查森揉合了西班牙和法國的羅馬風格，領導同儕走出維多利亞歌德式風格的死水，進入文藝復興階段，而後一直延續到本世紀。一八八五年，一羣優秀的建築師投票，選出聖三教堂是全美最舉足輕重的建築物。

一八九六年麥克奇姆、美德和懷特公司（McKim, Mead & White）設計的古典大衆圖書館（全球規模最大的同類建物），平衡了聖三教堂雕刻華麗的塔樓和龐大的身形。這二大公共建築，隔著美國最受尊崇的公共空間相互凝望，彷彿要路人挑明自己到底要站在哪一邊。

波士頓市矢志保存堪稱戶外建築博物館的景觀，以至於當華麗的哥德式西敏寺飯店於一九〇三年在漢考克大樓現址興建，其高度較九十呎的高度限制還要高出六呎時，他們把飯店一路告到美國最高法院。在這項歷史性案件中，法院判決波士頓市有權實施高度限制。飯店業主因而被迫將飛簷拆掉四呎，連屋頂也被拆掉二呎。

儘管貝聿銘和柯柏覺得猶豫，但他們對大型工程的渴望，以及「他們不做，別人也會去做」的念頭，促使他們接下這個案件。「柯柏和我的結論是，雖然已有兩棟由理查森和麥克奇姆、美德和懷特公司設計的偉大建築，但柯普利廣場缺少類似凡都姆廣場（Place Vendôme）那樣的圍牆，」貝聿銘說：「或許它需要的是用二十世紀的新作品爲它塑造一個嶄新的空間，而不是保存十八世紀客廳的格局。所以，我們決定放手一搏。」

放手一搏

於是，柯柏在繪圖桌上著手進行他生涯中最大宗的工程。這時在一九五〇年代和六〇年代被大量抄襲的老掉牙玻璃小屋，已突變成現代主義晚期的品種——菲利浦・強生稱之爲「整型過的現代」，結合了雕花線脚、起伏的玻璃帷幕，幾何背景和凹角。這些覆蓋著無縫平整科技蓋板的企業水晶宮，多少反映出建築師厭倦了玻璃小屋，以及他們想證明自己能夠建構不斷反省的建築外觀的能力。因爲從地板到屋頂之間的玻璃提供了金屬骨架便宜的表皮，因此一九七〇年代便出現大量冷靜、中性的鏡面玻璃帷幕大樓。

對柯柏來說，平整外牆還有一項好處：鏡面帷幕外牆理論上可以倒映漢考克公司鄰近建物華麗的羅馬風格雕刻，和佛羅倫斯式拱門，使得大樓不露痕跡地融入高空中，就像閃閃發光的海市蜃樓一樣。數年後，貝聿銘將這種似有若無，不真實的特質運用在巴黎羅浮宮身上。爲使大樓的效果發揮到極致，柯柏捨棄鐵柵及窗櫺。「簡單就是美」的道理運用到頂點後，人們的眼睛只看到十三英畝平滑無縫的牆面，鋪著一萬零三百四十四扇窗戶，矗立在十分沈默的灰色大理石廣場上。「就某方面來說，」柯柏說：「漢考克大樓是一棟貧乏的建築。惟有靠著特意的精簡，才可能在那個特殊的地點蓋出那種規模的大樓。它似乎不占空間，只是個平面的實體。有關這棟建築的一切就是精簡，精簡，再精簡。」爲了進一步掩飾龐然大物的身形，柯柏將大樓設計爲長菱形，較窄的那一邊自柯普利廣場上竄高八百呎，就像一艘優雅大船的桅。

漢考克公司在一九六七年十一月二十七日公布這項設計，作爲波士頓脫離經濟衰退的象徵。泰德．甘迺迪參議員，即將卸任的柯林斯市長和新市長懷特等波士頓要人齊聚一堂，異口同聲地稱讚，當別家企業出走到郊區之際，漢考克公司以行動證明他們對這個城市的信心。第二天，史萊特舉辦一項千名政府官員的餐會，會中貝聿銘發表一次文情並茂的談話，佛爾培州長頒給史萊特一座「麻州信心獎」。雇用貝聿銘之後，漢考克公司不僅超越令他們憎恨的保德信人壽公司，他們還將使得天際更加高聳。他們認爲，自己是在進行一份公共服務工作，那就是擊敗從紐雅克來的入侵者，使波士頓回歸其原有的秩序。

但是其他地方並沒有出現迴響的掌聲。尤其是建築師，據說波士頓市的建築師占總人口的比例高居全美之冠，所以當漢考克大樓超出飛簷的六呎高度限制，七百呎時，他們發出集體的怒吼。當地一名建築師投書給波士頓環球報說：「我不能想像在那個地點蓋出如此不妥的建築物，而且更叫人無法置信的是，這竟然還是出自我們可敬的同儕手中。」波士頓建築師學會發表聲明譴責這項設計：「在都市充滿不安與危機的時刻，我們原希望能有一些不光是自吹自擂的聲明。」。

羅奎對這些發展渾然不知，直到環球報在頭版登出新大樓的透視圖。「我打電話給貝聿銘說，『出了什麼事?那不是我原先許可的大樓。』重點是，漢考克和他們的顧問菲利浦森根本不在乎這棟大廈的計畫大綱。柯柏可以隨心所欲地做他想做的事，甚至不用顧慮地點和大樓的規模。」羅奎接著說：「或許這些可以讓你瞭解，我爲什麼一直深信永遠不能依賴建築師或房地產開發商來維護公共利益，不管他們多麼有名望。」

即使羅奎已經離職，漢考克大樓還是有些限制存在。漢考克公布計畫的一個星期後，波士頓市以「可能違反都市用地限制」爲由，拒絕發予建築許可。由於漢考克公司擁有鄰近的不動產，所以終於可以加以整合設法取得建築許可，對於這點應是毫無顧慮，不過這項爭議在公聽會和不斷上訴之中拖延了九個月。身爲波士頓市最大的民間業主，漢考克公司揚言要將總部移到芝加哥去，結果市府官員馬上就發出許可。

不斷剝皮的大樓

一九六八年八月開始動工時，問題馬上就發生了。後灣區位於查爾斯河盆地沙洲砂石層上的不穩定地質，在開始挖土後，護堤的擋土牆便向內傾倒，將浸透的填土沖散到數英畝的範圍。人行道扭曲傾斜，管涵也折斷。工地附近飽受打樁機噪音之苦的喜來登飯店，一狀告上法院要求七十五萬美元的賠償。漢考克公司旗下的不動產公司用六百萬美元，向喜來登集團買下這家飯店，這個案子自然不了了之。

漢考克公司的拜金紀念碑非但睥睨著理查森所設計的聖三教堂，還差點毀了它。由於底層土壤流失，至少十多條裂縫出現在教堂外翼的牆上，主塔拱肩上拉法吉（La Farge）所繪的先知壁畫也出現了六條裂縫，教堂外翼傾斜到無法再支撐屋頂，還有一個水桶砸破彩繪的玻璃窗，一支門框刺穿聖壇上的屋頂。碎片如雨水般落在教堂上，他們不得不架起一道保護性的鷹架。纏訟十五年後，聖三教堂從漢考克公司那裏獲得一千三百萬美元的賠償。貝聿銘的部分則不予起訴。

在柯普利廣場上不斷成形的玻璃帷幕大樓，被許多人視同怪物。制度的權威受到質疑時，原先便設計成在鋼骨結構上不起眼的玻璃嵌板，便意味著企業漠不關心的本質。柯柏回憶說：「有一陣子，在『數大便是醜』的時期，人們總是憎恨大廈。阿貝・霍夫曼（Abbie Hoffman）曾站在柯普利廣場上揮舞著拳頭，大叫著說，『那就是敵人』。」

一九七二年夏天，幾片5×11呎（使用於大樓的最大規格）的玻璃帷幕迸出窗框時，没什麼人在意。漢考克公司將之稱爲「正常的結構損壞」，然後用合板來取代每片造價七百五十美元的隔熱玻璃窗。每當颳風時，大樓就會出現更多的合板。漢考克公司向媒體表示，問題是出在上層樓的結構殘留物被風吹落時，帶著玻璃一起墜落，等十二月安裝玻璃窗的工作完成，一切就會迎刃而解。

工人們小心翼翼地將最後一片玻璃裝進鋁框裏的一個月後，一九七三年第一場冬季風暴自西北部吹來，時速五一～一〇〇公里的强風搖晃這棟大廈。天亮後，大樓出現六十多片毀損的窗戶，另有數百扇被墜落的碎片砸破。很顯然的，這棟大樓必然有什麼嚴重的問題。

漢考克公司早已警覺到一場危機正在醞釀之中，於是悄然地請來麻省理工的羅伯特·韓森教授（Robert Hansen），他是名結構工程師，漢考克在芝加哥的辦公大樓就是他負責的。工人一面用手推車將玻璃碎片運走，韓森一面帶著麻省理工的人員，將七十具巴掌大的感應器安裝在大樓外部，然後用十一哩長的電纜，將他們連接到設在第三十五樓的中央儀器室，以收集大樓在新英格蘭强風中的各項反應。他們還在麻省理工萊特兄弟風洞裏設置了後灣的模型，再用風速每小時一百五十哩的强風吹襲。

「顏面盡失」

這時，這棟聲名狼籍的大樓已成爲衆所注目的焦點。如今，大樓底層的三分之一樓層幾已布滿三夾板（有人估計，這些木板足夠蓋三十間房子），看上去活像被木板封死的店面。每當風速達到每小時四十五哩時，警方就得在柯普利廣場上拉起警戒線。更令人羞辱的是，波士頓消防隊命令他們在三夾板塗上一層黑色的防火漆，如此一來更增添大樓不堪使用以及陷災的氣氛。

鍥而不捨的新聞媒體，將漢考克大樓的問題編成一齣現代道德劇，說這是企業野心過度伸張的報應。CBS邀韓森上現場接受訪問，時代週刊以挖苦的口吻報導這個事件，新聞週刊、紐約時報和華爾街日報也相繼跟進。各家主筆紛紛撰寫「巴比倫之塔」和「玻璃屋裏的人」等故事的教訓。有關這棟大樓的報導，在漢考克公司公關室裏整整裝滿二十三個超大型黑色檔案，發言人則忙著駁斥整棟大樓快要倒塌的謠傳。

波士頓的計程車司機每天都會想出一些新綽號來，比如「三合板宮殿」，「美國三合板大樓」和「白蟻天堂」。當地市民嘲弄有關啄木鳥和全世界最高的室外廁所的笑話。波士頓雜誌說：「一棟讓人顏面盡失的大樓能夠加强壽險公司的形象嗎？我們建議立刻考慮鋁質外牆的優點……不然乾脆重回殖民地時代，把整棟大樓蓋上西洋杉薄板。」柯柏忍受著一次又一次的會議，看著驚慌失措的公司主管公開討論要開除他。他女兒還送給他一件她在哈佛廣場上買的T恤，上頭印著「天空中的三夾板」。

漢考克公司故然因看到受人矚目的總部大樓淪爲笑柄，而痛苦莫名，但還比不上貝聿銘，他面臨一世英名就要毀在它手上的恐懼。他的同事回憶說：「公司經歷嚴重的精神創傷。職員們都接到通知，不得對媒體發表談話。柯柏更是承受莫大的壓力。他每天花六小時和公司專屬工程師麥克・芬寧（Michael Flynn）一起討論。在國內任何一個城市，如果跟計程車司機說你是替貝聿銘工作，他們都會在你面前嘲笑漢考克大樓。」

漢考克大樓仍在不斷剝皮，彷彿老波士頓的陰魂打算要趕走這名入侵者。好心的建議每天如雪片般寄來：在窗戶上鑽些小洞，換上弧型玻璃，用小方格鐵絲網包著窗戶等。

三夾板讓大樓下半部暗無天日，風從木板的罅隙中灌進來，窗板便在鋁框中搖晃不已。柯柏坐鎮在設於第三十三樓的臨時辦公室內，指揮一團承包商和工程師，企圖找出解決之道。在這段煎熬的期間內，柯柏還遭逢父喪，公司同事莫不稱讚他驚人的鎮靜和專業態度。一名工程師說他的作爲「發人深省」。

幾年後貝聿銘在接受黛安・索耶訪問時表示：「當大家都看著你，尤其是建築同業同情萬分地看著你時，真是丟死人了。雖然是憐憫，不過在那個時候你並不需要它……」

重拾寧靜

一九七三年十月時，工程師終於找出錯誤的根源。玻璃碎裂並非肇因於當初猜測的强風或地基不穩，而是訂製的窗戶有瑕疵。工業技術學校教授有關鋼鐵和混凝土性質的課程，但玻璃並不被視爲建材，屬於仍須要進行結構調查的不穩定技術。此外，當時除了嘗試錯誤之外，並無特別方法來測試新窗戶。雙層上光窗戶自一九三〇年代便已問世，但貝聿銘的公司急於打造一片八百呎的鏡子，便冒險嘗試反光覆膜的雙層玻璃。光線進入第一層玻璃後，遇到裏層表面的銀色覆膜而折射，然後再度穿過第一層玻璃反射出去。測試結果顯示，當外層窗片因光線折線過程中所產生的熱量而膨脹時，或在整扇窗戶每天正常細微震動數千次後，隔開二層玻璃的鉛隔離物卻無法同步膨脹。因此，脆弱的鉛隔離物產生只能用顯微鏡看到的裂痕，而後經由焊接劑傳遞到玻璃本身。這種細微的裂痕發生在每片窗戶上。

這種愚蠢的技術失誤從來没有向大衆公布，在貝聿銘的同事提出調查結果之後不久，漢考克公司便宣布全面更換一萬零三百四十四扇窗戶。下達這項決定的是史萊特的繼任者吉哈德・布雷肯（Gerhard Bleicken）。漢考克公司董事會自史萊特的領土擴張迷夢中清醒後，便推選出這名强悍、保守的經理來擔任新總裁。爲配合他謹慎整合公司業務的構想，布雷肯考慮將不到三分之一的樓層改裝不反光窗戶，理由是，較爲保守的外觀有助於恢復人們對這棟大樓的信心，尤其是在兩家重要的企業房客相繼取消租約之後。「如果這麼做，」柯柏說：「漢考克大樓將會是近代最糟糕的大樓之一。運用極限主義時，每件事都是舉足輕重的，如果你修飾那些細節，就會毀掉這棟建築。」

最後，布雷肯駁回顧問的建議，同意柯柏的要求，採用讓大樓依舊閃閃發光的昂貴窗戶。柯柏形容布雷肯在他個人災難之後，對他的信任是「我一生中最引以爲傲的成就。」運貨電梯載下來四百磅有瑕疵的窗戶（其中不少被當成紀念品賣掉），然後載上類似防火門的堅固、特製單層窗玻璃。

完工後數月內，觀察員穿著制服，在人行道上用望遠鏡掃瞄玻璃帷幕牆，蒐尋是否有變色的跡象，因爲這是龜裂的前兆。有幾片玻璃真的碎了，但都屬於正常狀況。惡魔終於被趕跑了；柯普利廣場再度重拾寧靜。

在換裝窗戶完工後，公司主管希望盡快開放大樓，但測試結果顯示，這棟大樓在暴風中會劇烈搖擺，上半樓層的人可能會有暈船的感覺。由於大樓擺動得太過明顯，工程師警告貝聿銘公司的人，不要在頂樓董事會會議室裝設水晶吊燈，他們還開玩笑地建議給女秘書加裝安全帶。

波士頓結構專家的老前輩威廉・列姆瑟（William Le Messurier），運用他爲了穩定曼哈頓花旗大樓所發明的一種裝置，名爲「大型調節門」（tuned mass damper），才讓柳樹搖風似的漢考克大樓穩定下來。他在漢考克大樓的第五十八樓地板鋼架上，加裝二塊各重約三百噸的鉛板，用彈簧和避震器加以固定。當大樓傾向一邊時，惰性會將滑輪組拉向鉛板的另一邊。這兩塊鉛板的作用就好像熱氣球的壓艙物，把大樓拉成垂直。有一晚列姆瑟爲了測試這個巨型裝置，把整棟大樓拉來扯去，好像水手獨力在操控一艘大船。

無頭公案

列姆瑟解決了搖擺的問題，不過大樓是否真的安全仍是個問題。列姆瑟說：「整個局面已逐漸失控，最後柯柏決定要徵詢國外權威人士的意見。」

在柯柏的促請下，漢考克公司找上了蘇黎世的高樓權威布魯諾·杜利曼（Bruno Thürlimann）。一九七四—七五年交替的冬季，杜利曼進行了據說是有史以來最徹底的大樓結構檢查。他也認爲，如果這棟大樓真的會倒塌，應該是從較寬的部分像骨牌一樣地倒下，但是結論指出，這棟大樓絕對不會發生這種狀況。就在即將飛往美國宣布大樓的安全性之前，他發現一項驚人的事實：在超强的風速下——工程師口中所說百年難得一見的風暴，會造成大樓可能從較窄的部分倒塌，這是先前大家所没有料想到的。他的分析報告，促使漢考克公司多用一六五〇噸的鋼鐵斜撐間架，將大樓從頭到腳加以强化，成本高達五百萬美元。貝聿銘的帷幕牆專家芬寧表示：「這就好比在鞋子外頭再套上襪子一樣。」

事情圓滿落幕後没多久，某天早上，漢考克公司邀請媒體到頂樓的氣象觀測台參觀，並提供咖啡、點心和一大落措詞謹慎的新聞通稿，强調「這種舒適的辦公環境」有著「色彩明亮的隔音牆和各種植物」。當天幾乎所有的賓客，不論是不是故意的，都用手指節去敲敲窗戶。

爲了彌補工程費用由七千五百萬美元膨脹到一億二千五百萬美元，布雷肯提出一連串數百萬美元的官司，跟這棟大樓有關的一干人等幾乎被一網打盡。貝聿銘被控提出「不好，像工人似的」設計，以及沒有充分說明「帷幕牆可能承受的壓力和狀況」。

建築史上最複雜的官司於焉展開。Toledo玻璃製造商利貝－歐文－福特公司（Libbey－Owens－Ford）反控漢考克公司毀謗，貝聿銘也被控對玻璃受風規格的認知有「嚴重錯誤和疏失」。貝聿銘反口控訴承包商和利貝—歐文—福特公司隱藏隔熱鑲嵌玻璃有瑕疵的證據，因爲韓森教授測試發現這種玻璃在別的地方也不管用。貝聿銘進一步撇清他負有設計或規格方面的法律責任，因爲漢考克公司已先行另聘顧問。

這陣官司混仗一直纏鬥到一九八一年，經過冗長的談判之後，所有人都同意和解，「永遠不再公開討論這棟大樓的問題。」結果，這件案子就此成爲無頭公案。

無法探知漢考克大樓何以失敗的建築師和工程師，私下紛紛加以揣測，及至一九八八年波士頓環球報的評論員坎貝爾終於打破沈默，在「美國建築師協會月刊」上發表一篇訪問帷幕牆專家維多·馬勒（Victor Mahler）和結構工程師威廉·列姆瑟的報導，他們倆人是參與拯救大樓人員中，惟獨沒有簽署緘默協議的二個人。

▲
波土頓勉強接受漢克考大樓，
儘管它的尺度驚人。圖中央是
理查森設計的聖三教堂。

這件棘手的案子幾乎毀了貝聿銘事務所的地位。「當時的情形真的把大家逼得走投無路，」馬勒表示：「就像是古老時代的哥德教堂，和法國包菲市（Beauvais）的大教堂一樣，它倒塌了一次，又倒了一次，等第三次蓋的時候，終於成功了。」

波士頓圖騰

這些災難悄然解決之後，漢考克大樓於一九七六年十月啓用，原先預算提高了將近一倍，工程進度落後了五年。布雷肯在獻詞儀式上表示，「我們這才明瞭，蓋這種玻璃屋的人是受到束縛的，只能脆弱地生存。」

隨著時光流逝，三夾板逐漸自人們的記憶中消退，波士頓人也開始欣賞漢考克大樓。人們走過這棟大樓時會感到嫌惡，但在黃昏時開車進城的駕駛眼中，它就像是一面脫俗超凡的發光鏡屏，冷靜的角柱近於神聖。坎培爾說：「漢考克大樓之於波士頓都會區，猶如教堂尖塔之於新英格蘭的村落。它象徵著存在，並賦予空間一股磁力。」漢考克大樓對波士頓來說，就如同巴黎的艾菲爾鐵塔，或是紐約的帝國大廈：一個識別的圖騰。

建築師兼「建築論壇」雜誌前任總編輯彼得．布萊克說：「我在波士頓一棟由柯柏設計的公寓大廈裏住了四年，位置就在漢考克大樓東面一哩的地方。我住在第三十樓，起居室將波士頓的天空盡收眼底，這面銀色的反光鏡屏就矗立在中央。我在各種天光中，日日夜夜地觀賞著這種不可思議的大樓。不論日出日落，天晴或暴風雨，從來不曾感到厭倦。一刻都不曾。」

這棟大樓終於成功地蓋好，應該給柯柏記上一筆功勞，因爲他是事情脫軌時的燈塔。在一長串的秘密會議中，據說貝聿銘曾跟他的合夥人說，不論是好是壞，他的名字已占據頭版，爲了公司的最佳利益，他的名聲都得維持潔白無瑕。一名知情人士透露：「讚賞上門時，貝聿銘都欣然接受；但當責備上門時，他便退到一邊去。」

▶貝聿銘在大樑上簽名，攝於一九七一年。

「不知爲什麼，聿銘總是聞起來像朵玫瑰，」建築師理查・梅爾說：「柯柏則飽受打擊。」但是，塞翁失馬焉知非福，柯柏終於打響了自己的名號。

幾乎每位被問到的職員都說，這兩個合夥人從此對彼此再也無法感到自在。但柯柏本人否認有任何傷感情的事。「這整個事件如此不堪，又鬧得這麼大，自然會引起很多流言，」他說：「聿銘或許讓人覺得他一直急於跟這件事撇清關係，我知道漢考克公司的人就這麼想，而且爲此很不滿。不過，它從來没有造成我們之間的摩擦。」

▲ 國家藝廊東廂。

第9章 美國最敏感的地點

漢考克大樓的麻煩尚未解決時，貝聿銘告訴一位友人：「你知道嗎？這棟大樓對我的名聲沒有任何好處。」這是項令人驚異的陳述，建築師的名聲是非常珍貴的，繼甘迺迪圖書館案子慕名而來的大批高尚客戶，在漢考克大樓這場災難後紛紛棄貝聿銘而去。謠言四起，在沒有倫理的建築業界裏盛傳貝聿銘正處於險境。根據他自己的估計，漢考克事件讓公司在接案方面造成了「難以估計的損失」。沒有人會願意雇用遭到業務過失指控的建築師，這項指控在案子進入到司法程序之後，也一直沒能解除。因此，貝聿銘成了「票房毒藥」，他甚至接不到與齊肯多夫合作時期的房地產建築業務。他說：「當時，人們早已忘記我們曾經大量投資蓋房子，沒有開發商來找我們了，我們要他們記得，我們就是這樣起家的。」

直到漢考克大樓之前，貝聿銘的生涯都是連續踏實的前進，不斷有貴人相助：愛默生院長到葛羅培斯；葛羅培斯到齊肯多夫；齊肯多夫到甘氏家族；再從甘氏家族到尊崇的公共工程，如達拉斯市政廳及基督教科學教會中心。丹尼爾・柏恩漢（Daniel Burnham）曾說，建築師的命運有百分之七十五操縱在他爭取工程的能力。沒有人比貝聿銘更會爭取重要工程了，也沒有人能夠更優雅地穿越政治障礙。「有人認爲，聿銘對蓋一棟建築所涉及的外交與手腕運用，以及最後結果，都感到同等興趣，」建築師兼作家布萊克寫道：「他是華裔的梅特涅（譯註：奥國政治家及外交家，一七七三——一八五九），優游於美國各都會。」

波士頓這個案子唐突地打斷了貝聿銘的一連串成功，在波士頓這個地方的挫敗更是個反諷，因爲對這個學術界上流人士的華裔美人來說，從十八歲自費城被吸引來此，即在這裏展開早年的建築生涯，在這裏與艾琳建立家園，兒子們在這裏進大學。原本應該是衣錦榮歸，結果卻變成了灰頭土臉。

漢考克效應

貝聿銘從齊肯多夫那裏繼承超越平凡的風格，他最厲害的本領之一，是跟適當的客戶交上朋友，然後舌粲蓮花地說服他們擴大原本的規模，理由是好的設計足以補償成本。漢考克大樓事件之後，洗練的貝聿銘發現手頭上的客戶都不願再繼續合作下去。以ＩＢＭ爲例，於一九六九年聘請貝聿銘，在麥迪遜大道與第五十七街交叉口設計一棟辦公大廈，距離貝氏的辦公室只有幾步之遙。合夥人傅瑞德畫了一張面對交叉口黑色玻璃斜長方形的大廈草圖，後來他形容那是「我最後的密斯風格」，它的確也構成一幅剛毅的幾何圖形。環繞著電梯的迴廊也成爲菱形，菱形的辦公室裏有著菱形的桌子。ＩＢＭ原本頂多是要求重新設計，但是在看到漢考克大樓所引發的巨大災變之後，他們悄悄地找上了巴恩斯替換貝聿銘，他以能按照預算完成典型的現代化建築聞名。「ＩＢＭ來找我談時，讓我吃了一驚，」巴恩斯回憶說：「無疑的，他們是因爲漢考克之事才來找我的，因此我讓他們等一等，並打電話給貝聿銘說，怎麼回事？我不打算接受他們的邀請，除非你叫我這麼做。大約十天之後，貝聿銘說，你接吧。」

另外還有一些令人失望的事：一九七四年初，約翰・洛克裴勒三世從近五十名候選人當中選出貝聿銘，要在公園大道爲亞洲社會中心蓋個新家，這個文化性機構是他於一九五六年所創立，他曾捐出價值一千萬美元的藝術品給這個機構。很少能有比這件更適合貝聿銘來做的案子，因爲它是座亞洲美術館，又蓋在公園大道上，而且業主是洛克裴勒。貝聿銘輕鬆地構思出一個寬廣的玻璃正面，以吸引行人進入輕快的花園中庭。

貝聿銘一向在董事會議表現得極爲完美，因此當他在一次重要的展示會議之後，從洛克裴勒辦公室眉頭深鎖走出來時，令同事湯瑪斯・史密特（Thomas Schmitt）感到非常訝異。「貝聿銘非常不悅，」史密特回憶說：「他說，『我得不到任何反應，他很冷淡，也沒有信心。』我們另外做計畫，再一次遇到奇怪的反應；我們一再提出計畫，可是似乎沒有一件能被接受。」雖然他沒有跟貝聿銘明說，但洛克裴勒發現貝聿銘企圖擴大規模，這實非一個依賴捐款的非營利機構所能負荷的。另一名董事瑪葛特・威基（Margot Wilkie）請洛克裴勒坦白地說出他的不滿，免得爲時太晚。她寫信給洛氏說：「我們都知道你對於選擇建築案相當無私且氣度恢宏，所以，除非你明確地聲明不喜歡貝聿銘的建築物。哎！可憐啊！那些計畫會不斷地進來直到變成事實。」

最後，貝聿銘以一封文情並茂的辭職信讓洛克裴勒找到下台階。他寫道：「就這個案子而言，我真心認爲，我們已經提供了每一種適合這個地點的可行性方案。」亞洲社會中心，與IBM大樓一樣，拱手讓給了巴恩斯。

※ ※ ※ ※ ※

幾近破產

貝聿銘小心翼翼地不去在意財務問題，他喜歡把公司當成能夠容忍相當程度浪費的個人工作室。他以能堅定信念直抵終點線聞名於業界，理由是舊的東西會被人遺忘，但是建築物卻能名垂千古。「如果依照預算來作決定，便很可能會錯失最佳的方案。」他說：「不管花多少時間都無謂；而且不要問要花多少錢。如果能感到些許滿足，建築才有樂趣。」

只要有仰慕的客戶帶著不請自來的大案子找上門來，貝聿銘便可容受這種甜美的效率不足。當上門詢問的人變少時，貝聿銘只能靠著有一搭沒一搭的企業工程，度過這段苦日子。小公司在不景氣時，可以靠學校兼職或是偏僻的辦公大樓案子賴以生存，貝氏事務所是個有一百五十名員工的飢餓機器，需要大的工作量。「貝聿銘專注於高層的珠寶，」公司老人普瑞斯頓・摩爾說：

「但是我們從沒有基本的工作量來支持我們前進。有一句話非常流行，如果你要按照預算完成工作，那麼就不能請貝聿銘。」

貝聿銘自雲端掉下來，再加上七〇年代中期建築業的不景氣，讓他幾近破產。由於必須應付支薪以及如燈光、機械以及其他技術事項的各項顧問費，貝聿銘的財務在七〇年代逐漸吃緊，情況變得朝不保夕。建築業者通常在案主付款之後才支付各種開支，因此累積了一大堆延滯的支票，讓他並不會顯得特別窮困。但是這一次辦公室裏謠言滿天飛，說貝聿銘這回對債務無法善了，薪資凍結，加班費沒有著落。「公司幾近破產，」一名高級助理回憶說：「可怕極了。」

貝聿銘不是個在逆境中束手無策的人。在他那逢迎、輕聲細語的態度，以及並不威武的體格底下，其實隱藏著堅强的意志。「貝聿銘可以跟他的建築一樣地剛强。」前普林斯頓建築學院院長羅伯特・吉迪斯（Robert Geddes）說。

貝聿銘有著東方人的不屈不撓：他行事不卑不亢。老子說：「萬物負陰而抱陽」。要做到像水一樣——柔弱且順從，但力能穿山。即使生命有危險時，貝聿銘仍是從容不迫。譬如在一九五〇年代後期，有一回，他與合夥人艾森・雷納德到夏威夷，去探視他們興建的威基基飯店，由於智利地震預期會引發的海嘯，飯店人員已全部撤離。貝聿銘說：「我一定要看一看。」

「所以我們就去看了，」雷納德說：「清晨三點，我們站在已完全沒有家具的空蕩蕩大廳裏。我們得到消息說，幾個小時以前，這個海嘯襲擊大島東岸，造成幾個人喪命。但我們非常好奇，而且決定要站在原地，直到我們看到海嘯長什麼樣子。唯一的防護措施是，抱在手臂無法環繞的大水泥柱子上。大浪按照預定時間來了，劇烈的翻騰先是吸走千碼的海水，暗礁都裸露出來；接著發出火車輾過般的聲音，海水又衝回來。令我們失望的是，這並不算壯觀，它打濕了草皮，但是並沒有挑戰大廳。然而，幾天以後這個海嘯衝擊阿拉斯加海岸造成損失，一週之後它襲擊了日本，造成嚴重的生命及財產損傷。我們算是幸運的——我們實在是不知天高地厚。」

向海外發展

雷納德記得另一回貝聿銘泰然自若面對險境的經驗。一九七〇年，貝聿銘安排合夥人夫婦到巴黎碰頭，自己則和艾琳、女兒貝蓮等先飛到高棉，遊覽印度教神廟廢墟吳哥窟，這座錯綜複雜的神廟，深埋在金邊北方二百二十哩的孟加拉菩提樹叢林裏。有一天早上，他們起來發現旅館已然空無一人，原來是共產黨游擊隊切斷了回高棉的路，造成此地的恐慌狀態。他們同行的友人尼古拉斯・沙哥（Nicolas Salgo）傳真給法國大使，大使建議他們放棄行李往西邊逃，於是他們擠在一輛租來的車子裏，開了一百哩穿越燠熱、滿天紅塵的道路到達泰國邊界。這是貝家人危險的一刻：如果他們的護照被沒收，他們可能會被誤認爲是高棉人。貝聿銘卻還決定在路邊停下來品嚐榴槤。

貝家人安全地抵達曼谷機場，梳洗過後飛到東京，並在那裏請裁縫給他們做新衣。艾森・雷納德說：「在兩天之內，他們便穿著優雅地飛往巴黎了，他們到達的時候，看起來只受到一點驚嚇，但是卻穿著新衣，我記得貝聿銘穿著最瀟灑，看來十分時麾。」

在面對事業上的危機，貝聿銘依然非常鎮定，他的公司在整個拮据時期也顯得沉穩安靜，辦公室放置鮮花，是自甘迺迪夫人那次著名的來訪之後即成爲傳統，現在鮮花束仍然大量送到。穿著制服的女僕爲訪客倒咖啡。在公司聖誕節舞會上，穿著大禮服的侍者倒香檳酒，銀盤上放置著薄薄的烤牛肉。「我們試著讓這艘船保持平穩，」雷納德說：「以提振士氣於不墜。」

貝聿銘一向擅於扭轉劣勢，他的第一法則是不要浪費時間去沈思或追悔。孔子曰：「過而不改，是謂過矣。」他運用棋手能同時思考好幾步棋的能力，看出可能犯的小錯，而專注於下一次機會。這一回，他知道最好不要指望美國國內的大工程了，負擔著一百五十名員工的生計，他開始向海外發展。

他很幸運，新加坡這個小島當時正急於從殖民地型態，轉型爲太平洋邊緣的經濟中樞，地下鐵、購物中心、高爾夫球場等工程如雨後春筍般冒出來。由於新加坡的銀行家都認識他父親，因此貝聿銘得以進入。到一九七〇年中葉，貝氏已在爲華僑銀行設計一棟五十二層樓高的總部，另外有一項名爲萊佛市城，包括會議中心、旅館、辦公樓、購物中心的鉅作。此外，有一位新加坡航運鉅子，雇請貝聿銘設計一棟能俯視紐約南街海港的壯觀辦公大樓。「從世界的彼端一件又一件的工程進來，」曾監督不少遠東地區工程的王家樂（Kellogg Wong）說：「無疑的，這些工程讓我們從景氣的谷底活了過來。」

貝氏也在中東地區找案子來接，石油輸出國家組織投入大把鈔票在這個廣大的沙漠地區，「貝聿銘和我被邀請到科威特，評審一家銀行的競圖，」建築師保羅·魯道夫回憶說：「有兩、三天我們就是純粹在文化部這種機構吃飯，我很羨慕他認識所有的政府官員，而且與他們談得來。有一天早上在吃早餐的時候，我恭維他有這種能耐，他回答說，『你知道我在做什麼，我在想下一份工作從哪裏來，在我手下有不少人等著工作，我必須要擔心這些事。』」

他的尋求商機得到了回應，在科威特蓋了阿爾薩蘭（Al Salaam）購物街。在伊朗，由於伊朗國王急於追上歐洲的生活水準，在德黑蘭西北方一個名爲凱普薩的地方，興建大批的辦公室與公寓，占地有三十六英畝，由一名原本是牙醫的餅乾業鉅子出資。「伊朗人喜歡貝聿銘，」一名高級助理回憶說：「他們喜歡他對於宗教儀式有概念，能完美地反映伊朗，同時喜歡他那不可思議的迂迴戰術，以及能夠以他獨到的方法來化解風暴。有一次我們在談判一件數百萬美元的合約，正要離去前的最後一刻，客戶說道，『還有一件事，就是支付一般開支的問題，我們能讓你們一部分人乘坐頭等艙，但不是全部。』我們所談論的不過是分散在許多年支付的幾十萬塊錢而已，但是他們就是喜歡小兒科，因爲這可以產支配，分割與征服，戰鬥與妥協。貝聿銘看著他們，然後說，『沒有人坐頭等艙』，這完全封住了他們的嘴。」

與其他地方一樣，貝聿銘在伊朗嘗試與當地權力核心融合。有一晚，他與三名助理在晚餐時，一名算命者來到他桌前。算命者在桌子上丟出銅製的骰子，占卜出每一個人的秘密：一段令人心碎的少年羅曼史，一次婚外情及一次換工作的機會。雖然他們笑罵著，但是這些占卜卻是非常準確。算命者告訴貝聿銘說：「這是一位名人，非常地傑出，非常有才華。他在這裏真正感興趣是與國王與王后會面。」

一名同夥回憶說：「當然，貝聿銘是斷然地否認了，他說，『我在此是爲了幫助這個國家。』但是每個人都知道占卜是真的，貝聿銘急著想要和國王見面。」

大工程還在整地之際，曾和伊朗國王有同窗之誼的助理合夥人普瑞斯頓·摩爾意識到，政局將愈來愈不穩。在與美國大使聯絡之後，他建議在紐約的合夥人要求業主付清款項，然後抽身。不久之後，回教革命便將推翻了伊朗國王。

≈ ≈ ≈ ≈

「有錢的罪犯」

雖然海外工程幫貝氏事務所能維持下去，不過貝聿銘要在職業生涯中挽回面子，需要的是知名客戶給予的大型公共建設。保羅·梅儂（Paul Mellon）的出現，猶如救星降臨。這個人具有無可挑剔的品味，是名有教養的貴族，同時完全不受攻訐貝氏流言的影響。他的墨西哥灣流號噴射機載運他在華盛頓、曼哈頓的城市豪華宅第，與占地四千英畝的維吉尼亞州農場之間穿梭，有時還到安地瓜島及鱈魚角隱居。當鱈魚角的景色讓他覺得貧乏之時，他運來了兩千噸的砂丘。「我們請不起貝聿銘，」大都會博物館館長，也是投資銀行家的道格拉斯・狄龍（Douglas Dillon）有一回告訴哈佛大學職員說：「你們也請不起貝聿銘，可是梅儂請得起。」

梅儂打算增建國家藝廊，他的父親安卓・梅儂（Andrew Mellon）是個匹茲堡銀行家與實業家，他在華盛頓林蔭大道興建了美國國家藝廊。一九三六年聖誕節前夕，老梅儂與羅斯福總統在白宮圖書館喝茶時，磋商捐贈國家藝廊的條件。他們的協議是，梅儂出資興建藝廊，並捐贈他珍藏的藝品，其中有許多都是自蘇聯革命急需外匯之際，刻薄地索取來的。國家藝廊將由聯邦基金維持，視爲國立機構，但是由一個獨立的董事會來管理。

梅儂與羅斯福總統在討論這個罕見的公有私管案子時，雙方態度被形容爲誠摯卻有點緊繃。梅儂正是推行新政的羅福斯所嫌惡的財閥——羅斯福稱他們爲「有錢的罪犯」。老梅儂在國稅局長任內，瞞著三任總統，藉稅務改革之名，圖利公司與股東獲取不當利益。他可以說是「人格淪喪與濫用職權的典型」。一九三五年元月份，梅儂曾經主持過的國稅局指控他逃稅（這項指控從未成立）。

梅儂的幹練辯護律師法蘭克・霍根（Frank J. Hogan），在匹茲堡法院開場白時當庭宣揚他的委託人對國家具有貢獻。「上帝並不公平，而人心偏差到如此地步，」霍根高談闊論時，梅儂坐在那裏直點頭表示贊同：「一個人在構想福利措施的同時，是不可能欺騙他的政府的。」

決定要蓋何種類型的博物館時，梅儂避開了已在全美各地成氣候的現代主義型式。他認為一個在華盛頓官方色彩懷抱裏的機構，採用古典主義風格是唯一可行的型式。保羅・梅儂的童年好友，後來成為藝廊總監的約翰・華克（John Walker）說：「他對他所將要創建的藝廊，並沒有要反映當代精神的意圖。」

結果梅儂聘請美國古典巴黎藝術學院派大師約翰・羅素・帕普（John Russell Pope）擔當此大任，他的作品包括有傑佛遜紀念堂，與金碧輝煌的國家檔案大樓，這座建築物設計得像座神廟，有著圓頂、門口柱廊、噴泉，長而廣寬的階梯與半圓型頂棚的走廊。它是古典主義建築風格的最後鉅作，沐浴在現代主義晨曦裏的古色古香神廟。長達數個月的計畫讓老梅儂體力透支，在幾次的昏厥及一次摔倒造成下巴受傷之後，他同意到邦尼丘，他女兒南安普敦的家去避暑。在驅車前往搭乘私人火車到中央火車站的途中，經過賓州大道時，他很高興看到工程已開始進行。這偶然的一瞥卻是他最後的視察。一九三七年八月二十六日，開工之後的兩個月，他因肺炎死於邦尼丘。帕普在次日晚上死於紐波特，原因是為了完成他希望成為曠世傑作的草圖，而延誤了癌症手術。

梅儂留給藝廊價值六千五百萬美元的藝品，是有史以來私人捐贈政府的最大一筆，其中包括了西方藝術史上最著名的藝術家作品，從透納（Turner）到泰坦（Titian），艾爾・葛瑞科（El

Greco）到巴提西尼（Botticelli）。如果這筆收藏算多，那麼藝廊就更大了；事實上，它是世界上最大的大理石外裝建築。一九四一年寒冷的聖徒紀念日，藝廊開幕當天，分成兩列長長的一百三十五間陳列室裏，梅儂辛苦收集來的傑作只占用了其中五間。當時流傳的一則笑話：警衛是負責引導參觀者，從一件作品走到下一件作品。

藝廊並沒有空太久。梅儂當時以一種令人驚異的謙遜態度——或者說是有遠見，沒有在柱頭線上刻下他的名字。愛國之舉引起示範作用；那些不會捐獻給「梅儂藝廊」的人，卻慷慨地捐獻給「國家藝廊」。在三十年之內，藝廊裏的作品從最初的一百三十三件，增加到三萬件，都是私人捐贈。

幸運的是，安卓·梅儂已經先看出未來會有擴張的需要，在達成捐贈協議的同時，約定國會必須保留旁邊一塊位於國會山莊腳下的沼澤地。早期的國會議員走路前往白宮途中，會在這塊沼澤地停下來打鴨子。到了一九六〇年代，這塊九英畝的草地變成了九座網球場，成爲林蔭大道北邊最後一塊未被開發利用的土地。藝廊總監約翰·華克開始擔心國會毀約，把這塊地指定爲其他的用途，因此他帶保羅·梅儂實地看看，他警告說：「如果我們不使用這塊地，有人會從我們手中拿走。」他並轉述他的老師、令人尊敬的藝術歷史學家巴納德·貝倫森（Bernard Berenson）對他的期許：要立志興建一座能與亞歷山卓古代圖書館媲美的美國學術中心。

「是啊，這是個好主意，」保羅回答，他已繼承父親成爲藝廊的董事長。「要花多少錢呢？」華克估計約要二千萬美元。保羅答應捐輸一半，所以華克轉向他姐姐艾莎．梅儂．布魯斯（Ailsa Mellon Bruce）求援。

「保羅認爲這是個好主意，」她回答說：「你也認爲是個好主意，那我也捐出一千萬美元好了。」

美術與大衆娛樂結合

完成播種之後，華克把計畫留給了他的接班人卡特．布朗（J. Carter Brown），一九六九年布朗從副總監升任總監。他是開發羅德島先民的後裔（布朗大學即以他十八世紀的一位祖先命名）體形瘦高、捲髮，是個少年有成、態度輕佻的學者。在風氣閉塞的葛羅登中學念書時，就表現非常傑出，十六歲以全班第一名成績畢業。就讀哈佛大學時，他是菁英學會會員，同時爲最優等生。他與華克一樣，童年時期在長島東邊角落的漁人島過暑假，也是追隨貝倫森在他佛羅倫斯的別墅裏修習藝術史。

布朗體內流著新英格蘭上流階層的血液，但他也正如華盛頓郵報所形容的，是個「平民化的貴族」。他想把過去美術館專屬於富人在下雨週日午後聚集的陰暗、陳腐寶庫，轉變成爲平民化的場所。在國家藝廊開幕後的二十五年間，由於大學畢業生人數的成長，加上人們休閒時間增加，文化風氣大開，使得全國性博物館的參觀人數暴增了四倍。欣賞藝術品成爲美國人的重要休鬧活動，布朗希望能夠持續培養這種趨勢而不會犧牲掉學術水準。

在營造可以吸引大量觀衆的美術館這方面，沒有任何館長比得上布朗的紐約同儕湯瑪斯・侯文（Thomas P. F. Hoving）更加熱誠。他是個富冒險精神，年輕的中古史學家，曾任紐約市公園管理單位主管，一九六七年轉任大都會博物館館長。自承是個「狂熱宣傳者」（他開玩笑說自已名字中間的縮寫P・T代表著永遠的宣傳），年輕的侯文把誇張的表演與雜耍特技引進原本是寧靜的古老門廳，吸引來大批的觀衆。在他的激烈手段之下，珍藏著西半球廣博文化資產的博物館，變成了喧鬧活動與啓迪知識並存的場所。他運用大筆資金以取得曠世鉅作，並草擬了綜合計畫，意欲擴張領域到中央公園，介紹普普藝術與極限主義（Minimalism：審註：極簡單的單一幾何形或連續反覆數個單一形體的作品風格。），同時表演非傳統舞台劇，諸如《我心中的哈林區》（Harlem on My Mind），還舉辦戮戮生輝的開幕舞會。

侯文的作法引來了空前的人潮：他上任頭一年的參觀人數比以往的總數還多出一百萬人。單單在某一個打破紀錄的週日，通過旋轉門的人數竟然高達六萬二千人。美術與大衆娛樂的結合導致博物館的新生，以及商業化售票營利的運作理念。在這種情形之下，真正去觀賞藝品幾乎成爲次要的事了。遊客漫步在有音響設施與海報解說的陳列室，羣集在存放著埃及陶器、明信片與通俗的荷馬（Winslow Homer）版畫的展示箱前，或者是排隊等著進自助餐店及電影院。

「博物館已取代教堂，成爲美國都市的象徵性焦點，」評論家羅伯特・休斯曾說：「在這個過程當中，部分是無心，部分是有意，它利用了其他大衆媒體的策略是：强調壯觀、崇拜名人、全然傑作等的寶藏症候羣。只有靠這種方法，才能保持住它前所未有的人潮及其忠誠度，至少這是它的想法。」

企圖喚醒美人

儘管充滿優雅的紳士光采，卡特・布朗可是一個意志堅定的競爭者，他有哈佛大學商業管理的學位——前輩認爲那是派不上用場的資歷，急於要洗刷國家藝廊被譏諷爲老學究冷漠遺孀的名聲，一心想與紐約市在視覺藝術上一較長短。他有很多事要迎頭趕上。華盛頓一向是個政治世代交替短暫無常的城市，没有富裕捐款人所組成的永久性機構來豐富藝廊的收藏。布朗希望靠著與國會議員的交情，與自已的社會關係來彌補。爲了讓藝廊能趕上潮流，或者是自國外請來具吸引力的表演，他寧願扮演說客與外交官的角色。他曾這樣寫著：「在學術開發方面，華盛頓還是個睡美人。」

布朗同時要面對深植藝廊的保守思想。在大理石門廳裏，排列著古老的照片，使這個不疾不徐、不思改變的藝廊像個十九世紀的美術館。在位最久的總監約翰・華克是個厚臉皮的名流，他相信「美術館的成功與失敗，不是以參觀人數的多寡來衡量，而是要以其收藏品的美感與展示的和諧度而定。」他不去招惹衆議員喬治・唐狄諾（George Dondero）之類的政客——他曾譴責衆議院大廳裏的現代藝術品是共產黨的陰謀，而把自己很安全地局限在過去。很多年來，藝廊拒絕接受去世未超過二十年的藝術家作品；到了一九四〇年左右，藝廊才接納畢卡索與馬諦斯等人的作品，而現代藝術家的作品仍然很少。

策畫中的東廂，正可滿足布朗的野心，因爲要爭取贊助人與增加參觀人數，除了興建一座宏偉壯觀的展覽館之外，沒有更好的辦法。布朗告訴董事們說，如果國家藝廊要成爲精華所在，其收藏的內容不應排除某些有爭議的作品。東廂的收藏品應該擴展至現代作品。而其建築本身，則應該具有信心地揭示藝廊已然邁入二十世紀。「原本的藝廊已十分完美，」他說：「然而美國終於有足夠的信心來構築它自己的風格了。」

布朗需要一名建築師，能夠在無法抗拒黯淡無光的現代建築城市裏，突破險峻的政治壓力，完成一座宏偉的現代化藝廊。布朗上哪兒去找一個可以讓華盛頓走向現代化，而不受到攻訐的建築師呢？一九六七年，他取得十二件作品並把它們輯成小型的展覽給董事們參閱，他們把名單縮減爲只剩下四位：路易士・凱恩，菲利浦・強生，凱文・羅奇（Kevin Roche）與貝聿銘。

令人失望的凱恩

路易士・凱恩當時正在新海芬設計一座優雅的藝廊，由舊耶魯藝廊（Yale Art Gallery）的磚造增建物直接跨過了教堂街，主要目的是容納保羅・梅儂的大量英國藝品。在保羅・梅儂的心目中，耶魯英國藝品中心較國家藝廊更勝一籌，因爲按照他自己的描述，他是個「脫韁的親英派」。他還在劍橋大學時，便開始收集英國狩獵畫與插圖書籍，不僅僅是爲了投資，同時也反映出他對英國鄉間景色的偏愛。當全世界的收藏家爭奪法國印象派與畢卡索的作品時，他悄悄地蒐集到倫敦泰特藝廊（Tate Gallery）以外最完整的十八、十九世紀英國藝術品。

凱恩將梅儂的收藏品供奉在一間高尚文雅而含蓄的藝廊裏，一如業主本人的氣質。它是一座平靜、充滿陽光的傑作，親切卻不失壯麗氣魄；兩棟五十六呎高的樓房與內院組合而成，外覆未磨光的細格不鏽鋼。「在陰天時，它看上去像隻蛾，」凱恩說：「晴天時，又像隻蝴蝶。」時代雜誌評論家休斯形容這座建築物：「是一棟引進陽光的四層樓箱型建築：它沒有噱頭與典型的自我陶醉，低調但卻明白清爽，白色的混凝土、淡色的木工以及天然亞麻布壁簾，爲展出畫作提供了精確的背景色調。這種不矯飾的正統品味，與梅儂博愛的性格不謀而合；與梅儂打交道的管理者或博物館館長經常聽到的話是，我們的企圖心是好好地做，不要馬虎，但是要在預算範圍之內。」

雖然耶魯英國藝品中心在當時是最受重視的博術館之一，但是凱恩卻從未被視爲國家藝廊建築師的主要候選人。他是耶魯大學的教授，後來又到賓州大學任教，根植於對古典型態建築的愛戀，他發展出一套特異的建築哲學。「我問磚頭它要變成什麼，磚頭回我說，『我喜歡變成拱門。』」

很不幸地，建築物的深思宣言無助於推銷他本人。他無法掩飾言行舉止的笨拙，不熟的客戶也會發現他很「脆弱」。作品不能增强他的信心，因爲凱恩專門蓋一些嚴肅沉靜的集會場所，例如猶太教堂、實驗室、基督教堂及學校教室，而非傳統的大型建築如摩天大廈、辦公大樓等。在羅馬的美國學院修習時，他學得古典主義風格的精髓，因此他喜歡使用混凝土、磚塊與木料等較卑微的建材，構築龐大而壯碩的樓宇；這樣，從一般的角度看，既不美觀也不安詳。

「當我們邀請建築師提供他們的作品時，凱恩讓人很失望，」布朗說：「他並不是很積極地在追求。我想他可能是希望人們能在中東地區看到他的作品。對於這種情形，我對董事們就没有什麼好說的了。」布朗到凱恩位於費城的工作室參觀時，也没留下好印象。他的工作室在一家雪茄店樓上，樓梯陰暗，穿著隨便的助理在廉價家具與馬虎的隔間區工作。布朗回憶說：「他有一些夥伴，但是似乎没有組織。他非常適合做耶魯那種小型藝廊的設計，惟並不適合做我們所想要的壓倒性大案子。」

非貝聿銘莫屬

貝聿銘的優點都是凱恩所没有的，這與甘迺迪紀念圖書館的案子同出一轍。貝氏有麥迪遜大道令人印象深刻的辦公環境，與長春藤名校的學歷做後盾，很早即成爲知名的大師級人物。當凱恩這個猶太裔知識分子，與左翼政客情投意合之際，貝氏往來的人物都是如甘氏家族、達拉斯與波士頓市政當局，乃至於基督教科學教會中心這種客戶。他的作品小心翼翼地採用幾何學，使平民化建築看來高尚而具體化：平淡卻和諧、具震撼力卻謙和。這些都伴隨著貝氏著名的交際手腕，他的交遊廣闊有益而無害，朋友當中還包括了專欄作家約瑟夫・阿索普（Joseph Alsop）與華盛頓郵報的發行人凱瑟琳・葛拉漢（Katharine Graham）。「凱恩與貝聿銘很相似，」建築師羅伯特・史坦（Robert Stern）說：「但凱恩是個門外漢，是一名農夫；貝聿銘則是貴族。」

梅儂、布朗與另一名董事史托達德・史蒂芬（Stoddard Stevens）搭乘梅儂的噴射機去看貝聿銘的作品，每到一站貝聿銘獲選的機會就逐漸提升。布朗說：「他的每一棟建築都證明能替我們解決一項問題。」到了西拉克斯市未完工的伊弗森博物館（Everson Museum）時，他們看到四面加强混凝土的懸臂牆圍繞著內庭。這種空乏與充實的律動，促使布朗寫信給貝聿銘，將他的創作比喻爲四重奏。「這不是一個大型建築，」他後來說：「但是它很富麗堂皇，遊客能夠瞭解他們是在一個特別的地方。」

如果伊弗森博物館證明貝聿銘能夠設計出包裝藝品的藝術化建築，那麼他在一九四八年所設計的狄莫伊藝術中心增建物，更證明他的設計不會淡化原有建物主體的光采。確實，貝聿銘所設計的增建物，在入口處幾乎看不到。

決定性的一刻發生在全國大氣研究中心，一行人視察研究室之後，在週圍的岩石台地上與羅伯特博士野餐。「我們有一股衝動，」布朗回憶說：「想要坐到那些書桌上開始讀書。建物的型態具有正確的比例配置——有紀念意味但卻讓使用者感到自在。保羅·梅儂遺傳他父親的沉默寡言。他轉向我說道，『我印象深刻。』當時我就知道這個案子非貝聿銘莫屬了。」

布朗邀請貝氏到華盛頓與梅儂會面。梅儂在他白海芬街的家門口迎接他們，繞經幾個較爲正式的房間，一行人來到俯視花園法式落地窗前的一張圓桌，這也正是貝聿銘自己可能會選擇會客的地點。布朗說：「貝聿銘很好推銷，建築師與業主初見面即頗爲契合。他們兩人的父親都是銀行家，父子感情都不親密，兩個人都有點沉默。這種化學作用很快發揮出來，兩人相談甚歡。貝聿銘一定知道此時對他是個相當重要的一刻。」

面對最敏感的地點

梅儂選擇了貝聿銘，一九六八年的七月，董事們也表達了他們形式上的同意。是故，遵照安卓·梅儂在三十七年前的決定，以美國大機構慣有的保守風格來興建。

貝聿銘現在面對的是，恩芬特一七九一年都市計畫所留下最不規則的一塊地：一塊由賓州大道軸線與林蔭大道綠色縱向角尖所夾一九·五度角的梯形基地。這個難看的楔型只有三個正面而沒有背部，雖然難不倒貝聿銘；不過當遊客仰望國會的圓頂之後，這裏將是能夠看到林蔭大道的最後建築。由於相關地理位置在權力核心，它必須是個華麗堂皇的建築。布朗說：「我父親警告我，如果要在那裏蓋房子，別讓它中看不中用。」

▲

保羅・梅儂，卡特・布朗和貝聿銘一起檢視完工的中庭。

這座建築必須堂皇壯麗，同時需要謙遜。如果這個新插入的建築引起太多的注意，也不會是件好事。「我被它嚇壞了，」貝聿銘後來坦承說：「特別是因爲林蔭道充滿歷史傳統，對許多美國人而言是莊嚴神聖的。」

貝聿銘對助理說：「這裏或許是全美國最敏感的地點。」

若這些都不構成障礙，那麼貝聿銘還必須面對另一道問題，即如何優雅地將新建築溶入舊有的建築。「一開始的時候，貝聿銘認爲老藝廊看起來封閉且完整，我們實在不應該增建。」布朗說：「他很直觀，而且瞭解到保羅是在父親的陰影下長大。保羅要自己的建築物與父親的不同，但是，無論如何，它們仍然必須具有完整性。」

貝聿銘並非優秀的繪圖員，也不是個理論家，但是他有一種特殊才華，能在腦海裏把迷宮解開並重新組合。他可以引導人們詳細參觀實際上並不存在、甚至連紙上設計都没有的大樓。「如果你不能在心裏畫圖，就不能應付這些問題，」有一回貝聿銘有解釋說：「它們太複雜了，因此你必須訓練自己憑眼力判斷空間。兩條線就決定一個平面；當你有三條線時，便構成了空間。你得要看穿它。」

貝聿銘這項天賦使他可以理解客戶的需要，通常在當場就可以將之化爲三度空間的影像，這就像是在董事會議上釋放一顆氣球，引起衆人的仰望。「他能坐下來傾聽一羣人談論建築計畫，然後在一兩分鐘內歸納所有的基本概念，以解決客戶的難題，」建築師范仁說：「我想這就是貝聿銘能爭取到這麼多重要案件的原因。他走進博物館長之流所召集的會議裏，聽他們必須要說的事，然後說，『這就是你們需要的。』」

貝聿銘面對的挑戰是要「找出菁華」，有時他會在談話半途便分了心，臉上出現呆滯的神情。曾與貝聿銘同時參加陪審團的一位女士，有一次看見貝聿銘在空中畫著線，渾然忘了身處何地。這是一種間歇性發作，甚至痛苦的過程：「當我必須找出適合一棟大樓的設計時，便陷入天人交戰的境界。我深陷其中，無法思考其他事情。這種無法安眠，暴躁易怒，提出構想，復加以否決的過程或許只是幾小時，但也可能長達一個月。我幫不上任何忙，我太太也受到傷害。」

經過數週的內心掙扎之後，貝聿銘通常會畫出潦草的構圖，包含了概念的要旨。例如，他在和雷納德共進午餐時，用餐巾畫出伊弗森美術館的概念。

三角型的設計

對於國家藝廊東廂如此複雜的需求，貝聿銘的解決方案，是在獲選後不久飛回紐約的途中，用紅色原子筆隨便塗鴉幾筆所得來的。「我在一張信封後面畫了個梯型，」他說：「再畫條對角線分割出兩個三角型：一個做爲藝廊，另一個是研究中心。這便是開端。」

貝聿銘把繪圖的任務交給了兩名年輕有爲的手下，楊・魏摩玆（Yann Weymouth），當時他已娶了華盛頓郵報發行人凱瑟琳・葛拉漢的女兒。另一位是威廉・彼得森（William Peder-

▼

匯集林蔭道的賓州大道軸線端點

產生了一塊最不規則的土地。

sen），相當有才幹的明尼蘇達州人。貝聿銘在擔任義大利每年頒給一名年輕建築師的羅馬獎評審時，把此獎頒給了威廉．彼得森。貝聿銘在回美國之後，給了彼得森一次面談的機會，兩人交談甚爲投機，當秘書通知他馬上要跟國家藝文學會（National Institute of Arts and Letters）開會時，貝聿銘還揮手斥退她。他說：「哦，那個不重要。」隨後繼續與彼得森的討論。貝氏因而徵召了彼得森成爲他的精銳衛士，負責協助把他的線條化爲實體。

一如往常，貝聿銘把梯型分成兩個三角型的設計似乎不容爭議，仿佛就是唯一可行的方案。「貝氏甚至於不用去看基地模型，」彼得森回憶說：「他明確地知道自己要做什麼。他提供我們簡單的圖型，非常具有挑戰性。它的邏輯性似乎是無可置疑的……從那時開始，這項計畫開始有了生命。剩下來的事就是讓它成爲實體了。」

這項計畫的原創力在於，能與帕普的羅馬神廟式古典主義建築相呼應，而不必屈從於模仿一途。大三角型較長的一面成爲寬廣的入口，隔著四英畝的空地與老建築相對，門對門中間鋪著鵝卵石。新舊建築的相對應，凸顯出風格的改變與世代的隔離。它們以地下的大通道相互連接——猶如一對夫婦在桌子底下手牽著手。

貝聿銘把緊貼著林蔭的三角型做成一個楔型，尖端指向國會山莊，使得陌區的縱線更形特殊。他說：「這棟新的建築，不管它是什麼風格，都必須配合老建築的軸線，」他解釋說：「你看，這入口的軸線與帕普的建築實際上是排成一直線的。從這點延伸出它自己的生命。」

雖然東廂保持時下流行的古典秩序，但它卻是獨樹一格的——它像三棟鑽石形狀方的建築安插在三個角落，構成平滑的菱形建築羣，像是翻倒的桌面伸出三隻腳來。自向内退縮的入口進來，經一段狹窄的導覽空間，進入令人眼睛爲之一亮的中庭，高挑如歌德式的正廳，在階梯與天橋及設計者所稱羅蜜歐與茱麗葉包廂的烘托下，顯得相當生動。這座巍然的建物正是貝氏對帕普中央圓形建物的回應，它同時與高聳的維多利亞火車站、約翰·波特曼（John Portman）飛揚的飯店中庭、萊特的古根漢博物館（Guggenheim Museum）相互輝映，這裏正是貝家週末時流連忘返的地方。

不同於帕普爲了供人瞻仰古代大師作品所設計的橡木材鑲板房間，貝聿銘的東廂像是一種可以讓閒逛的民衆脈搏加速的消費者盛會。它是多層次操縱羣衆的高級設計，特大號的抽象藝術作品與參觀者分享空間。「這座建築必須設計得讓年輕人有興趣前來參觀，」貝聿銘說。否則它的功能就完全喪失了。他們只會在這裏呆上五分鐘，然後就轉往航太博物館去看火箭了。這是我們的問題：必須從大衆的角度去思考。」

具洞察力的鉛筆

貝聿銘的設計是一項大膽的創舉。他在建築歷史書籍裏找不到三角型的建築範例，也找不到做這種設計的好理由。傳統的直角空間通常會推進到一些明確的消點（vanishing point）——比如樓梯或是祭壇，三角型則有三個透視點。貝聿銘擔心多重消點會形成一種令人迷惑，如萬花筒般的空間，使每一個立面看起來都一模一樣。「貝聿銘對此很緊張，」布朗回憶說：「他從未設計過三角造型的建築物。三角型較寬的一面成爲水平空間，而較窄的一面則是垂直空間，這樣參觀者才會被引導到角落。貝聿銘說，在沒看到模型之前他沒辦法睡覺。他是我所認識的人之中捕捉視覺效果最接近完美的人，因此，我並不太擔心。」

此外，布朗發現未定案的透視畫法與二十世紀藝術頗爲吻合。「相對論正好與立體畫派同時誕生，」布朗寫道：「在當時，我們的世界具有同時性與多樣性，而我們並非從一個參考點來接觸這個世界，而是許許多多。」

三角型的空間很難予以視覺化，因此貝聿銘請來一位頗具天賦的繪圖家，名叫史蒂夫・奧里斯（Steve Oles），他是德州理工學院學生，在學校跟著還在教授令人質疑的藝術學院派繪圖的老師修習建築。在這件及其他許多的案子，奧里斯充當貝聿銘具有洞察力的鉛筆。每隔一到兩天，他便把小組研究結果畫成實際的透視圖，接著，讓研究小組做另一回合的潤飾。小組成員擠在透視圖前，直到有人提出新創意而其他人開始跟進。奧里斯說：「就像一羣魚一樣。」

卡特・布朗認爲，即使是最堅持的參觀者，在參觀四十五分鐘之後也會覺得腳痠，所以他給了貝聿銘一項特別的任務，要他設計出，他所喜愛的歐洲家屋式藝廊的親切感，以供普羅大衆欣賞體會。「大的藝品需要大的空間，」他說：「但是我認爲藝術品放置在它原先預備放置的地

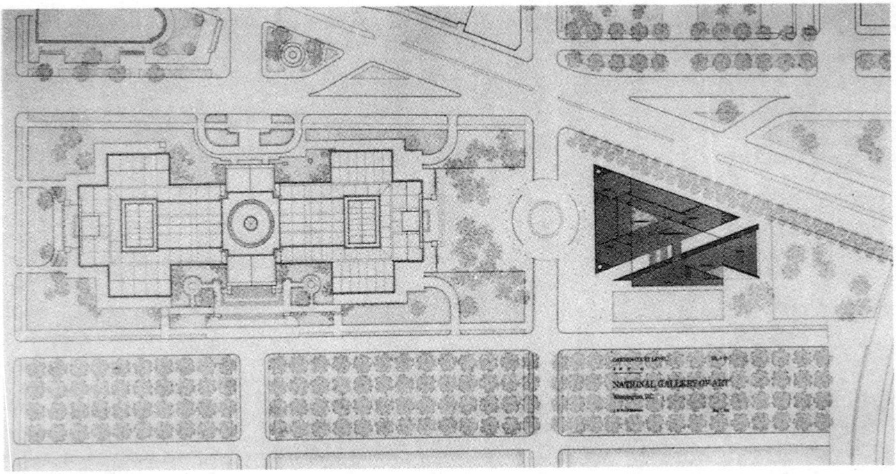

▲

貝聿銘設計一個楔形，以配合

林蔭大道形成的縱向三角尖。

「我在梯形畫出一條對角線，

便做出兩個三角形，」貝聿銘

說：「就是這樣開始的。」

▼

方，例如家中或教堂，看起來會最理想。」爲了證實他的觀點，布朗帶著貝聿銘展開三週的藝廊巡禮，從雅典到丹麥。「貝聿銘精力過人，」布朗回憶說：「他要看所有的東西，但絕不耽誤吃中飯的時間。」

最具有參考價值的藝廊是米蘭的波狄．培卓里（Poldi Pezzoli）之家。培卓里是十九世紀的收藏家，在小而精緻的房間裏，布置了文藝復興時期的畫作、瓷器、鐘表與黃銅作品。「卡特說，『如果我們的藝廊像這樣多好？』」貝聿銘回憶說：「當然它必須要比這個藝廊大上二十倍，我們不斷地來回這裏看看，是否有可能創造出一個大的藝廊，但是內部只有很小的空間。」貝聿銘的作法是，在三角型中庭的角落安插三個各自獨立的培卓里式展示室，而以天橋和包廂連接。這些以人性考量的藝廊，或謂之「豆莢」，空間不大，恰可提供參觀者能夠消化的展示品。在這之後，他們可以回到光線充足的中庭，休息或是準備再看別的東西。

四比二獲得通過

貝聿銘於一九六九年將整個計畫提給董事會之後，他回到圓頂建築的石椅上，手下的助理則在大理石地板上踱步。他們有緊張的理由：沒有任何跡象可以看出，門後的董事們會挑出什麼毛病，在梅儂著名的溫吞吞舉止之下，貝聿銘無從得知他們的反應爲何。幸運的是，貝聿銘有卡特・布朗這名支持者。經過了焦急的等待，布朗帶著滿面的笑容出現了：董事們完全贊同這項計畫。貝聿銘的部屬於是開拔到專欄作家約瑟夫・阿索普的家裏去慶祝，貝聿銘啜飲著香檳，興奮之餘，在一張黃色公文用便箋上畫出他的計畫。阿索普後來將這張紙寄給貝聿銘，並附上一句話；「紀念一個快樂的午后。」貝氏寄回這張圖，並寫著：「這個草圖明白顯示Dom Perignon酒的效力——多麼棒的美酒啊！」

跨越了第一道障礙，貝氏的計畫提交到藝術委員會。華府這個建築品味評議機構，在一九七〇年二月以四比二的票數通過此案。反對的兩票分別是埃羅・沙利南的遺孀愛蓮・沙利南，以及紐約時報藝術評論員兼該委員會主席威廉・華頓，他是貝聿銘在甘迺迪紀念圖書館糾紛之中的盟友。「這棟建築真美——强而有力，精緻細膩，富想像力，完美地結合了我一向欣賞你作品中的各項特質，」華頓寫信給貝聿銘解釋說：「我所擔心的是它的高度……話雖没錯，國家藝廊的圓頂及國家檔案大樓是較高，但是你的新建築之剪影卻完全不同。它的牆簷飾是個連續而强有力的線條，另外兩棟卻是斷斷續續的，由於型式的不同，會加深較它們低矮的印象。」

「我覺得你的新建築，」他繼續寫道：「蓋在一長排朝向國會山莊的建物當中，將成爲刺眼而獨斷的終點，從美學及政治的角度看，這個問題都會很棘手。」

「你對這座建築設計過高的批評，並未讓我覺得訝異，」貝聿銘回信說：「因爲從一開始我們就很關切這個問題，無論如何，最後的決定是經過一番深思熟慮的。」

許多華府人士看不出，這個迥異於他們所習慣的溫文新古典主義建物的非傳統設計有何優點。國會議員及其幕僚，對於國會山莊底下網球場這個開放空間的消失感到惋惜。甚至於藝廊的計畫顧問大衛・史考特（David Scott）也經常把車停下來看著這塊地，嘗試著想像它完成之後的樣子。「要想像出這座建築的優雅實在很難。」他坦承說。

若非艾達・路易士・哈克斯特伯這位建築界最具影響力的評論家大力讚賞他的計畫，貝聿銘可能要面對更多的公關難題。「爲了與一個不確定的過去達到不安的妥協，必須採用平庸的手法，造成華盛頓的建物不是最好就是最壞的鐵律將被新的東廂所打破。」一九七一年，這件設計案公開之後不久，她曾斷言：「進一步說，它會成爲有史以來最偉大的建築。」

▶ 東廂中庭。樓梯、天橋，以及羅密歐和茱麗葉陽台構成的生動中庭。

第10章 不朽的建築

經過了三年的籌畫，一九七一年五月六日中午，保羅·梅儂主持破土典禮。貝氏夫婦坐在威廉·曼恩（William Mann）後面一排的折疊椅上，曼恩是當地的包商，將負責這整個工程。「我轉頭對貝聿銘說，『你爲何不到台上去？』」，曼恩回憶說：「他說，『這是梅儂先生的日子，我的日子以後會來。』……貝聿銘把我介紹給他太太，並且說道，『他就是要讓我夢想成真的人』，他知道怎樣編派給人苦差事，你看，挺快的。」

建造貝氏不規則的幾何圖型是一項令人畏怯的挑戰，因爲此計畫在地面上皆無直角。這三角型已成爲一項創意的桎梏，一名評論家稱之爲「背運」的擴散。（譯註：背運取之於貝氏的諧音），甚至於影響到一些枝微末節，如柱子、天花板嵌板、洗手間瓷磚與樓梯等。門框與電梯都是安裝在斜線上。在紙上作業協調這些對角線已非常困難；要建造它們更需要針尖般的精確度。曼恩回憶說：「它造成木匠們相當程度的困擾，他們通常是使用做直角的工具，不是用做三角型的。因此，測量人員必須爲每一個人量出所有規格——所有的電工、工程人員，每一件事，因爲他們不知道該如何去做出三角型。」

「我覺得我必須想辦法來增進準確度，」他接著說：「你要如何讓受工會保障的工人積極起來？他做得好、做得壞都拿一樣的錢……這就是爲什麼我要帶他們去看模型，並指給他們看他們所做的部分，讓他們知道，參與這項工程足以令他們驕傲。模型放在藝廊外的一個房間裏。我記得外面牆壁上掛了幅畫，是一名倒臥地上的鬥牛士（馬奈的『鬥牛士之死』）。我告訴他們：「這就是工程完成時，專案經理的景況。」

開採石材

貝聿銘的工作小組完成設計之前，地基便已開挖。因此，工程計畫在施工期間不斷修改。必須始終領先施工人員一步的壓力，專案經理將之形容爲，「有點像戰場上的刺激」。

曼恩稱貝聿銘的計畫是「奇怪的紙張」，因爲「它們非常不完整，如果不和他先溝通，很難瞭解他想要做什麼……我們覺得一直在壓迫貝聿銘提供更多的資訊，我們得到資訊的速度不夠快！從他的觀點，他的設計非常複雜，非常地創新，因此需要多花時間。」

曼恩一週兩次到貝氏的辦公室去商討細節。「這些討論都顯得十分和諧，」曼恩說：「貝聿銘對他所提出的設計都會做出模型來，並且先與工程結構人員研究，看看是否有陷阱在裏面，好讓他做修正。當他在會議中提出計畫時，就已經做完份內的工作，這時他會問說，『你們能做嗎？』我則轉問工程結構人員，『你們能設計出來嗎？』若是他說可以，我就會說，『如果你們能設計，我們就能做出來。』」

一九三〇年代時，帕普把挑選玫瑰色大理石的工作委派給一名年輕的建築師名叫馬爾肯・萊斯（Malcolm Rice），他在監督傑佛遜紀念堂及其他的華府大工程時，對石材纖細的色調頗具慧眼。萊斯檢視開採自東田納西州山上的每一塊石板，並把它們分類指定位置，這樣從地面開始，色調不知不覺地逐漸向上變淡，直到頂端的淡粉紅色圓頂。他經過詳細分類後的色層不會出現破綻，而且讓人在潛意識裏產生堅固的感覺。

萊斯在退休三十五年之後重出江湖爲貝氏擔當此重任。現在的他已是七十高齡，滿頭濃密的銀髮，他重開荒廢的採石場，試著找出當年分類出來的二十一種色彩層次。他花了五年的時間不辭勞苦地把剩下的色調重新再分類，並指定每一片石材固定的位置。工人們運用一九三〇年代遺留下來的設備，把石材開採出來，然後再運到鋸石廠分割成像麵包一樣的石片，這些石片在往北方運送之前，萊斯都在上面做記號。

萊斯爲東廂開採的石材，在經濟大蕭條末期是一項非常沉重的開銷。一九七〇年通貨膨脹嚴重的時期，甚至連保羅・梅儂也很難負擔。貝聿銘採用變通的辦法，將三吋的大理石包覆在磚牆上。爲了强化堅固的印象，每一片精確切割的正方石片，整齊地嵌入預先設定好的位置，每塊石板之間只有八分之一吋的間隔，像是鏤花鋸出來的一樣。這些薄薄的蓋板，較隔壁西廂的沉重大理石片更容易熱脹冷縮，因此貝聿銘使用特別發展出來的合成橡膠接縫條，來填補間隙——由於貝聿銘採用巨大而平滑、非規格化的大理石片，卻沒有壁柱或線板來遮隱伸縮縫，因而出現這關鍵性的發明。在尖角外露的部分，即傳統的斜榫接點，由於容易顯示出大理石的薄弱，石片切割特別小心謹愼，同時仍然採用上述辦法來防止外露。

即使採用薄片大理石，整體使用下來仍然是一筆可觀的花費，因此貝聿銘把地板改用混凝土，中庭上方以長衍架跨越。混凝土被認爲是很粗俗的材質，易出現難看的裂縫與損壞。不過貝聿銘公司的工程人員早在基輔灣公寓大樓時期，就已解決了這個問題，他們經由一連串反覆的定位灌漿實驗，已有辦法把這種最麻煩的材料，做成像無污點的彫刻品型態一般。累積幾十年的經驗做出來的表面功夫，與相連接的大理石即使不太一致，在光澤上已然非常接近了。

重現東方風華

灌漿就像果凍一樣，能複製出模子裏的紋理；但任何污物也都會造成永遠的瑕疵。爲了這個理由，木匠們把幾千呎木紋乾淨的道格拉斯縱木磨砂、上油、磨亮，像是製作拼花地板一般地做成模板。對他們來說，這件精細的工作就像在做藝品，尤其是在平行木紋與斜榫角部分。大部分模板都是用完一次後就丟棄。

灌漿日子連飲水機都被搬走，以免有紙杯捲入。工人們要穿上防水布，弄乾淨他們的鞋子，並檢視模板裏是否有菸蒂與咖啡杯。接著，攪拌車開始灌漿，灌入模板裏的是白水泥混合著粉紅色細骨材，以及一定比例的大理石屑，俾以跟鄰接的大理石材產生相似的色澤與紋理。混合物開始變硬時，工人插入巨大的振動器，或是用木槌敲打模板邊緣，以逐出裏面的氣泡。等到光亮、豪華的粉紅色面板出現，大家才鬆一口氣。（十年之後，貝聿銘要求建造羅浮宮的包商做到東廂混凝土的品質，法國工頭還組成代表團到華府檢視這些手工。）

經過了半年的焊補，貝聿銘覺得原先設計的沉重天花嵌板，配合幾乎沒有窗子、直立壁再加上沉重橫楣的建築，會造成幽閉的效果。於是他以一面巨大的天窗來代替——「把一堆小天窗扔進天空」——面積超過三分之一英畝。這項設計不僅巨大，也非常之複雜；幾百面形狀不等的小天窗，構成二十五個相互連結的四面體，高懸在距離地板七十呎處。而空間構架本身就是一件重要的計畫案，建築師與工程人員需要幾個月的時間來磋商。鑲玻璃的天窗植入了除熱線，能夠融化最厚的積雪；由合成橡膠製成的小排水道，將雨水排入隱藏在牆壁裏的排水溝。

爲了防止紫外線損壞藝品，貝聿銘發明了一種鋁管百葉遮光屏。不像一般的平板玻璃，它能夠持續引進柔和、無差異的光影。現在，發散的陽光從上方灑在粉紅色牆壁上，在盆栽樹頂閃爍著，讓中庭成爲隔鄰林蔭道區的延續。「把花園帶進室內，」貝聿銘說：「正是典型的東方傳統。」

一扇較小的天窗可藉由對比强化光庭的巨大。貝聿銘反其道而行，用較大比例的天窗蓋在頂上，使大空間似乎變小了。「要讓天窗看起來毫不費力地存在這幾何圖型上，猶如天生就嵌在那裏，這是一個問題。」彼得森說：「空間的沈重感會使人退卻。但天窗讓它明亮起來，同時把注意力轉移到四棵綠樹上去。這幾棵移種室內的綠樹不僅使室內感覺暖和，它們還扮演著聖彼得大教堂祭壇上方天蓋的角色：在一個較大的空間裏提供親切感。」

三角型的腦袋瓜子

在建築的最底部同樣也有即興的設計。機器在挖掘東西廂連接的通道時，必須穿越西廂的基樁羣，以及連結到西廂大廳，埋在第四街底下，包括有三十呎的自來水總管、電話電纜與三萬三千伏特電線的管線。

這條大通道是兩層樓設計，裏面有禮堂、演講廳、裝卸貨區、倉庫、自助餐廳與禮品店、停車場等，它深埋在國會山莊腳下泰伯溪所形成的一灘沼澤底下。事實上，因爲地下水水位甚高且岩盤太深，貝聿銘不得不採取筏式基礎設計，使得整個東廂藝廊像是個不漏水的大船，以四十呎的鋼纜來固定，防止春雨來時會漂動。

由於土質太濕，地基無法挖太深，這條通道變成很低矮的一條隧道。貝聿銘原本計畫以循環反射池水的方式開天窗使其明亮。這個設計半途而廢後，他開始構思替代方案，直到一九七四年，一名初級設計師伍德森·淵尼提出建議，採用七個玻璃金字塔自廣場插入通道，並自斜面製造瀑布流到自助餐廳下面。（十年之後，當巴黎人攻擊貝聿銘在羅浮宮前蓋的金字塔時，魏摩茲向淵尼開玩笑說：「看看你惹了什麼禍？」）

貝聿銘費盡苦心想讓這整個精巧的工程看起來很簡單。例如，新鮮空氣不著痕跡地灌入牆面與天窗之間，然後自埋在階梯緣木下面的導管排出。四棵綠樹都有大理石裝飾圍邊，而且擁有單獨的灑水與排水系統。拉開接待桌的桌面，會有閉路電視攝影機像潛望鏡一樣地升起，在參觀時間過了以後監看是否有入侵者。

「這是密斯的風格嗎？」年輕的設計家要求事事都創新，並師法曾說過著名格言「上帝就在於細部裏」的密斯。要成爲密斯派，就是追求將純粹幾何的優雅規則減低到最佳的程度。貝聿銘建造這建物的基礎角度呈一九．五度角，即形成很難順從的强制性，有些鑽石形的支柱穿過辦公室的中間，造成很大的不便。布朗開玩笑地向貝聿銘說：「你希望我雇用有著三角型腦袋瓜子的管理人員，來搭配三角型的辦公室嗎？」

布朗要求貝聿銘，不要「爲了一種沒人看得懂的型式而折磨自己」。但是對貝聿銘來說，正確地使用幾何學圖型並一以貫之，是一種道德責任。「建築必須要誠實，」他說：「像個朋友。」

「設計組永遠有新鮮點子出爐，」專案顧問大衛．史考特這樣說著：「造成整個工程落後了六個月。」結果，到了一九七三年只完工百分之三十，迫使董事會將開幕時間的一九七五年延到一九七六年，之後再延到一九七八年。布朗在藝廊年度報告裏寫道：「如果戴蒙．朗楊（Damon Runyon）認爲觀賞美國盃遊艇賽就如同看雜草生長，那麼他就永遠無法忍受日復一日地觀看像國家藝廊如此複雜，看起來似乎永不改變的方案。這座以恩芬特十八世紀都市計畫的幾何圖型爲概念，採用立體互鎖空間的新建築設計，漸開始與造型、結構和管線等齊頭並進，逐漸成型，全然是肯丁斯基（Kandinsky）的邏輯。」

預算炸彈開花

儘管發生布朗稱爲「惡魔般聰明」的連續性罷工行動，建築工程仍持續進行，七年的工期也不過受到數週的影響而已。一九七五年時工程幾乎全部停頓，原因是工人的合約期滿了，先是防水工、水泥攪拌工、機械操作員、測量員、油漆工、建築工人、水泥攪拌車司機等全部丟下工作，接著是石匠、砌磚工人以及大理石鑲嵌工。這次的罷工事件、資材價格上揚以及好大喜功的密斯作風，造成財務危機，而工程仍有三分之一尚未完成。梅儂算是美國數一數二的有錢人，如果不是因爲建築費用狂漲，他很可能會吸收全部的巨額超支。單單是一九七四年，建築費用即上揚了百分之十四，而自一九七一年梅儂破土以來，此項費用已經上漲了百分之四十。

得採取一些對策才行。一九七四年梅儂雇用赫黎・歐芬巴克（Hurley Offenbacher）來收拾爛攤子，這位建築經理只花三年便蓋完對面陌區的航太博物館。歐芬巴克到任後發現東廂工程嚴重脫軌。開工三年之後，既沒有進度表，也沒有相關的預算。「最初的估計建立在太多的未知數上面，」曼恩解釋說：「有太多的項目都是只說句話就算數，『你出價並且把它做出來，我們就付錢。』」

歐芬巴克提出一項根據自己估算、未載明分類項目的新預算。「我等著炸彈開花，」他說：「因爲它較預期的多出了二千到三千萬美元，但是他們很平靜地接受了——比我還要平靜。」然而，歐芬巴克的估價迫使董事會要求貝聿銘協助撙節開支。他不得不到處做一點更動：譬如，在大通道裏磨石子地板取代了大理石；研究中心的不鏽鋼櫥窗換成彩繪鋁框。直到當時，貝聿銘每年依建築費用按比例領報酬，這種安排理論上是爲了避免建築師不肯費心多做設計。此時，他勉强地接受改領固定酬勞。

董事史托達德·史蒂芬對這些馬馬虎虎的節約措施仍覺不滿意，他是名幹練的華爾街律師，同時是兩代梅儂家的精明財務監督人。除了省點小錢之外，他還要求把研究中心工程展延，直到知道還剩下多少錢再恢復建造。梅儂不動聲色地把他財務顧問的建議打了回票，並且繼續貝聿銘原先設計好的版本。他的理論是，物價飛漲會使日後的研究中心工程開支增加三到四倍。「我們度過了轉捩點，」布朗回憶說：「貝聿銘說，『讓我們好好地做，這件作品是要永垂不朽的。』」因此，梅儂說服家族基金再提供數百萬美元。

九千九百四十萬美元的造價，使得東廂成爲國家藝廊當時最昂貴的收藏品，並且是全美最昂貴的公共建築之一。以每呎來計算，它也是華府單位造價最貴的建物了。隔著林蔭道的赫許角大廈（Hirshhorn）造價僅一千六百萬美元。連航太博物館也只花了三千四百萬美元，新的聯邦調查局大樓雖說造價達到一億二千九百萬美元，不過它比東廂大了四倍。「請了貝聿銘」，跟著來的就是不可避免的笑話，「得付錢再付錢」。（譯註：付錢pay與貝pei同音）

「九千五百萬美元似乎是一大筆錢，」梅儂承認：「但畢竟我們不是在建造二十年後就會拆毀的避暑旅館或是高聳的辦公大樓，我們建造的是美術館，有可能它會永遠存在。」

世紀的美學犯罪

是故計畫維持原狀，但公衆輿論開始批評其造價過於昂貴。這棟建築勢必得感動人心，才能證明這筆錢花得有代價（即便錢是來自梅儂私囊），而到目前爲止，沒有人能說出到底鷹架裏面有什麼。「在七年的工期當中，許多人對東廂感到疑慮，」華盛頓郵報評論家艾克卡德這樣寫著：「看起來相當靈巧的紙版模型變成畸型的比例，建築師貝氏光耀奪目的幾何圖型是否已讓我們盲目?……在明亮的光線底下，有時這座巨大、結實的粉紅色田納西大理石彫塑看起來頗嚇人。它是如此地抽象、異形，和這條大道上大衆熟悉的廟堂毫不相干，並且對後面美麗莊嚴的國會山莊構成一種侮辱。」

一名華盛頓郵報的讀者在看過關於東廂設計的報導後，預測它將被證實是「史上最醜陋的建築」；巴黎花梢的新龐畢度中心館長龐度斯．哈登（Pontus Hulten）說它「太過優雅」；華盛頓月刊的評論家查爾斯・彼得斯（Charles Peters）說它是「本世紀的美學罪犯。」「在過去三年裏，我們這些日復一日看著它升高的人，都有一定程度的懷疑，」新共和雜誌寫道。「當它建造到一半的時候，看起來太沉重、矮胖，幾乎是一種公然的侮辱。」

一九七七年四月二十六日，貝聿銘的同事送他六十歲生日蛋糕，蛋糕與東廂造型一樣是三角型。這是個中肯的表示，因爲貝聿銘仍然堅信他的幾何造型終將流行。「貝聿銘不斷地說，『它就像個戴著齒箍的十六歲少女，等著看鷹架拿掉吧。』」布朗回憶說。

一點沒錯，當貝氏的飛揚楔型主體在賓州大道與林蔭道之間完成之後，這些雜音變成逐漸升高的期待心理，畏懼的情結開始放鬆。一九七六年五月，開始啓用電話總機，接著是自助餐二廳，在美國建國兩百週年國慶日時，負責招待了三萬零五百名客人。到了年底，外牆做到尾頂。次年二月，工人開始清理場地，讓這座建築粉紅色外牆與刀鋒般的銳角首度面對世人。此時，圖書館人員把三十萬本書與一百萬張照片完成分類裝箱，準備「搬家行動」。

東廂終於像座完工的建築物了，但是在藝品抵達之前，它還不能算是藝廊。這種蛻變的時刻對貝聿銘來說致關重要，因爲藝術品，尤其是預備永久展覽的戰後抽象藝術，是他心中的摯愛。除了強生以外，沒有任何現代建築師比貝聿銘更投入視覺藝術的開創。

幾乎每個週末，他和艾琳都流連在紐約各個藝廊間。當貝聿銘不在家或忙得無暇可去時，她便一個人去逛，然後報告她看了些什麼。這些年來，他們和李奧・凱斯特利（Leo Castelli）和阿尼・格林徹（Arne Glimcher）等藝廊主人，以及李皮奇茲、路易斯・納爾遜、艾爾・賀德和野口勇（Isamu Noguchi）等藝術家都已培養出友誼。巴奈特・紐曼（Barnett Newman）的遺孀雅娜莉，據説就像是貝家四個小孩的祖母一樣。

早在每一個毫不迷人的企業廣場擺設這些非有不可的抽象雕塑之前，貝聿銘便已在他的建築旁安置摩爾、柯爾德和畢卡索的作品。貝聿銘這種衝動絕不膚淺草率；他認爲抽象雕塑足以豐富大型現代建築，這是造形雕塑無法辦到的：「現代建築的規模非常龐大，羅丹（Rodin）傳統的雕塑絕無法滿足。以羅丹的雕塑『嘉萊的市民』爲例。你無法把它放大三或四倍。那看起來太怪誕了，人形的體積有極限存在。即使連米開朗基羅的「大衛」半身像，放在佛羅倫斯的西諾里亞廣場（Piazza della Signoria）上都顯得不雅，甚至古怪……惟有抽象才可能做成很龐大的體積，儘管它的靈感可能是源自人形或是大象的骨架，例如摩爾的作品。」

貝聿銘認爲建築需要藝術。畢竟，他們向來和諧相處。貝聿銘可能也有意無意地覺得抽象雕塑可以平衡他自己幾何的嚴肅感。無論如何，貝聿銘很自然地和布朗一起挑選現代藝術大師的數十件大型作品，爲東廂廣闊的石頭空間增添趣味。

嚴肅的幾何

一九七七年十一月，當建築工人把內部鷹架拆除之後，二十只裝滿柯爾德巨型活動雕塑的木箱子運來了。一九七二年四月看過東廂模型後，柯爾德指著入口處後面不遠的地方說，「我想在這裏擺點東西。」只花了一個晚上的時間，他便完成了精巧的線條雛型。這件活動雕塑將懸掛在他所指定的位置，它是柯爾德同類作品之中最大的一件，有三層樓高、七十六呎寬。

但是當布朗、貝聿銘與顧問大衛・史考特前往工廠參觀時，工人正忙著在鋼管上做配件，他們發現它重達五千磅，因此將無法讓它因館內氣流帶動而旋轉。貝聿銘說：「我非常地失望，它看起來重得足以支撐這整座建築了。」一名紀錄片攝影人員跟來拍攝整個過程，原本應該是捕捉到快樂的畫面，卻變成了憂慮的眼神與竊竊私語。

他們決定把這件作品由工廠運出，轉到卡特・布朗念哈佛大學時的室友保羅・馬諦斯（Paul Matisse）那兒，他是藝術名家亨利・馬諦斯的孫子，不但家學淵源且本身也已成爲藝術家。他以蜂窩鋁片取代鋼管，使整件作品的重量降到九百八十磅。一九七六年的十一月，柯爾德同意了馬諦斯的作法。當時是在午餐過後，他向大衛・史考特慢慢地使了個眼色，然後微笑著表示同意。八天之後，柯爾德死於心臟病，留下他最後也是最巨大的作品讓馬諦斯安裝。馬諦斯按照一本十九頁的手寫筆記本，花了將近一天的時間，把二十只大木箱放置在精確的位置上，照相師與攝影人員圍繞在他旁邊，忙著記錄這整個過程。傍晚時分，馬諦斯開始指揮工人，他們自天窗上的開孔升起這件活動彫塑，並且調整空氣管讓它的金屬片轉動起來。貝聿銘說：「這裏若是沒有這玩意，真不知該怎麼辦。」

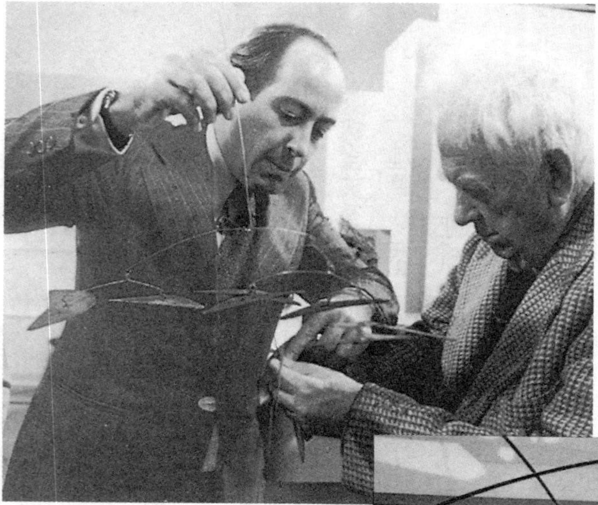

◀

保羅・馬諦斯（左）和柯爾德。

▶

裝設柯爾德活動雕塑的情形，攝於1977年11月18日。「我無法想像這個空間沒有它會是何種模樣。」貝聿銘說。

◀

亨利・摩爾和貝聿銘討論這位雕塑家的一件臥像作品。

幾天之後，研究中心門口出現了一座平台，不時有火花自上面冒出。原來是英國雕塑家安東尼·卡羅（Anthony Caro）在監督焊接工把直或彎的鋼條焊接起來。大衛·史考特說：「卡羅像個交響樂團指揮般地指揮工作，」「他站在夾層，試著調整雕塑品的位置，把這件移到這裏，把那件移到那裏……有一度他舉起手臂大叫：『全部拆下來』。」卡羅十天後完成，剛好趕在開幕之前。

焊接時的火花飛濺，非常靠近米羅（Joan Miró）重達一噸的耀眼繡帷作品。貝聿銘採用這件作品掛在南面牆上，羊毛組織質地與牆壁的高大、荒涼形成對比。野口勇十二呎高的日本玄武岩方尖塔，名爲「內在追尋的巨岩」之作品，彷彿是站在三角型建築頂端的守衛者，藝廊裏陳列著其他永久展示的作品，出自尚·阿普（Jean Arp）·馬特威爾，羅塞提（James Rosati）和大衛·史密斯（David Smith）。

對稱的刀刃

貝聿銘對於尚·杜巴費（Jean Dubuffet）的作品特別有好感，他轉動、扭曲的雕塑品易使冰冷的幾何圖型達到平衡效果。他說服布朗去找他在藝術界的競爭對手，提出作品擺在入口旁前亭的壁龕裏。杜巴費留著整齊短髮、舉止合度、風度瀟灑人士，他從巴黎來看東廂的硬紙皮模型。「他看了又看，」貝聿銘說：「然後揉皺一團紙放在前面，再次端詳並測量大小，說道，

『好了。』然後就走了。」

幾個月之後，貝聿銘與布朗前往巴黎杜巴費的工作室，檢視六件奇特的怪誕藝術人型作品，它們站在藝廊入口實體模型旁比手畫腳。這件名爲「迎賓行列」的作品震撼了貝聿銘的心，在神聖的大理石圍繞之下，它形成了巧妙的對照。「華府太沉穩了，尤其是在當時，」貝聿銘說：「這座建築同樣太過緊張，因爲它必須成爲華盛頓的一部分。我想如果能有點柔和的東西，好比……像是馬戲團『來喲，全部請進！』」

布朗卻沒有貝氏那麼熱中。部分原因是他要在董事會及主宰基金的代表前面，維持藝廊的嚴肅形象。「杜巴費的作品有點酸腐味，」他說：「一座宏偉的國家建築物入口，需要感覺振奮的東西，而不是笑謔的玩意。在這個地點它將呈現出錯誤的律動。」董事會也認爲杜巴費太唐突，在一次秘密會議他們否決了這件作品。「迎賓行列」就此停擺，但它的初步模型在東廂南邊牆外的池塘裏站了好幾年。

到了七〇年代末期，似乎全美國每個文化性機構的門口，都擺著亨利・摩爾（Henry Moore）的雕塑。貝聿銘爲避免這種陳腔濫調，把摩爾的作品「紡錠」放到東廂靠賓州大道的這一邊。摩爾偕同女兒、紐約時報藝評家約翰・羅素和邦沙夫特前來檢視這個位置時，貝聿銘剛好到維吉尼亞大學領取尊貴的傑弗遜紀念獎。「這裏曬不到太陽，」摩爾向陪同的貝聿銘同事湯瑪斯・史密特抱怨說：「任何雕塑品都需要陽光。」因此，摩爾的女兒建議大家走到前面去看看。

「不，我的作品要擺在這裏，」摩爾說。當晚，貝聿銘正在維吉尼亞大學參加一項慶祝他獲獎而舉辦的晚宴時，史密特打電話通知他摩爾的反應。貝聿銘說：「老實講，我們正在找放在入口前面的藝術品。」貝聿銘在看完摩爾作品目錄之後，詢問摩爾是否願意做出「兩面刀刃」這件作品的放大版本，這件作品是放置在倫敦議會附近的一座公園裏。「有何不可！」摩爾說。「讓我們來看看。」

紀律中的自由

這座放大的版本有十五噸重，名爲「對稱的刀刃」，是摩爾最大件的作品。它以黃銅鑄製，刀刃較小的一半放在有聚苯乙烯的木箱裏，平安無事地運來。而凸起較大的另一半，必須在週日早晨人車稀少時，以卡車運送到碼頭。然而到達南安普敦的時候，剛好遇到碼頭罷工事件，造成所有船運停頓，卡車改開到利物浦，路上敲掉了一些街燈與交通號誌，才得以到達利物浦送上開往巴爾的摩的輪船。

工人們忙著把這件二七九九八磅的雕塑裝到藍色起重機的束帶上，等候摩爾的到來，這時有輛計程車駛來，貝聿銘上前擁抱乘客。攝影師一擁而上，以爲摩爾到了。結果來的是鋼琴家拜倫・加尼斯（Byron Janis）與他太太瑪麗亞（美國著名男影星賈利・古柏的女兒），貝聿銘請他們來測試東廂的音響效果。就在此時，一名捲起袖子的壯漢柱著拐杖越過廣場而來。「歡迎你，亨利！」貝聿銘說。

摩爾叮囑起重機操作員幾句，然後走進大廳。金尼斯正以包德溫牌小型鋼琴彈奏莫梭格斯基的曲子《展覽會景象》（Pictures at an Exhibition），貝聿銘則走到各處傾聽效果。「聿銘，我認爲你建造了一座音樂廳。」加尼斯說。

「如果真是這樣，那只是僥倖，」貝聿銘說：「可能是因爲沒有平行的牆壁讓聲音來回地反射。」

「我認爲這座建築稱的上是標準的彈性速度（rubato；譯註：依音符長度酌量增減速度）。」加尼斯說：「它是個音樂術語，如果你有四拍，前兩拍快一點，後兩拍慢一點，但是卻以同樣時間結束，這就是彈性速度。」

貝聿銘打岔說：「它表示存在紀律裏的自由。」

此時摩爾已測量出入口處要擺放雕塑的準確位置，當起重機操作員吊起這件巨大的作品時，摩爾揮舞著手杖，神色頗爲緊張。次日，他們重複同樣的動作，把較小的另一半安裝起來。

這些受委託的藝術家，和貝聿銘一樣，都是聲譽卓越、地位崇高且所費不貲。儘管他們代表對過去政策的告別，他們的到來也不是無聲無息的。首席法官也是藝廊董事會主席的華倫・柏格（Warren Burger）回憶起他對雷伯曼（Alexander Lieberman）的作品「大衛」的觀感：

每天早上我去法院途中，都會叫司機開慢一點，好讓我看看這建築的進度如何。當完工以後，我注意到在賓州大道這一側出現了某種抽象藝術品。我寫了封信給保羅・梅儂說：「親愛的保羅，我知道這座建築快要完成開放給大衆了。也許你沒注意到，在建物的側邊我每天早上經過都會看到，包商留了一排冷氣孔，在完工之前我們應該把它們除掉。」

我當然知道那些不是冷氣孔，那是抽象的人們硬是施加在大衆身上的所謂藝術……保羅寫信給我說，如果我能知道這件抽象雕塑品的捐贈者，爲藝廊所付出的一切，以及他願在未來持續這麼做，我就不會對這件事如此地咄咄逼人了！

建築界的哈利路亞

整個華府都在翹首期待著。東廂成爲「風尚」和「史密森博物館」兩家雜誌的封面，華盛頓郵報週日增刊專版介紹，吹噓說新建的藝廊將使華府成爲「波多馬克河畔的雅典」。

預期的心理讓早先持懷疑態度的人士開始動搖，包括艾克卡德在內。他在距開幕不到一個月的時間裏，改變原先保守的看法，發表文章吹捧。「貝聿銘是建築界的哈利路亞，」他寫道：「讓我想到歡愉的巴伐利亞巴洛克教堂白色與金色的圓頂正廳，在陽光之下，燕子鳴轉飛翔。就是這種召喚……我猜想，未若於大部分的現代建築，貝聿銘的東廂將一砲而紅，就像威爾第的歌劇一樣。」

紐約時報藝評希爾頓·克拉馬（Hilton Kramer）表達了一致的看法：「進入東廂宏偉的大廳之後，讓人對它所象徵的文化與文明產生很大的信心。這是個令人驚異的經驗，而且我認爲，除了那些冥頑不靈的懷疑者之外，它能讓所有人的心靈感到滿足、愉快，並維持一段很長的時間。」

五月三十日晚間，保羅·梅儂偕妻子邦妮站在鋪滿地毯的中庭，歡迎兩百名賓客，包括有藝術家、收藏家、地方名流等。這項正式晚宴揭開了開幕前三天慶祝活動的序幕，來賓可謂名人雲集，有馬特威爾、狄庫寧、海倫·法蘭肯柴勒（Helen Frankenthaler）、貝蒂·派生斯（Betty Parsons）、凱瑟琳·葛拉漢、約瑟夫·阿索普、卜洛克之遺孀，以及巴奈特·紐曼、華特·安寧柏格（Walter Annenberg）、阿曼德·漢默（Armand Hammer）、賈桂琳·歐納西斯，當然，還有貝聿銘夫婦，他們不斷接受賀客的道喜。當時，防風燈與蠟燭投影在大理石壁上，戴著白手套的侍者穿梭在二十五桌的賓客之間，供應香檳與大淺盤的餡餅、牛肉片。這二十五桌排列成兩個大三角型——就像這座建築，其間並點綴著柯爾德的小型雕塑。貝聿銘坐在賈姬與邦妮·梅儂之間，笑得像個小男孩。

「貝聿銘也是這些展出作品的大師之一，」梅儂在餐後致詞說：「此時各位正坐在他歷史性的雕塑之中——這真是一件現代化的藝術作品。」之後，貝聿銘自座位上站起來，向大家介紹一位神秘嘉賓——班尼・古德曼，這是邦妮為了讓丈夫驚喜，而刻意安排的來賓。這位著名的演奏家對爵士樂的熱愛不亞於對種馬和繪畫的興趣，在介紹之後便和他的樂團開始演奏舞曲。

此時，貝聿銘已成為名人。次日，他到研究中心四樓與一百五十名的管理人員和收票員共進簡餐。然後下到夾層迎接第一夫人羅莎琳・卡特（Rosalynn Carter），她在這裏舉行茶會招待來訪的北約組織領袖夫人們。當晚，他參加了一項為開幕展而舉行的宴會，開幕展名為「德瑞斯頓之美」（譯註：德瑞斯頓為德國地名），將展出八百件借自東德的珍稀瓷器、甲冑與畫作。這正是布朗為東廂所構想的宣傳秀：是巧妙地向紐約大都會美術館學來的招式；經由具有外交敏感意味的借物，達到社會與政治性的連結。

偉大的開幕

這一切令人興奮的準備活動，賦予開幕日當天盛會般的氣氛。一九七八年六月一日，一一九七八名羣衆站滿了廣場，二千五百名來賓坐在折疊椅上，以節目單當扇子揮舞，海軍陸戰隊樂隊正演奏著低音進行曲。梅儂以他在三十七年前對西廂所作的獻詞，結束了他簡短的致詞：「這座建築是許多人的心血，為了提供全美國人最好的，我們很快樂地將它交給你，總統先生……永遠獻給美國人民使用及享受。」

◀ 裝設亨利・摩爾「對稱的刀刃」的情景。左至右：卡特・布朗、盧艾琳、亨利・摩爾、貝聿銘。

▼ 啓用典禮日。自左到右：卡特・布朗、保羅・梅儂、邦妮・梅儂、卡特總統、瓊安・孟岱爾、貝聿銘。

卡特總統蒞臨剪綵並在簽名簿上留名，成爲第一名正式的官方訪客。他停下腳步欣賞柯爾德的旋轉作品之後，逛了約二十分鐘。「第一印象很重要，」貝聿銘告訴他：「它們能讓參觀者感到愉快，下次就還會再來。」

卡特總統簡單巡視一番以後，警衛打開大門，等待的人羣像潮水一樣地湧進。「似乎是在刹那間，人們擠進內院開始上到不同樓層，尋找所有的菁華，體驗這大空間，以及品味藝術傑作。」布朗說：「看到人們這麼喜歡，實在是太好了，因爲原先我們不知道他們的反應會是什麼。」

很少有建築如此受到歡迎。它的開幕猶如發射火箭與總統就職般，已成爲國家大事，人們成羣結隊地前來參觀，在奇特的空間誘導之下達到最佳的參觀效果。開幕的前七週，超過一百萬人次穿越其低矮的門廳，觀看紅黑色的卡爾德活動雕塑在空中旋轉、反射著流瀉的日光。貝聿銘巧妙的設計，把人們拉進來並引入樓梯或電梯，經過羅蜜歐與茱麗葉陽台，在藝廊裏四處觀看。

當現代主義變成一個骯髒的名詞之際，東廂卻能取悅大衆。警衛報告說，到了休館時間還有很多人不肯離去。人們排隊等著撫摸入口右邊被稱爲「尖端」的十一度大理石尖角，這已然成爲一種進館參觀的儀式。數十載不快樂地忍受單調的樓房之後，大衆歡欣地慶祝有著奇特造型的華麗公共建築。菲利浦·强生有著如下的解釋：

> 當我們迴避前人所運用的裝飾創意——尖塔、拱門等諸如此類，以致建築外觀變得貧乏，我們已找到其他的表達模式。由於巴特農神殿與巨石林等古建築的門楣限制，今日都已不復存在，我們可以任意地包裹、雕刻、遮蓋建物。一個了不起的範例出現了：具有絕妙雕琢與不穩定滑角的貝聿銘國家藝廊增建物——堂皇、詼諧而抽象的雕塑。

這座建物安然地躲在建築界前衛思想背後，領受著評論界一波令人訝異的誇讚與歌頌浪潮。不似新完成的龐貝度中心與耶魯英國藝品中心，東廂故意不要那麼前衛。「它並未開創新天地，」哈克斯特伯說：「它的手法爲固有的優異效果。」它的魅力來自於已臻成熟的貝氏把幾何圖型引領成爲尖銳的焦點：它很沉重，但比例雅優，同時謹慎地運用豐沛的資金所能達到奢華的效果。結果是呈現出冰冷、甚至有點難以接近的優雅，而在其具有儀式性、强而有力的寬廣樓梯部分，更是帶有貝氏早期受自藝術學院派俗麗訓練的味道。運用具人性觀的現代主義，貝氏爲未來十年畫出穩定進展的藍圖，評論家將之褒爲六〇年代與七〇年代喧鬧與混淆之後的過渡時期。

在一篇題爲「林蔭大道上的傑作」專文裏，時代週刊評論家羅伯特·休斯寫道：「貝聿銘創造了一項傑作，雖然傑作一詞有點陳腔濫調，不過在此仍不可避免地要用到。這座建築出自高度解析的思維，精巧地與其地理位置、週邊建物相調和，毫不誇大地營造出宏偉的場所，它讓工藝的概念再現，與尋常的構造大不相同，因爲缺少了這種工藝概念，大型建物無法存在。」

在多變的建築國度裏，受歡迎是要付出代價的「由於其成就及作品受人矚目，貝聿銘自然成爲標靶。」强生說：「你無法成爲受人尊敬的資深公民，而不被攻擊。」

大理石砂糖

的確，各方褒獎並未持續很久。到了秋天，一羣好戰的評論家打破了東廂勝利的陶醉狀態，他們質疑東廂做爲美術館的實質優點何在。他們說，人潮並不表示成功，正如票房多寡不能證明電影的好壞。就好比一座壯觀的舞台會分散觀衆對表演的注意力，貝氏所營造的快樂氣氛，被指爲不尊敬藝術。「經歷過這個空間的刺激之後，」保羅．高柏格說：「那棟建築已給了我們全部，而藝術本身卻被擠到角落去。」

抨擊人士同時詆毀貝氏提供容易產生飽足感的建物——大理石砂糖。他們說，貝氏以其對藝術大衆化的狂熱，把行家的聖地變成了消費場所。他的東廂藝廊被形容爲「時髦的郊區購物中心」、「超級豪華的過境大廳」以及「一組在找尋建築物的平面和體積」。「建築評論」稱之爲「一座藝術航站大廈；當你到達中庭時，你的行李卻沒有在輸送帶上。然而事實上，不管信或不信，你並不是在機場或是購物中心，而是身處在一個應該是要用來沈思藝術作品的空間。」

如同古根漢美術館和龐畢度中心，東廂也被指爲耽溺於不必要的戲劇性。「五十年後人們對這座建築會作何感想？」建築師保羅·魯道夫問道：「它是不是太像一座機場了？傳統建築的空間動線非常清晰。以歌德式教堂爲例，它會引導人們走向聖壇。在這件設計案中，雖有很多動線，但是它能引導人們走向任何凝聚的地方嗎？」

一九三九年現代美術館開啓了中性與謙讓的藝術展示空間。「四十年後，」建築師兼評論家維特歐德·瑞伯辛斯基（Witold Rybczynski）說：「貝聿銘讓藝術世界淪爲背景，把中心舞台讓給了一個有巨大玻璃天窗與鋸齒狀電梯的怪異三角型中庭。東廂成爲首都最受歡迎的觀光點之一絕非偶然。美術館現在成爲必要之物，而非純美學：爲了生存，他們必須吸引愈來愈多的觀光客，閃耀的建築將成爲著眼點之一。」

最尖酸刻薄的批評出自理查·亨尼西（Richard Hennessy），他在「藝術論壇」（Artforum）裏發表一篇文章描述東廂「嚇人的鬼屋氣氛」及「非常俗氣不正經」。

貝聿銘在哈佛讀書時，哈拿特院長形容老舊發霉的西廂是「羅馬帝國的遺跡」。但是現在古典風潮捲土重來，輿論像鐘擺一樣轉而傾向它。評論者問道，爲何貝氏没在學校學到更多？没有人比整件計畫的發軔者藝廊館長約翰·華克更不高興的了。身爲老式館長，他悲嘆於粗俗地迎合觀光客需求，以及露骨地背叛了美術館最神聖信託的學術良知。「當我走筆至此，」他在回憶錄最後一頁坦承：「捶胸頓足地說，『是我不好，是我不好，都是我不好。』因爲是我建議增建國家藝廊。但是美術館長都是積習難改的，一旦他們開始花別人的錢，就不會輕易住手的。」

貝聿銘坐在獅子林。他的同伴只能在他溫和舉止下猜測其起伏的情緒。

▼

第11章 辯護

正當貝聿銘傾全力於東廂之上時，建築界經歷了一次劇烈的變革，有部分是由他的對手路易士·凱恩引發的。凱恩從未有作品能像東廂那樣引起廣泛的爭議，這個肥缺讓貝聿銘搶走，他爭取其他大型委託案也同樣徒勞無功。雖然受到同儕推崇，他卻從未得到能夠博取名聲的大型機構，來和貝氏分庭抗禮。因此，他的作品極少，直到後期才有機會前往世界的其他角落一展長才。到了其他建築師都已退休的年紀，他還在中東及亞洲出差，吃力地監督工程計畫的執行。

一九七四年三月，他前往印度演講並，視察位於亞美達巴德市印度管理學院的工程。回程時他錯過了班機，因此被迫搭機繞道孟買、科威特、羅馬及巴黎回到紐約，再轉火車趕回費城，才來得及在週一早上回賓州大學授課。當晚，他在賓州火車站上洗手間時，突然心臟病發，倒地驟逝。家人不知道他改變回來的路程，遺體有兩天被當成無人認領的無名屍。凱恩身後還遺留了幾十萬美元的負債。「美國藝術」雜誌寫道：「被許多人視爲當今世上最偉大的建築師就這樣去了，落得默默無聞，甚至有點像殉難而死。」

凱恩死在前往教室的途中，其實再合適他不過了。他是個天生的教員，當深具名望的建築師在現代主義光芒漸趨微弱後，仍堅持其無趣的風格之際，凱恩在耶魯和賓州大學的課程激勵新一代學子探討新的思考方向。凱恩引導崇拜他的學生重回歷史，協助終止了這個陳腐的紀元，並指示通往後現代主義的道路。雖然貝聿銘仍繼續擁戴現代主義，但無可避免地也受到凱恩的影響。東廂即象徵著人性化現代主義的降臨。

後現代主義

凱恩年輕的時候，曾遊歷歐洲各處，擬摹羅馬、龐貝、雅典與戴耳菲等各處古代廢墟。在國內時，他穿著皺巴巴的衣服，打著領結，瘦小的身影站在學生前面，以高亢、尖銳的聲音不停述說著關於根植於光影基礎下的各種古代建築型式，以及重現這些型式的必要性。他要求學生從「第零章」思考建築，而不是從「第一章」。就是「型體優先，它是起源」的版本。

「他打破藩籬，」耶魯建築歷史學家文斯・史考利曾說：「讓最好的學生自由發揮。」以前他的一名學生，當時仍沒有什麼名氣的費城建築師羅伯特・文特瑞（Robert Venturi），一九六六年發表了一篇名為「建築的複雜與矛盾」之反現代主義宣言，造成業界五十年來從未出現的巨大衝擊。文特瑞的指控，喚醒了長久隱藏在潘朵拉盒子裏的壓抑與不滿，起而對付現代主義，因為它違背了要讓這個世界變得更美的承諾。一九七〇年代初期出現了不少書，例如布萊克的《型式跟隨大失敗》（Form Follows Fiasco），逐年記錄現代主義造成的破壞。一九七五年，現代藝術美術館展出巴黎藝術學院創作的精美圖畫和譯文。就彷彿館長們要消滅所有曾經推廣現代運動的美術館。

正如貝聿銘這一代叛離了藝術學院派，被迫跟隨密斯與柯比意的新一代，也揚棄了二流現代主義的草率之作，以及倉促蓋成的長方形玻璃大樓。文特瑞這樣寫著：「建築師已不能再忍受正統現代建築清教徒式精神訓話的威嚇……我追求多變的活力來對抗制式化……我追求豐富的內涵而不是清晰的主題。」

在七〇年代中期經濟不景氣的時刻，文特瑞之流被迫教書維生直到建築業復甦，校園因而成爲取代現代主義的新思想溫床。許多年輕有爲之士從受壓抑的開業建築師事務裏解放出來，紛紛趾高氣揚地在紙上立論。他們在建築界腐臭的地下室刨根，挖掘出被人遺忘的建築手法，接著將它們揉合成雜亂、扭曲的綜合風格，形成了所謂的「後現代主義」（Postmodernism）。其中最激進的評論家查爾斯・詹克斯（Charles Jencks）解釋說：「它從失敗中出發，然後捫心自問，還有什麼值得高興的，還有什麼可以救贖的。」就像電影裏花朵綻放縮時照相的手法，沒隔多久，半圓型頂棚大門、廊柱、山型屋頂以及多色的拱心石在天際擴展開來。長久已來被剝奪色彩與形式的大衆，熱烈地歡迎這種奇觀。

當菲利浦・强生機伶地宣布放棄現代主義（四十年前他協助引進美國的風格），而在被引領風尚的時代週刊選爲一九七九年一月七日的封面人物之後，後現代主義取得了大衆認同的正統地位。他同時成爲第一座後現代主義風格摩天大廈的設計者，該棟大廈便是位於紐約的美國電話電報公司大樓。封面上，强生手拿這座有著拱門與齊本德耳式冠頂的大樓模型，象徵視覺刺激的新潮流。强生於一九七八年六月接受美國藝術學會頒發的金牌獎時說道：「我們站在一座巨大的分水嶺上。我們所處的位置或許五十年來從没人來過，而這種感覺上的變遷是如此地具有革命性，正因我們身處其中，以致於很難感受到。這是座分水嶺，一邊是與我們一起長大的現代主義，另一邊是新的、未知的、但是卻絕對是愉悅的。」

冷冽、疏離的風格

强生見風轉舵地倒向分水嶺時麾的另一邊，貝聿銘則堅守原先的陣營。早在他腳下的意識型態基礎動搖很久之後，他仍然冷靜地獻身於大型建設現代主義風格，這種已臻成熟的美學或許可形容爲設計嚴謹的抒情幾何。「貝聿銘的風格與五〇年代到七〇年代之間的商業辦公大樓配合得天衣無縫，」羅伯特・史坦：「當人們期望的是冷冽、堂皇的美感時，『冰冷』一詞成爲讚美之詞；『樸素』就是美。接著出現後現代主義，建築物必須主動積極、取悅人們、擁抱人們。貝氏並不傾向於這樣做，他很少考慮人性的需求。」

這種孤獨的旅程是貝聿銘再熟悉不過的。貝聿銘經常保持一定程度的超然，在菲利浦・强生召集一流的建築師到他位於新卡南的玻璃屋時，貝氏忙著與權貴玩牌。他什麼也不參與。「他從不參與，」羅伯特·史坦說：「他很疏離，也從不發表任何可能引起爭議的意見。他給人的感覺總是坐在那裏，計畫著下一步要做什麼。」

貝聿銘和其他人也非常疏遠。貝氏從不參加强生、吉瑞、梅爾、艾森曼、史坦、查爾斯·賈提米（Charles Gwathmey）和葛拉夫等人，每隔個幾月在世紀俱樂部樓上圖書室裏的男士正式聚會。强生在紐約四季牛排館角落桌子曾有過數百次的飯局，席間都是一些聲名狼藉的胡言亂語、無的放矢。貝氏從未參與過這些活動。「我們從未想到要邀請貝聿銘，」强生說：「他並不鼓勵你將他列入討論建築的行列。總之，我們這個圈子並不認爲他具有設計影響力。」

在這種場合聽到一些不入流的建築業人士說貝聿銘的壞話，一點也不稀奇。他們所說不外乎：貝氏給那些品味平庸的企業外裝包裝，或是對於保存傳統現代主義的典雅毫無貢獻、逃避校園演講等等。「他絕不透露自己的意識型態爲何，」合夥人柯伯說：「他從頭到尾冷眼旁觀。做爲一名主流人物，他除了設計了不起的建築外，從不發表理論著述或者是任何紀錄，這點是很令人注目的。」

貝聿銘認爲强生和他的黨羽是時髦的追求者，他們華麗的宣言、雕蟲小技以及誇張虛飾的建築理論廢話，有違他强調謙讓、愼思、持之以恆的中國式教育。「善者不辯，知者不博，聖人不積。」老子曰。

尤有甚者，後現代主義反覆無常的風格，讓貝聿銘這一代努力擺脫的巴黎藝術學院惡劣行徑全部復活——假冒的歷史主義、膚淺的包裝、拉攏暴發戶。「第一次世界大戰過後，有一次打破十九世紀傳統的戰役，」他告訴「美國藝術」（Art in America）雜誌說：「我們贏了。我不相信經常持久的革命。在過去幾年當中，當然，我們發生經濟衰退，建設案不算多，這剛好給予一些建築師，尤其是年輕的建築師，有機會思考及實驗現代主義與後現代主義孰優。我認爲這有必要。但是我將建築界視爲一棵大樹，尤其是現代主義這類主流。有人認爲這棵樹因爲樹幹太弱而無法活太久。也有人認爲它要很久才會落盡枝葉。我屬於後者。」

重獲掌聲

貝聿銘的東廂，正是對斥責其爲退步到高樓與混凝土廣場的舊時代、枯竭的現代主義垂死前掙扎的人的反擊。他以自稱「熱情的幾何圖形」重新安排現代主義者最大的特點——玻璃箱，證明要提供生動如畫、感性的經驗，並不一定要屈從虛假的懷舊或歷史情結。東廂外大排長龍的參觀者似乎在爲他辯護——這裏是友善、人性化的現代主義風貌，同時也是大衆的焦點。

此時，強生的美國電報電話大樓，及葛拉夫波特蘭公共服務大樓等高知名度的大型建物，衍生出粗製爛造的翻版之後，後現代主義已不復光彩。房地產開發商在中小型城鎮，千篇一律地推出低俗的埃及式購物中心與仿文藝復興式的辦公大廈之後，歷史風格的大雜燴不再顯得機智或匠心獨運。「裝飾繁瑣取代了清淡無趣，機巧把戲蓋過了溫和平庸，平凡陰沉讓位給活潑喧鬧，」

哈克斯特伯寫道：「當現代主義是壞的時候，人們一再告訴我們，它非常、非常地壞；但是當後現代主義也變壞了，就像童謠裏唱的，它可是非常可怕。」

當建築風尚的巨輪再次轉動，曾經抗拒過度裝飾粗俗引誘的貝聿銘又再脫穎而出。他的東廂藝廊被稱之爲第一座後現代主義建築（Late Modern building），它利落、優雅的抽象意境，協助人們重新欣賞這種遭受毀詆的風格。現代主義永遠無法奪回主流地位，但其已然瓦解的教條融合成更複雜、更包容的版本，足以與其他歷史派別風格並駕齊驅。它甚至於重新贏得了一些掌聲。「它做了一件好事，」貝聿銘對後現代主義有如是的評語：「它讓許多建築師在回顧之後說，『現在，我們不要如此焦急，讓我們來點娛樂。那場仗已經打贏了，現在讓我們進一步搜尋；輕鬆一下。』那是件好事。我絕不是藐視前輩的人，我虧欠他們許多，就如同現在的年輕人也虧欠我們。」

儘管有褒有貶，東廂使貝氏重拾聲譽。在開幕半年之後，美國藝術學會會員票選貝氏出任會長，這是以建築師身分獲此殊榮的第一人，此項任命同時意味著他是文化獎的得獎人。一九七九年六月，他獲得美國藝術學會頒發的金牌獎，是爲同業的最高榮譽。他在受獎時的演說，以元老政治家的懷柔態度，向同儕提出和平的呼籲——他還特別提到菲利浦·強生：

今天，激勵那些曾站在我這個位置的前輩的價值觀已受到懷疑，而建築界已被分成了兩個世界。我指的並不是現代主義，我並不相信它已死；我指的也不是所謂的後現代主義，事實上，它是理論與執業這兩個世界，它們互相連結……今天，這兩者的分裂造成了專業的混淆與分化。我堅信理論與執業是相輔相成的，但我不贊成這兩者需要兩組不同的技巧、洞察與氣質——不過確實需要兩種不同的人。但他們都屬於同一個建築世界。

小巨人

在萊特去世二十年，葛羅培斯和密斯也過世十年之後，很少人會懷疑貝聿銘已接棒成爲當今美國最著名的建築師。「我在一九六〇年代念建築學院時，建築業被凱恩、柯比意、沙利南等三、四名大師所主宰，」維多特・瑞伯辛斯基（Witold Rybczynski）說：「之後，他們不是凋謝了就是失勢了。下一代必須有人接替他們的位子，貝聿銘似乎就是能夠達到這個水準的其中一人。他是如何辦到的，則是個複雜的問題。」

東廂鞏固了貝聿銘是個八面玲瓏、長袖善舞、深受名流寵愛的建築師地位，宛如史坦福・懷特（Stanford White）的翻版。「它消除了汚名，開創了一新紀元，」雷納德說：「我們再次和競爭對手站在平等的地位，再度向上攀升。」東廂還沒能證明輕易地贏得成功之前，嬌生公司已大膽地雇用貝氏來設計其紐澤西州的總部。藝廊開幕九個月之後，紐約州政府聘請他在哈德遜河畔荒廢的五條街，建造金額達三億七千五百萬美元的會議中心。這是繼世貿大廈之後最大型的市政計畫，同時也是紐約市脫離瀕臨破產邊緣的象徵。公司客戶大量回籠：ARCO、鮑氏企業（Pitney Bowes）、IBM（這家公司幾年前無情地拋棄了貝氏），都給予大型的委託案。設計人員凱倫・藍根（Karen Van Lengen）回憶說：「一俟東廂開幕之後，情況就不會再如此困難了，辦公室繁榮興盛。它把貝聿銘帶到了不同的境界，使他成為一個小巨人。」

躋身名流

貝聿銘的再出發剛好趕上繁忙的八〇年代，在這十年間設計界廣受一般大衆矚目，較過去只有傳統上流社會主顧不可同日而語。菲利浦・強生一九七九年登上時代週刊封面，再加上一些光鮮的雜誌與藝廊介紹他年輕隨從的紙上作品，因而由籍籍無名搖身一變成為新貴。中產階級主顧請不起有名的建築師，但至少可以收集葛拉夫的圖，或是梅爾的咖啡壺來滿足其心理。

高漲的建築設計意識連帶捧紅了貝氏。當人們的焦點由建築物轉變到對名士的崇拜之後，他的名氣更上一層樓。建築界長江後浪推前浪，很少有人能在專業領域之外吸引外界的矚目。貝氏把這個圈子內的認同擴大到不僅是有名而已，甚至是衆所周知、躋身「浮華世界」名流之境。紐約時報雜誌以他為封面，旁邊的標題是「貝聿銘致勝之道」。他的名字經常以黑體鉛字與賈桂琳・歐納西斯、坎普納家族（Kempners）、巴克萊（Buckleys）、季辛吉等名流，同時出現在閒話專欄。在一般人心目中，貝聿銘的形象是：渾身散發成就魅力的高雅精靈，以三千瓦能量的微笑來溫暖世界三大洲的知名客戶。

憑著與賈桂琳・歐納西斯以及梅儂家族的恒久交情，貝聿銘與艾琳打入了紐約上流社會，有資格參加曼哈頓區第一流的晚宴。他能躋身紐約名流社交圈，使他的形象增添了不少光采，進而提高了身價，並且從這些社交圈子裏找到更多的客戶。到處都搶著要他。強生說：「他完美、自然而然地滑了進來。」

一九八二年十一月某一天晚上，兩百名貝氏的名流朋友，齊聚在羅德與泰勒（Lord & Taylor）百貨公司一樓的化粧品部門，包括有路易士・奧齊格羅斯（Louis Auchincloss），雅詩・蘭黛（Estee Lauder）、黛安・索耶、瑪瑞塔・曲（Marietta Tree）、甘家姐妹以及李奧・卡斯特李等人，可謂冠蓋雲集。他們把香檳酒杯放到倩碧專櫃後，便上到屋頂花園爲貝氏舉辦一次「視覺饗宴」，由湯姆・布羅考（Tom Brokaw）旁白。他的作品與親友的照片交替出現——連蓓蒂・葛瑞博（Betty Grable）也露了臉。布羅考解釋說：「貝聿銘喜歡她。」當星際大戰的主題曲達到最高潮時，賓客紛紛起立。接著是燭光晚餐，有燻鱒魚、魚子醬、小牛肉及蘋果餡餅。貝聿銘被問到他最喜歡的作品爲何？他說道：「我不能比較，它們都不同；它們像我的小孩一樣。」

流水引：傳說古代詩人在月下

讓酒杯順著水道漂流。

▼

第12章 回歸中國

柯柏曾經形容貝聿銘是個「中西合璧」的人。在他漫長的生涯中，幾乎每段插曲都受益於他既洋化又能維持迷人的異國風采。全盤且正統的美式及中式風格在他身上兼容並蓄。他說：「我有兩個世界，在建築圈內很難不時回顧我自己的背景。」

貝氏的華裔身分，無疑曾使他受到某些心胸狹窄的建築委員會的歧視，但他的膚色在白人族羣中獨樹一幟，對他通常是利多於弊。他的文化淵源使他無比的魅力更增權威感：他是世上最古老文明的產物，舉止溫和、品味高雅——現代主義的華人。

在美國生活半個多世紀之後，貝氏還保留多少中國色彩一直是大家津津樂道的話題。那些目睹他在適當時刻意戴上華裔面具的人士有時懷疑，他裝腔作勢是爲了牟取專業利益。評論家馬丁·費勒（Martin Filler）一九八九年隨同貝聿銘訪問香港後指出：「貝氏喜歡給人一種他是如此有教養，而且高高在上的感覺。他成爲典型的東方形象：乾淨、優雅及理智。他披著文化的神聖斗篷，彷彿意味著『我是如此高貴的華人，你們野蠻人永遠無法理解。』」

菲利普·强生說：「他可以用最貴族化的方式來談論他的祖先和蘇州的庭園。如果我是個中國君子，我也會如法炮製。爲什麼不呢？我們都會利用一切可用的東西。」

然而在其他時刻裏，貝聿銘淡化他的種族色彩，俾以跟人羣打成一片。多年來，他一直限制公司的亞裔職員人數，以免被視爲移民公司。隨著職員人數擴增，亞裔人口也不斷增加。有一天，貝聿銘走出電梯，環顧整個公司，不帶嘲諷地問友人說：「你注意到最近這裏有多少東方人了嗎？」

歐風調子

有的移民會迷失在不同的文化，最後找不到真正的歸宿。身爲一個文化縫隙中的優雅擺渡者，貝氏可說魚與熊掌兼得。當往事成了貝聿銘在美國的絆腳石時，他和艾琳毫不費力地穿戴上東區上流社會的裝飾。在一九七〇年代中期，他們搬到寧靜的蘇登廣場一棟可以俯視花園和東河的洋房，家裏擺設著密斯設計的坐椅，法國美酒（「當他們看到貝氏走進他們的餐館，」威廉·華頓說：「酒品經理高興地發著抖。」）和戰後抽象派大師的作品——托科夫（Tworkov）、狄庫寧、李皮史兹、克林（Kline），和一些放在樓梯平台的杜巴費雕塑。「很棒的大件抽象作品，有趣的小件中國藝品」這是傅瑞德對貝家住宅的形容。起居室是「暗棕色，僵硬，」賈姬寫說，「看不到一張舒適的椅子。聿銘和艾琳兩人都喜歡中國古典家具的僵硬擺設。」貝聿銘整潔書房裏的書架上放著林布蘭特和馬格里特（Magritte）的作品，以及布魯意和柯比意的專題論文。他們讓四個小孩只說英語，並送他們念貴族學校。

他們的閒適優雅中透著一股歐洲風味，特別是在凱統市的別墅裏，前廊上慵懶的午餐一直進行到下午，接著睡個午覺。晚上有非正式的燭光晚餐，供應許多美酒。貝家時常在法國或義大利避暑。

貝聿銘吸收西方最高級的事物，同時也不放棄他本身豐富的傳統。他與海外華人維持聯繫，蒐集宜興茶壺，經常光顧中國城享受中國美食。他的合夥人雷納德說：「他看不上美國三明治。我們之中（和貝聿銘）到過新加坡和香港的人，都上了一堂認識中國食物及如何吃中國菜的課。和貝聿銘一塊吃飯，總是令人耳目一新。他喜歡奇怪的東西。毛蟹、鳳爪、海參、鴨舌頭、蛇肉。還有一些你到隔天才會想知道的東西，但是都很好吃。」

即使是個紐約人，貝聿銘也會閱讀老子等古文。「在讀大學時，我沒有讀老子的智慧，雖然孩提時便已讀過，」貝聿銘說：「也是一讀過便忘了。但自此以後，我時常讀老子，我相信他的著作對我建築想法的影響可能遠勝於其他事物。我相信或許很多現代建築師都會這麼告訴你，我大力推薦它。這本書很難讀，我一次只能讀一頁。等你理解那一頁後，已經精疲力竭。它不是你在輕鬆時刻想念的那種書。」

至於貝聿銘個性中哪一部分是道地的中國化，熟人最常說的是他的思路。他在提出看法之前，會鉅細靡遺考慮到各種角度。「爹地思考敏銳，」他的女兒貝蓮說：「他很有魅力，但比我母親更難瞭解。我母親的想法比較洋化；她跟喜歡的人在一起時會非常直率。爹地擅長觀察他人——他想的總是比說的快一步，但他從不流露情感。他思考時從不露痕跡……在某些方面，他自認是個美國人。畢竟，他是個典型的美式成功故事。他抵達這裏時雖然不是個身無分文的移民，但美國讓他出頭天，提供他揚名立萬的機會。不過他對自己的生活和家庭的想法仍非常中國化……我的爸媽認爲我們是道地的美國人，卻從來没發覺我們身上仍保有相當的中國味。」

深如廟堂

中國人重視家庭遠勝於其他關係，貝氏家族在紐約時便表現這種親密。在凱統市度完週末之後，他們會一起在喜歡的義大利或中國餐館吃飯，然後解散。由於貝執中和三弟都在父親的公司上班，他們每天都會見到他。貝聿銘每個星期天都會設法到公園大道的公寓去探視他父親，這是儒家講究孝道所表現出來的親近；不像典型的美國家庭，他們甚少爭吵或說閒話，在彼此間留下一些正式的距離。

在貝聿銘童年時期的中國，朋友來作客時，被請到哪個廳堂竭坐，都足以顯示其身分地位。除了親近的友人之外，貝氏的家居生活幾乎不對外公開。他交遊廣闊，卻很少有人能突破他們家一層又一層的圍牆。他接受無數的訪問，卻很少談到自己，甚至和最親密的合夥人也一樣。「我必須坦白說，我對聿銘一無所知，」他的合夥人傅瑞德說：「即使我已認識他三十多年了。」

貝聿銘的內心世界，如同捲軸畫上遙不可及、雲霧飄渺間的寺廟難以理解。「他高深莫測，」菲利浦・強生說。「我們一起吃午餐，彼此對應溫文有禮。我喜歡他，但沒有人真正瞭解他。」這種內在的壓抑正是他神秘的關鍵。

貝聿銘的私人領域由他妻子艾琳守衛著，這個女人如此謹慎，甚至拒絕「浮華世界」一九八九年介紹貝聿銘時與丈夫一起拍照。「她是南茜・雷根那一型的，」作家馬丁・費勒說：「認爲她的好老公一直被人們攻擊，都是胡言亂語。她認爲宣傳不會有任何好事。」例如，他同意上查理・羅斯的脫口秀，條件是羅斯不能問起私人問題。貝聿銘並要求該次訪問在巴黎舉行——他最大勝利的場景。

「當然，我是很洋化，」貝聿銘有一次跟友人威廉・華頓說：「不過離全盤洋化還差得遠。我對兩邊的人都非常瞭解，對他們也都感到很自在。然而，在我和西方人之間仍有一道簾幕，不像中共的鐵幕那樣厚重，而是一道在最後分析時隔開我們的薄幕……東方人和西方人的差異之大，勝過世上其他人種之間的差異，比如蘇聯人或中東人。或許這是因爲我們如此古老，我們的文明較任何人都來得久遠。」

華頓答說，他從沒把貝聿銘當成是個中國人或外國人。「哦，但是我比你想的更中國化，」貝聿銘很快地回答：「我想，我只是沒有表現出來。我不知道那是不是故意的。」

☆ ☆ ☆ ☆ ☆

乒乓球外交

中國人講究落葉歸根，但對貝聿銘來說幾乎是不可能的。一九四九年毛澤東宣布成立中華人民共和國之後，中共便放下鐵幕，他的反西方政策阻隔與外界的通訊。貝氏只能想像淪陷在大陸的親朋好友所遭受的清算鬥爭，包括叔叔貝祖源，他被迫接受「再教育」。鐵幕內傳出知識分子和大戶人家遭受恐怖處罰，珍藏的物品被焚毀或沒收，以及監禁、毆打和自殺的消息。

中國文明曾遭遇過無盡的叛亂和戰爭，貝聿銘希望中國也能克服毛澤東的影響，但可能不是在他有生之年。「你不能用五年的時間來觀察中國，」他說：「你必須用五百年來看中國。你必須用很長、很長的時間來看她。」一如蘇州造園師父將石頭放在流水中等著子孫去拿，貝聿銘預料有朝一日，或許是幾世代之後，中國也能走過黑暗。

這一天比預期中來得還快。一九七一年四月，中共邀請美國桌球隊訪問北京，貝聿銘將此事視爲一個徵兆。聽到這個消息後，他興奮地晃進公司。他問道：「你們知道這代表什麼嗎？再過幾年，你們就可以到中國大陸去了！」

「那你呢？」一名設計師問。

「嗯，」貝聿銘說：「那是另外一個問題。」

貝氏沒有多久便有了答案。美國建築學會即將卸任的會長，按照慣例都會組團訪問海外，他們通常前往義大利或希臘等風景優美的地方。一九七二年二月尼克森總統訪問中國大陸之後不久，建築學會會長麥克・爾班（Max Urbahn）告訴董事們說，他想去中國大陸。他們哈哈大笑。中共或許已向尼克森屈服，但卻迴拒其他任何訪問團，除了一些醫生和考古學家之外。爾班還是寄出一封信，署名給中華人民共和國，北京，中國建築學會，會長收。他壓根不知道到底有沒有這個社團。一九七三年八月，他收到一封誠摯的邀請函。

專業代表團是貝聿銘最不醒目的回國方式，中共政府或許會將私人的返鄉行爲，曲解爲表示支持或投誠的意思。隨同美國建築學會旅遊，貝聿銘便可阻止中共把他當成樣板來宣傳。

返鄉

一九七四年四月，包括貝聿銘在內的十五名建築師，由香港火車站，搭乘所謂的「金東尼特快車」出發前往邊界，英國衛兵在他們的護照上蓋上「離境」的戳記。他們魚貫穿過掛著「往中國」路牌的綠色通道，再走過一道橫越淺溪的木板橋，來到一座灰泥的邊哨站，穿著卡其色毛裝和紅星帽的年輕衛兵，拿著綠茶和香菸恭候大駕。他們順利通關，除了美國聯邦行政總署的首席建築師華特・梅森（Walt Meisen），因爲他持公務護照。武裝衛兵把他請到一個小房間，檢查他的申報物品清單。他們問說：「口琴是什麼東西？」梅森抽出他的口琴，吹奏一曲《吾國屬於你》（My Country 'Tis of Thee）。

中共將這羣建築師奉爲上賓，讓他們搭乘飛機和軟臥火車參觀十一座城市，還有翻譯人員和政府官員隨行。每一站都有大陸建築師的代表團前來迎接，有一次甚至在凌晨三點。在奉茶、敬菸，和吻頰的儀式之後，當地的主人帶他們到地方上參觀——學校、幼稚園、住宅工程、工廠、寺廟和人民公社。

晚上，他們以國賓的身分住宿在專爲外國人而設的旅館，在專用的餐廳裏吃飯，除了有兩晚，在貝聿銘的促請下，他們才帶著這些客人去上外頭的館子。晚宴結束時，大家會互相舉杯，大叫「乾杯」。梅森注意到中國人在酒過三或四巡之後，便改爲淺酌。他們告訴他說：「大家隨意。」

當時外國人在中國大陸仍相當罕見，尤其是在華北，當他們進入火車站時，候車的旅客立刻掀起一陣掌聲。傻笑的孩童沿途追逐他們。梅森和威廉・馬歇爾（William Marshall）在瀋陽市中央廣場散步時，吸引數千名圍觀者。馬歇爾說：「我們就像外太空來的生物一樣。有一次我到他們的百貨公司去，他們看到我手臂上的毛，竟伸手來拔。」

來自克里夫蘭的黑人建築師羅伯特・麥迪遜（Robert Madison），尤其引人好奇，但沒有人比艾琳更引人矚目。被迫樸素的大陸人目不轉睛地看著她。「她非常高雅，」梅森回憶道：

「她穿著一襲保守的素色長洋裝。大陸婦女對她的外表和言談舉止感到震驚。我們所到之處，女人爲之絕倒。真是羨煞她們了。」

貝氏夫婦協助他們的同伴，認識到中共官方展示給外國人看的樣板之外的中國大陸。他們確信參觀行程中已列入美國人不可能看得到的古蹟，比如洛陽一千五百年歷史的龍門石窟，以及秦始皇陵的兵馬俑。他們夫妻用數種方言交談，沿途矯正翻譯，並和路人閒話家常。他們漫步在看呆了的人羣中，跟小孩問好，還跟他們的父母握手。

浩劫後重逢

在這趟行程中，貝聿銘希望能跟他叔叔貝祖源團聚，自從一九三五年他乘船赴美國之後兩人就沒有再見過面。貝聿銘在念麻省理工和哈佛時，貝祖源在東南亞銷售中國商品以交換武器，協助國內對日抗戰。一九四九年毛澤東打敗蔣介石時，他被迫放棄在上海舒適的中國銀行宿舍，搬到郊區一棟小房子去。貝祖源粗茶淡飯的日子原本還算過得去，直到一九六六年八月文化大革命開始。在中國現代史上最暗無天日的時期裏，激進的紅衛兵在毛澤東的鼓動下（他稱他們爲小將），展開「破四舊」運動：舊思想、舊風俗、舊習慣和舊文化。批鬥和虐待罄竹難書。兒童詆毀父母！知識分子死於勞改營，大學被關閉，書籍不分青紅皂白地遭焚毀。文革已摧毀一切建築，紅衛兵關閉設計學校，並軟禁學校的教授。懷念過去的人都會被拉去鬥爭。這時，古老的和美麗的建築都已被毀容：數百年歷史的庭園被毀、寺廟改成工廠、牌樓倒塌、工人拆毀北京市堂皇的城牆以及由石獅鎮守的城門和塔樓。

貝祖源顯貴的家世背景使他成爲明顯的目標。紅衛兵抄他的家，把他珍貴的收藏鎖在一個房間裏。他們焚燒或砸爛家庭照、字畫，以及貝聿銘母親所寫的詩和貝聿銘的信件。他們逼他參加思想改造課程，把他貶爲苦力。他後來的工作就是在一家倉庫裏扛箱子。有多很長一段時間，中國大陸幾乎無法跟外界通信。一九七四年政局寬鬆時，貝祖源透過工作單位寄了封信給貝聿銘，經由中共駐聯合國代表轉交，最後才輾轉抵達貝聿銘手中。

貝聿銘從香港回了張明信片，寫著：「親愛的小叔，雖然我們已有半個世紀未曾見面，看過你的信後，我覺得四十年來事情並沒有改變。我將經由香港赴新加坡洽公，希望藉此機會向姨奶奶和其他親戚問安。同時，我有一個好消息……（我們）大約在四月中旬將前往上海，屆時我們就有機會見面長談。回首往事，真是一言難盡。」

這時，貝祖源那一區的黨書記通知他說，有一個來自美國的重要人物將要來看他。他順道問貝祖源說，他是否需要任何東西？這是黨書記第一次提供協助。第二天便來了大概二十名木匠，把他破舊的木頭地板給換新。在約好跟貝祖源在上海錦江飯店（二年前尼克森和周恩來簽署上海公報的同一地點）碰面的那一天，不到中午貝聿銘和艾琳便先行脫隊。閒談幾句後，他們的一位表親和三名中共幹部和他們一同午餐。飯後，貝祖源帶貝氏夫婦去看他的住所，自文革以來，他

▲

貝聿銘在中國大陸與路人閒聊。

一直住在一個樸素社區的小單位裏。

隔天晚上，貝聿銘邀請貝祖源到國際飯店吃團圓飯，就是這棟華麗的建築引起他對建築的興趣。在場的三十位賓客當中，包括陪同他前往麻省理工的胡姓友人，以及上海和蘇州的各房親戚。貝祖源起身唱了首《白色聖誕》（White Christmas），以懷念他和聿銘多年以前在隔壁大世界戲院看平克勞斯貝主演的電影。

沈痛的團聚

上海光榮時代的其他象徵依然明顯，雖然英國國旗不再飄揚在外灘的微風中，租界莊嚴的建築仍挺立著，只不過在共產黨蹂躪後已是蓬頭垢面。尊貴的上海俱樂部已改成海員旅館；昔日中國通拿著倫敦泰晤士報打盹的吸菸室，如今散布著洗衣機和床墊；豪華的華懋飯店變成了和平飯店；英國大使館搖身一變成了「友誼商店」，貝聿銘的老家則改成了醫院。

這個一度隨著爵士樂和琴酒而悸動的城市，已變成嚴肅的勞動營典範。清道夫黎明時開始掃街，之後穿著清一色卡其制服的工人，騎著一式的黑色腳踏車，不發一語地去上工。無所不在的毛澤東肖像瞪著無趣的灰色街道。夜晚時分，這個城市陷入一片死寂和黑暗，人們在晚上十點之前就寢。上海是如此地了無生趣，以致於這個建築師訪問團在慶祝其中一對夫妻的結婚週年時，只能坐在飯店房間裏啜飲著威士忌。有人開玩笑說：「唉，這就是上海的週末夜！」

這羣美國人發現，當時的中國建築同樣的無聊。在各個參觀點，他們都看到一九六〇年代蘇聯老大哥影響下，悶得要死的史達林式巨大畸形物，還有面無表情的三、四層樓公寓，一戶人家擠在一個沒有浴室和廚房的房間裏。陪同人員告訴他們，一個設法養活全球四分之一人口的國家，沒有時間講究好的設計，只能有實用的醜陋，一如毛澤東疾呼：「勤儉建國」。

馬列主義的口號可以減弱這個世上最古老文明的光芒，卻不能抹煞她。到了一九七四年，共產黨對抗傳統中國文化的戰爭，已敵不過人民心中對明清歷史建築的驕傲。未若東歐，中國珍視自己的傳統，並保存了工藝店。貝聿銘還去參觀過部分的工藝店，學徒在老師父的指導下，學習陶藝、玉器、象牙雕刻和刺繡。「美是中國文化的渴望，」著名的通訊記者希爾多·懷特（Theodore White）曾說過：「領導階層也在恢復它。每一個大城市，每一個小鄉鎮，都珍惜他們自己地方上的美——綠樹參天的庭園，池水如鏡的古剎，刻著詩詞的古碑。」

其中又以貝聿銘的家鄉蘇州維持古蹟最力，當地有遠見的官員從紅衛兵手中搶救下來十餘座庭園。（據說，周恩來總理親自下令保護）。一抵達當地後，貝聿銘的訪問團便去參觀他的家宅獅子林，當時已重新開放，成爲熙來攘來的「人民公園」。百餘名貝氏宗親衣衫襤褸地來迎接他們，這支被懲罰的家族都要來看看這位衣錦榮歸的子孫。如果不是陰錯陽差，他也可能也會是他們其中之一。令人驚奇的是，貝聿銘對如此沉痛的團圓竟然無動於衷，但他的同伴能夠猜出他平靜外表下的情緒——對庭園的衰頹感到哀傷，對自身飛黃騰達感到尷尬，自忖能夠逃過他們的命運感到僥倖，對無力幫助他們又是感到多麼沮喪。他顯然頗以這座庭園為傲。他坐在石頭上向美國友人解說，這座庭園如何經過好幾世代的經營，造園者將石頭放在沖刷的流水中，等待子孫來拾取。

〃 〃 〃 〃 〃

改革開放

一九七四年貝聿銘訪問時的中國大陸正處在變革的邊緣，第二年，改革派領導人鄧小平東山再起，成為後毛澤東改革時期的最高領導人，力主改革開放。幾乎在一夜之間，中國背棄毛澤東的仇外隔離政策，轉而對一切西方事物照單全收。鄧小平宣揚，「富裕是光榮的」。

鄧小平領導下的中國，將貝聿銘之流的顯赫僑胞視為寶貴的專業援助資源。一九八七年，鄧小平的領導班子放下對貝聿銘門第的殘存敵意，邀請他回來指導有關開發及都市計畫。貝聿銘這個頑固的現代主義者，現在發現他得向革命分子宣揚傳統。他擔心富裕的外國人進門後，會促使中國拋棄珍貴的遺產，俾以全面現代化。他早就看過伊朗和埃及等開發中國家，盲目地向西方世界引進好的跟壞的東西。在數不盡的喝茶聊天中，他提醒中共不要犧牲世上最古老的文明，來建設最新的文明。他特別表達對紫禁城的憂慮，數千名太監和朝臣曾在這座占地二五〇英畝的大內服侍滿清歷代皇帝。紫禁城廣闊的中庭和宮殿，已成為中國維護最好的古老建築族羣。以前的皇帝曾頒過一道聖旨，禁止城內建築高於三十五呎的城牆；貝聿銘如今也敦促有關當局維持這道命令，俾以維護黃色琉璃瓦屋頂上方的天空景色。

貝聿銘的忠告猶如馬耳東風。迫切想品嚐禁果——電視、T恤、可口可樂、高跟鞋和漢堡的國家，根本不會關心古蹟的維護。建築學生尤其如此，他們傾向於複製在閃閃發亮的設計雜誌上所看到的西方繁榮象徵。貝氏說：「那些學生對我的談話感到很失望。他們期望我會告訴他們有關帷幕牆最新的設計以及高樓大廈等的知識，我卻回頭來告訴他們不要忘掉自己的過去。」

一九七八年十一月，貝聿銘返回美國後，立刻馬不停蹄地登上一架雙引擎飛機，趕往鱈魚角主持省城劇院（Provincetown Playhouse）的競圖，這裏就是尤金歐尼爾首演的地方。第二天他飛往達拉斯，去監督將亨利・摩爾的作品「達拉斯」裝設在鐵砧型的達拉斯市政廳外廣場。「你知道嗎，」他跟機上的乘客說：「我已經有三天沒闔眼了。」

貝聿銘還沒喘過一口氣，中共官員在數週後又邀他第三度拜訪中國大陸，時約一九七八年十二月。他回絕了，理由是他打算和家人一起過節。中共說，既然如此，為什麼不帶他們一起來？因此，貝聿銘，盧艾琳，和四個子女及兩個孫子，六歲的愛麗莎和五個月大的史帝芬，一起到北京去過聖誕節，行李中裝滿了幫寶適尿片。在中國大陸，他們參加一項又一項的宴席（據說史帝芬是參加過人民大會堂國宴的最年輕賓客）。

中國人不知道該如何看待貝聿銘的子孫。他們看上去是中國人，可是他們說英語。貝庭中說：「當時，大陸上每個人都穿著藍色棉衫，我們卻穿著鮮艷的滑雪連帽外衣。大家好奇地跟在我們身邊，他們不明白我們到底是不是中國人。有一回，我們在市集日開車經過一個鄉鎮，忽然被前面一輛滿載乾草的馬車翻覆所阻。剎時間，車窗上擠滿了上百隻鼻子，就好像我們是外星人似的。」

他們自己的親戚也是同樣詫異。「我們不會說中文把他們給嚇壞了，」貝蓮說：「我們只會呆呆地對他們微笑，無法溝通。我們真的不覺得跟他們很親近，我們是在完全不同的環境中長大，無法瞭解他們經歷了什麼樣的日子。」

建設新中國

選擇改革開放的道路之後，中共預料企業和觀光客將絡繹不絕於途，但大陸並沒有像樣的住宿場所。甚至連最起碼的飲用水和乾淨的床單，都難得一見。無視於貝聿銘的忠告，一名中共副總理請他設計十家飯店，每家都要有一千間客房，其中一棟還是靠近紫禁城附近的高樓層建築。貝聿銘委婉地拒絕了。「我就是辦不到，」他說：「我的良心不允許。如果你越過紫禁城的城牆，將會看到黃色的琉璃瓦屋頂，然後是看到天際，以及蓋著喇嘛廟的煤山。這就是紫禁城的特色，如果你毀了這種孤立感，這種自成一格的感覺，就等於毀了這件藝術品。我不能想像有棟高樓俯視著紫禁城，就如同希爾頓飯店俯視著白金漢宮……我就是不願意參與其中。」

中共當局迫切想告訴全世界，貝聿銘正在協助建設新中國，所以他們按照他的建議，禁止在紫禁城多少方圓以內蓋高樓，並提供其他許多選擇。但通通遭貝聿銘打了回票，直到北京第一服務局問他是否肯考慮在城外的一座公園裏蓋一棟低樓層的旅館。在聖誕節的前二天，官員們帶貝聿銘和貝執中前往北京西北方二十五哩處的地方，這兒以前是皇帝狩獵的囿場，叫做香山，美麗的宮殿和塔樓遺跡被細雪輕輕覆蓋著。他們在冷冽的北風中，沿著小徑，爬上半山腰的宮殿，縱覽整個地點。從那兒看下去，公園就像一幅畫。

他們眼底下的公園沐浴在歷史光輝之中，它是由乾隆皇帝所建，當年乾隆皇曾在附近的避暑山莊傲慢地對待英國來使。乾隆的峻拒引發一連的事端，終於導致英法聯軍和八國聯軍，使香山在一八六〇年和一九〇〇年間多次被毀，幾成廢墟。一九四九年，毛主席也是在這裏和國民黨的將領商談北京投降事宜。「看到這個地方時，」貝聿銘說：「我毫不猶豫。我說讓我們在這裏蓋吧。」

以貝聿銘的標準來說，三百二十五間客房的低樓層飯店並不算冒險。不過，它有一項特點：可以讓貝聿銘再度探索現代中國建築風格，自從第一批在外國受訓的建築師於一九二〇年代返國後，他們便開始研究，如何揉合西方建築技術和中國古老的民間建築風格。貝聿銘在哈佛大學的畢業設計，畫的就是上海美術館。香山是他在三十五年後繼續實驗的機會。他的希望是要爲新中國創造新的建築語言，這將是新與舊的混合，所謂的「第三種方式」，以供年輕的中國設計師倣效。如同十八世紀的喬治王時代和十九世紀初葉的英格蘭，它將適用於大型公共建築和民宅。

「中國建築走進了死胡同，」貝聿銘說：「他們已走投無路；中國建築師會同意我這點的。他們不能走回頭路，寺廟和宮殿的時代不但在經濟上不可行，在意識型態上也不被接受。他們已嘗試過蘇聯的方式，不過他們厭惡那些建築。他們現在想嘗試西洋的方式，我擔心那同樣也不會被接受。我希望多少報答孕育我的文化，協助他們搜索一條新道路……那是一條全國的建築師都可以用一〇一種方式仿製的方法。我認爲那是開創一種新建築語言的唯一辦法；文藝復興就是這樣開始的。」

香山傳情

貝聿銘嘗試從他自己過去的體驗中找尋新風格。在蘇州、杭州、揚州和無錫等長江流域的大戶人家花園和中庭裏，他溫故以往歲月中所經驗的飛簷、月門、窗櫺和流水。他相信，儘管政治動盪，這種語言對大多數中國人而言都有某種意義。他想要振興那種一般人仍能瞭解的特色——不是迂腐宮殿和寺廟的紅柱黃瓦，而是尋常人家的白牆灰磚。「建築必須源於人們的住宅，」他說：「我不會在梵諦岡米開朗基羅的作品中找尋義大利的根源，我會到佛羅倫斯去看看平常人家的住屋。」

▲ 北京香山飯店：貝聿銘希望創造一種新建築語彙——「第三種方式」，讓年輕一輩的中國建築師可以依循。

▼ 香山飯店內有11座這樣古樹參天，還有蜿蜒的鵝卵石鋪面小徑的中庭。據說毛澤東曾在共產黨奪得政權的當天，在其中一棵樹下乘涼過。

貝聿銘通常把意念傳達給副設計師後，接著就去做別的工作，只定時回來監督進度，然後向客戶報告。香山是他個人對新中國的表達，因此他悉心照顧。職員們很訝異地看到他手裏拿著鉛筆，在公司繪圖桌上搔首不已。設計師藍根說：「這是數年來他唯一親自主持的計畫，每隔兩小時他就拿著藍圖和立面圖到我桌邊來。我們長時間工作。他簡直入迷了。」

未若西方大型建築常以一個正面呈現世人，香山委婉地展延開來。按照貝氏的構想，訪客先走過插著五面紅旗的牌樓，來到鋪著灰色地磚的前庭，才看到開著傳統八角和梅花型窗戶的白色灰泥正面。步行入內後，遊客看到挑高四層樓，環繞貝氏典型空間架構天窗的大廳。常春廳的風格介於蘇州庭園和華盛頓國家藝廊東廂中庭，是個在樹影搖動中，喝茶、欣賞綠竹和池魚的地方。由這個灑滿陽光的中庭，迴廊向外蜿蜒過四條低矮的側翼，伴隨著精心設計的花園景觀。「在西方，窗戶就是窗戶。」貝聿銘說：「它放進光線和新鮮空氣。但對中國來說，它是一個畫框。花園永遠在它外頭。」

中共當局曾暗示他們可能會直接按照模型來蓋，所以貝聿銘的小組在一九七九年復活節將模型運到北京時，便盡可能把它做得十分精細。圍觀貝聿銘揭開那座二百二十磅模型的五十名中共官員，或許預期看到一枚文明社會的閃亮徽章，但他們卻上了一堂歷史課。精心規畫的長排潔白樓房，高度都不超過四樓，裝飾著格子花樣和八角窗，沿著中庭蜿蜒開來，據說如此安排可以驅邪。這棟虛幻、詳和的樓閣對這些文革之子是既熟悉又陌生——可能是比較陌生，因爲貝聿銘參考自蘇州的平坦屋頂和白牆，在華北看起來很不合時宜。尤有甚者，他們對貝聿銘刻意營造的簡樸感到慌張失措。「貝聿銘希望表達真正的美，」他的助手方佛瑞（Fred Fang）解釋說：「就像沒有搽口紅的少女。」

救樹的黃先生

中共別無選擇，只得接受他們最尊重的僑胞所提出的設計，不過有一項條件：貝聿銘必須盡可能保留樹木。當時正如火如荼展開的綠化運動，使柴火和木柴大爲缺乏。光禿的土地上栽種的小樹苗，受到細心呵護。新種的楊柳和無花果樹排列在公園和道路的兩旁，中國境內再也沒有比香山的樹木更受珍視。香山是北京最受歡迎的公園之一，每年民衆都會搭公車前來欣賞秋天的紅葉。因此，他們無法想像一個西方建築師犧牲掉任何一棵柏樹、栗子樹、香柏或西洋杉——據說毛主席還曾在其中一棵樹下乘涼過。

他們再也找不到任何一位建築師會更尊重這個地點的自然美了。貝聿銘幾乎每件作品至少都有一棵特意造景的樹木，最早是威奈公司辦公室陽台上的虬結古松。「你想知道一切有關貝聿銘的事，」柯柏說：「就藏在那棵松樹下。」

貝聿銘比他的客戶更重視維護香山的古木。事實上，貝聿銘讓飯店的主要通道在二棵八百年的銀杏樹中穿過，外牆還設計成迂迴曲折，俾以保存最有價值的樹木。「最後，樹木反過來保祐我們，」他說：「整個地方馬上變成一座庭園。」

貝聿銘在遠東的尖兵黃家樂，當時正要返回美國，就接到貝氏由紐約打來的電話。香山出事了。他是否能在回家途中先轉往工地一趟？經過漫長的海外旅行之後，在回國的最後一刻轉往中國大陸是黃家樂最不樂見的，可是他還是勉强答應了。「我一直認爲我的角色就像是軍隊裏派出的斥侯一樣。」他說：「我們已準備好突破鐵絲網，好讓貝先生可以長驅直入。」

中共當局希望黃家樂看看，地上用石灰畫出來的外形線會砍掉地上的一百多棵樹。在四十名官員的陪同下，黃家樂冒雨在石礫和矮樹叢中踉蹌前行。「天啊，他們說對了！」他說：「我們砍掉的樹和我們以爲自己保留下來的一樣多。」仔細測量後發現，他們起點便畫錯了位置；整個外形線偏離了六呎，但即便是正確的外形線也會危及許多不必要犧牲的樹，因此黃家樂熬夜在外形線上畫出更多的鋸齒狀。他到第二天才離去，恰好趕上他女兒的畢業典禮。從此以後，中共當局便叫他「救樹的黃先生」。

無窮的人力

在世界的另一端蓋出一棟五星級飯店的差事落在普瑞斯頓・摩爾的身上，他是公司的助理合夥人，在哈佛時曾受教於貝聿銘，於一九五三年加入公司。摩爾對於這個地點早已有些模糊的概念；一九三一年他和雙親由檀香山到波士頓的旅行途中，曾在那裏吃過飯。一九七九年時，摩爾已然是個高大，滿臉于思的六十老翁，有著一頭濃密的白髮，看上去絕對像個中國人尊敬的老人家。有一回在公車上有個婦女讓座給他，把他嚇了一跳。工人還給他取了個綽號「白木耳」。

摩爾在紐約與北京之間來來去去，方佛瑞則在工地住了整整兩年。方佛瑞在文革前一直住在中國大陸，他知道如何取悅官僚和哄騙懶散的工人。美國人無法明白何時該壓迫，何時該懷柔。雖然方佛瑞深諳箇中之道，但身爲國民黨望族之後，他對生活在中共幹部之間感到十分不安，覺得自己彷彿被空降到敵後一樣。事實上，方氏的家人還要貝聿銘親口保證他的人身安全。

方佛瑞發現中國所缺乏的技術，常用無窮的人力來補償，共產黨已習於動員羣衆，用可觀的勞力來襲擊這個工地。騾子從地上拖出石頭後，由驢車用竹索運走。接著二千名工人不用機器開始挖地基；事實上，他們還多挖了兩層樓。不到一個星期，他們便鋪好了一條通道，這在美國要花上個把月的時間。工人日夜輪班，一個晚上便灌好了混凝土地基，方佛瑞在工地用啤酒和雞肉犒賞工人。「這是奇蹟，」他說：「直到今天，我都認爲在美國是不可能辦到的。」

單靠人力是無法彌補幾個世代以來的落後和僵硬的制度，所以他們物品交貨常不準時，燈泡、五金廢料，甚至連紙箱都會被順手牽羊，工人喝茶聊天混日子。著有《長壽花園》（Gardens of Longevity）的建築歷史學家朗・奈普（Ron Knapp）表示：「我認爲貝聿銘全心投入一件他非常渴望的建築工程，不過他絲毫没有察覺到中共没有能力完成它。多年來，各項技巧已經枯萎，共產主義讓這個國家完全没有創造藝術空間的觀念。」

周旋官場文化

迥異於挑起俄國大革命的知識分子，追隨毛主席十萬里長征的人大多是粗獷、没受過教育的農民，也就是現在掌控中共大部官僚機構的幹部。這些生澀的黨幹部完全不明白貝聿銘的想法，讓他們握有權力的人曾大力詆毁貝聿銘現在所提供的美感與舒適。「毛澤東以前會禁止我們所做的一切。」貝聿銘説。

最糟的是，文化大革命已剝奪了建築師的權力。他們不能下命令，只能給工人一些意見。有的中國建築師甚至住在工地，俾以執行工人「建議」的改變。因此，方佛瑞發現他的每一項決定都會招致批評，「有時我難過沮喪到都快要掉眼淚了。」他説。方佛瑞的頭號勁敵是北京第六建築大隊，人稱「楊隊長」的頑固分子。就像許多在自己的領地稱王的官僚一樣，楊隊長習慣我行我素，他憎恨方佛瑞拿在手裏像毛主席小紅書一樣的建築規格中譯本。這兩人差點就演出全版鐵公雞。

有一天，方佛瑞請楊隊長吃飯，表示講和。喝上兩杯後，他的客人忽然發脾氣。「佛瑞，你是唯一敢跟我頂嘴的人，」他説：「你以爲你是誰呀？」

「通常，如果有人這樣跟我説話，我會氣炸了。」方佛瑞説：「我是快氣瘋了，不過我靠在椅背上，笑著説，『你説完了没有，楊隊長？』然後打開窗戶，表示他的話已飛到外頭去了。我說，『你百分之百錯了。我一直在向你請益，不過我在這裏是代表貝聿銘先生，這棟建築將會按照他的規格來施工。』

方佛瑞慢慢地找到操控的方式。他和北京市負責建築事務的副市長交朋友，身爲文革後新生的一代，他急於證明這類合資企業也能成功。副市長請方佛瑞打專線向他吐苦水。

方氏同時用考績獎金驅使散漫的工人，並仔細地將官員和工頭許下的承諾記在筆記本裏，才能使他們說話算話。「在外頭，你可以用你們的方法行事，」他告訴他們：「但在工地內，讓我們嘗試點新鮮的。」

方佛瑞同時游走於北京的政壇，以尋求援助。官場文化使他不能直接去拜托負責汚水、自來水或其他單位的協助，只能透過第三方安排會面，大家先交個朋友後，才能請求他們的協助。中國人的禮俗讓方佛瑞得在無盡的喝茶寒暄中，先說些客套話，才能提及手邊的問題。在作成決定之前，得先和圍坐在大桌旁的官僚召開漫長沉悶的會議，再拐彎抹角地扯上一大段。他們很少談到工程進度，有些請求在官僚打打太極拳之中便消失無踪。「我從來没有參加過這麼多一事無成的會議。」摩爾說。

遷移雲南石峯

貝聿銘其實可以從香港進口原料和專業技術，如此一來便可節省許多時間，不過他要求盡可能使用中國傳統方法。例如，設計師崔西・透納（Tracy Turner）使用刺繡等幾已被遺忘的手工藝來製作菜單封套，菜單則採用剪紙藝術。由於北京没有工商名錄，她得自己去找工匠，有時還得走路去找。她帶著素描本，憑著在紐約學來的零星中國話，單槍匹馬闖進工廠。

貝聿銘希望用北京城牆所使用的古老磁磚，來作窗戶的邊。工匠在磁磚出窯時噴上一層油，使它散發獨特的暗灰色澤。它正是貝聿銘喜愛的材料——謙卑但高雅。巧的是，蘇州的工匠也使用類似的磁磚，複製一座預定放置在紐約大都會美術館的蘇州庭園。工匠把手切的赤土磁磚放進興建乾隆皇宮時所使用的窯裏去燒，再連同磚塊，雕花木柱，横楣和替他們煮飯的廚師，一起運到紐約去。

人們或許以爲，香山也可以取得這種大老遠運到紐約大都會美術館去的磁磚，不過城市之間的官僚風氣讓北京不能從蘇州運來材料。北京的官員堅稱他們無法再自行生產磁磚，因爲窯已經關閉了。如今貝氏的工作人員早已習慣自力更生。他們找到一位同情他們的老工匠，高齡七十了，還很開心地用市郊一座碩果僅存的窯替他們燒磁磚。

貝聿銘給自己設定的目標之一，是要提醒中國，一度大自然和建築物曾如陰陽般調和。「內外永遠合而爲一，」貝聿銘說：「學者的書房前面如果没有一座小花園，就稱不上是書房。這二者必須混爲一談。」根據這種風格，貝氏的西式客房可以瀏覽十一座種滿花草和古樹的美麗庭園。蜿蜒的花園小徑上鋪著用彩色圓石排成的精巧梅竹圖案，那些是曹凱文在越南邊境附近一處河床上採集來的。當地的村民從未見過外國人，當他騎著騾子抵達時，他們還特地殺豬待客。他說：「血流滿地。我心裏想，『天哪，他們要殺了我。』……他們驚訝地發現，這個洋人竟然要花數千美元跟他們買石頭。結果，所有的老太太和小孩都跑到河裏去了。」

一如華府國家藝廊東廂角落的展覽室，令人想起一座大型公共藝廊裏的家庭式美術館，貝聿銘也希望在香山寬廣的土地上，重建蘇州私人庭園的縮影。但是，要怎麼做呢？貝氏童年時期的石頭庭園規模太小，並不適合。有一次在由巴黎飛往北京的途中，貝氏剛巧讀到一篇旅遊報導，介紹雲南石林的鐘乳石柱迷宮。根據神話，天神把一座山摔成碎塊，創造出這座迷宮，好讓情侶有容身之地。那兒的鬼斧神工具有發人深思和超凡脫俗的力量，而且非常搭配飯店的灰色磁磚。貝聿銘對這項發現興奮異常，在通關前便對方佛瑞大叫他需要雲南的石峯。「既然你人在這兒，」方佛瑞答說：「我們連月亮都可以摘下來。」

方佛瑞明白當中級領導認爲只需弄個混凝土廣場即可時，要說服他們把鐘乳石運過半個中國有多麼困難。不久之後，貝氏、方氏、貝執中和曹凱文出席二位中共副總理在人民大會堂舉行的小型宴會，以慶祝貝氏六十五歲的生日。這批美國人打算把握這次機會，向高階領導推銷他們的想法。他們堅稱，從雲南把石塊運來會比在工地挖鑿石塊來得省錢。此外，還可順便宣傳雲南是個風景名勝。經過不斷上菜之間的討論後，副總理點頭了。他們肯考慮這個意見。方氏拿出筆記本來問道：「我可以寫說我們至少可以試試看了嗎？」

◀ 工人在常春廳內工作的情形。爲了趕上10月的開幕典禮，勢必要瘋狂趕工。

▶ 貝聿銘與中共官員討論計畫。

▲

常春廳：風格介於蘇州庭園與

華府國家藝廊東廂之間。

工程進度一團亂

中共當然無法讓外國人拿走珍貴公園裏的岩石，但經過一年的商量後，曹凱文獲准在石林外一個少數民族的牧場上繞上一圈。他從各種角度替這些二十呎高的石柱畫圖及拍照，並用油漆在選好的石柱上做記號。然後工人把石柱由六十呎寬的基座上鋸斷，再把這些總重二百三十噸的石頭運上四十輛平台火車，展開一千五百哩的香山之旅。三分之一的石峯在運送過程中碎裂，但剩下的石頭在十一座造景庭園中營造出一種奇異的原始氣氛。

工地現場的宮殿遺址中有一塊灰色大理石平台，稱爲流水引，上頭滿布彎曲的水道。地方上傳說，很久以前詩人在月光下引曲流觴，在酒杯流過這段一百六十五呎水道的七分鐘內吟詩作對。全中國僅剩五座這種流水引，結果工人把一台水泥攪拌器擺在平台上，把它弄壞了。貝聿銘便下令在北京市外的一座千年採石場上重新複製一座。他把它放在魚池中當成假山。四十名工人合力開鑿出水道後，摩爾放進一團紙團試試看通不通。

在飯店工地上，第六建築大隊應付粗活綽綽有餘，不過在與工業世界隔絕中長大的這一代，根本無法勝任西方觀光飯店需要的細心完工手續。工人們用煤油擦抹地毯，把油漆滴在地毯上，還在裝電線前便把牆上的線盒抹上灰泥；他們甚至把浴室的排氣管接到空調管道去。「簡直是臭氣薰天。」曹凱文說。

第一服務局沒有按照原先計畫請凱悅飯店的人員來管理，反而找來一名參加過十萬里長征的大老粗，這個沒牙的幹部唯一合格的資歷便是對黨忠貞不二。結果，年輕的飯店職員沒有接受任何訓練。他們盡本分地上工，然後閒扯淡，或在中庭打毛線混日子。最後，設計餐具的透納和大衛・馬丁親自來解說正式的西洋餐廳使用的一套二十五式的餐具。他們示範叉子擺左邊，刀子擺右邊；折好的餐巾要立在盤子上；左邊的小碟子是放麵包的；這個玻璃杯要倒水，那個玻璃杯要倒酒。中國人聽得瞠目結舌：他們的宴會是要有更多食物，而不是更多的餐具。「我們說得愈多，」馬丁說：「聽起來愈荒謬。到最後，我們自己都捧腹大笑。」

一九八二年夏天，事情已經明擺著，除非瘋狂趕工，飯店無法趕在十月，貝聿銘刻意挑選香山有名的秋天紅葉節氣完工開幕。方佛瑞「像是熱鍋上的螞蟻，這沒有做完，那沒有做完。我唯一能做的事就是打電話給副市長，要求他保證每件事都得做好。」

六月時，貝聿銘在威尼斯慶祝結婚四十週年紀念。回紐約後不久，摩爾拍了封電報，通知他進度落後之事。貝氏在開幕數週之前抵達，親自督陣，跟中共領導舉行無數次冗長的會議，其中一次還有人暗示他拿了太多的酬勞。這項指控當然是不了了之。相反的，貝聿銘辦公室的人說這項工程讓他損失頗巨。和地方幹部在一起時，貝聿銘入境隨俗，鞠躬哈腰，張大嘴巴吃東西。「看到食物在這個世上最優雅的人嘴裏飛進飛出，把我給嚇壞了。」馬丁回憶說。

諷刺的是，貝聿銘或許覺得此時自己再像個美國人不過了。有一次開會時，他很不尋常地拋開所有禮儀，用拳頭搥桌面；那是十八世紀被中國官員視爲蠻夷之邦的典型舉止。「中共官員嚇呆了，」貝聿銘說：「可是，忽然間我得到想要的。我猜我並非想像的全盤中國化。」

落寞獅子林

貝聿銘一直擔心美國人會認爲中國人落後粗野，遇有熟人和貝聿銘一起吃中國料理，他會仔細地說明菜單，同時警告他們不要對中式的餐桌禮儀感到不悅，比如吃麵時把碗端到嘴邊，還發出唏哩呼嚕聲。香山飯店的一片混亂同樣令人焦慮，特別是因爲貝氏請來參加開幕典禮的賓客包括他最有名的美國友人——賈桂琳・歐納西斯、瑪瑞塔・曲、伊凡吉琳・布魯斯（Evangeline Bruce）、威廉・華頓和侯文夫婦。當時擔任「鑑賞家」雜誌編輯的湯瑪斯・侯文，並不是唯一做筆記的人。威廉・華頓要替「家庭與花園」作報導，賈姬則打算寫本書。如果讓那些頗負盛名的貴賓看到貝聿銘的飯店如此狼狽不堪，那將是一椿國際間的笑話。這種可能性讓貝聿銘陷入少見的暴躁。「就花費的心力而言，這將是我做過最困難，最痛苦的事，」他說：「因爲我必須跟不瞭解的體制打交道。」

徒勞無功地過了幾天之後，貝聿銘認定他已無能爲力。他和艾琳出走到日裔雕塑家野口勇位於四國採石村莊的鄉村別墅。如果有人能體會貝氏的挫折感，那就是出生於美國的野口勇，他每年都有半年待在日本，直到一九八八年去世爲止。野口勇曾說過：「我是兩個世界的融合，東方和西方。」

貝氏夫婦及時趕回來和他們的美國友人在蘇州會合，並參加一個四十年未曾謀面的基督教青年中學老同學為他舉辦的宴席。巧的是，貝氏的美國友人住進一家美國國務卿季辛吉前天才遷出的賓館。侯文夫婦還在床下找到季辛吉的一隻黑襪子。

在一個燠熱的早晨，貝聿銘牽著孫女，引領友人穿過獅子林的水榭樓台，平靜地指出他曾跟表兄弟玩躲迷藏的地方，以及他在祖父跟前一動也不動地坐著的硬背椅。貝聿銘將石頭比喻為杜巴費的雕塑。期間，他拾起一塊特別的石頭，用手心摩挲，彷彿擁抱一位老朋友。

貝聿銘被亂丟垃圾和四處拍照的人羣給嚇呆了，這裏以前是專供沈思的私人天地。「你必須一個人觀賞中國庭園，」他說：「這麼多人在裏頭，根本無法領略它的美，不過這是今日你唯一能看到它的方法。」他叔公在園裏增建的部分，尤其是池塘上一艘石舫，令他掩面不忍卒睹。「老實說，」貝氏告訴地陪：「我的族人毀了這座庭園。它應只是石頭和流水，但他們卻增建了太多的東西。」

賈桂琳·歐納西斯將旅程的所見所聞都記錄在她的筆記裏。「老式的中國房屋在牆上都有雕刻——書法、對聯，」貝聿銘回憶道：「她對一幅對聯印象特別深刻。上聯是『見香』，下聯是『讀畫』。她認為這很有趣，還把對聯給抄了下來。我們回去後，她畫了幅中國墨水畫給我。上頭寫著『見香與讀畫』。她真是位敏感的女士。」

整趟行程下來，歐納西斯女士享受了少有的隱私；中國人根本不理睬她。一名同行的人說，他們唯一注意到她的，是她的腳丫子尺寸。中國人對貝家更有興趣。「中國人目不轉睛地看著貝家的子孫，」伊凡吉琳．布魯斯回憶道：「他們顯然是中國人，但他們的服飾和舉止卻是外國人。四週聚集一大堆人，所有人的眼睛都盯在他們身上。」

「我不會說中文。」貝聿銘的孫女對著靠近她的陌生人大叫。

銅鑼響起

貝聿銘爲他的友人安排蘇州這一站，好讓他們體會新舊交替的中國，以及他跟中國的關係。「直到我們抵達北京，看他新設計的香山飯店之後，這才明白他替我們安排的行程有多麼別致。」華頓在他的札記中寫著：「香港、廣州、桂林，最後到蘇州，每一站都給我們上了一課——好壞參半的課程。」

當他的友人繼續前往萬里長城和明十三陵參觀時，貝聿銘回到香山，精神奕奕，準備進行最後的一擊。在他的指示下，一叢竹子向右移了三吋，四十呎長的入口圍牆在一天之內重新設計，好讓賓客能一覽無遺地看到灰白色的正面。直到開幕一週前，飯店的水管都還沒有接好，但是每間廁所都已經堵塞了。馬丁得用手把堵塞物掏出來，摩爾擦窗戶以及撿拾消防梯下亂扔的垃圾，曹凱文熨窗帘，艾琳鋪床及打掃走道，貝聿銘跪在地上刮大理石地板的油漆。想讓一切恢復正常，已經來不及了。侯文夫婦抵達時，發現一對中國年輕夫婦在他們床上摟摟抱抱。他們浴室的拉帘掉落在地板上，馬桶的水也滿溢出來了。

這時，賈桂琳・歐納西斯和伊凡吉琳・布魯斯在乘車前往參加開幕典禮時，被困在北京市交通堵塞中動彈不得。眼看著就要趕不上這場盛事了，車上的翻譯人員把頭探出車窗外，跟公安說了幾個字，後者馬上爲他們開路。他們問，妳跟他說了些什麼？她回答：「車上是當官的。」

開了二十哩後，他們停在香山飯店灰白色的正面前，四週的山丘飄動著深紅的秋葉。「那是我見過最光亮、最潔白的景象，」布魯斯說：「眼前的美景讓我啞口無言。我從飯店的窗戶往裏一看、又看、再看，直到得下樓去參加典禮爲止。」

四點十七分，銅鑼響起，商業部長焦若愚和北京市長李毅等一列穿著藍灰色制服的政要走進宴會廳。那是世上最難以置信的集會：穿著漂亮黑色洋裝的賈桂琳・歐納西斯，混跡在一堆穿著毛裝、粗俗的共黨領導幹部中。「他們粗鄙地抽菸，還朝地上吐痰，」湯瑪斯・侯文說：「這種對比令人訝異。如此明亮，細緻的大樓裏擠滿了粗人，顯然他們毫不自知。」

雙方不可免俗地相互恭賀、敬酒。「中國文化根深柢固，」貝聿銘用中文說：「可將新枝接在舊幹上。」當貴賓走到外頭去欣賞花園時，沒有受邀的工程師和工頭爭先恐後地衝進正廳，狼吞虎嚥地吃起殘羹剩餚。

中共官方對香山飯店興趣缺缺；認知上的鴻溝使他們根本無法體會貝聿銘的成就。「我以前也看過這種建築，」一名困惑的官員告訴貝聿銘：「它看上去……很中國化。」

「香山飯店看上去毫不起眼，」北京「人民日報」寫著：「甚至有點怪異……這種建築在華北並不尋常，有人甚至認爲它太過呆板。如果你看到裏頭，你會以爲身在異地。」

貝聿銘的工作小組全憑意志力來完成這件工程，但在這天之後就得靠中共來維護它，直到它成爲貝聿銘預想的建築典範。「這家飯店就像個孤兒似的，」方佛瑞說：「我們不知道是否有人能將它撫育成有用之人。」開幕典禮後，伊凡吉琳・布魯斯在第二天黎明出發要到機場，她經過睡在大廳沙發上的工人，他們骯髒的靴子毀了嶄新的布面。六個月後，貝聿銘開始聽到人們抱怨浴室滿是蒼蠅，行李遺失及餐廳上菜很慢等。一年以後，方佛瑞重遊舊地，發現地毯上有菸蒂燒焦的疤痕，磁磚上潑了一層油漆，正面也出現髮絲般的細紋。如今，貝聿銘會公開勸告人們打消前往香山的念頭。「當它開幕時，這件建築作品尚未完工，」貝聿銘說：「這只是開始而已。因此我必須找到合適的客戶。希望它能展開第二春；希望它能恢復。」

永遠的現代主義

直到當時，貝聿銘認爲禁止在紫禁城附近蓋高樓是他主要的貢獻。「對我而言，那是最大的成就，」他說：「也是最大的滿足。」

香山飯店在美國造成的衝擊可能還要大些，後現代主義者將之視爲貝氏投降的動作：他們認爲，現代主義的主教終於也採用歷史性的依據和裝潢了。「才不是呢，」貝聿銘說：「我還是待在二十年前的道路上。現代主義並未衰竭，完全沒有。當然，它已經改變，變得更好。現在它更加自由。」

再一次，貝聿銘迂迴地統合最佳的新想法，而不倒向任何一方。「他抨擊後現代主義，卻主張中國大陸的歷史主義，」曹凱文說：「他這種分歧的道理讓大家都感到迷糊，不過他是個華人。他也喜歡讓人感到意外。他千變萬化，很難懂，喜歡改變人們對他的感想。」

香山飯店開幕七個月後，一個六人評審小組，包括卡特·布朗和ＩＢＭ公司名譽董事長湯瑪斯·華特生，頒給貝聿銘Pritzker獎，相當於建築界的普立茲獎，同時得到十萬美元的獎金和一座亨利·摩爾的雕塑。無論如何，香山飯店展示了延續文化而非詆毀歷史的價值。貝聿銘利用這個機會，肯定他對現代主義的信心，認爲它是一種不斷開展，充滿活力的風格：

你們知道時或許會覺得有趣，雖然當時我並不覺得有趣。我在四〇年代初期爲朋友在劍橋設計的一棟房子，因爲它看上去很現代化而拿不到抵押貸款。我這一代的美國建築師在蓋房子時，憑著是現代運動的前衛認知，以及對其重要成就的堅定信念……我明白這些年來有很多濫竽充數的作品。然而，我相信這項傳統將延續下去，因爲它絕不是過去的遺跡，而是一股鼓舞和告知現在的力量。

貝聿銘用這十萬美元設立一個獎學金，幫助中國學生到美國留學。他捐出這筆錢時立下一個規定：學生們在結束研究後，可以花一個夏天遊覽美國，但必須返回中國學以致用——如同他以前想做的一樣。

◀

湯瑪斯・侯文為「鑑賞家」雜誌訪談貝聿銘。

▼

貝聿銘和賈桂琳・歐納西斯在開幕典禮時迎接一位中國賓客，攝於1992年10月17日。

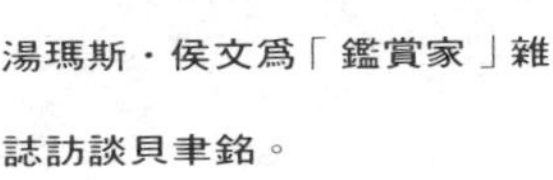

▲ 香港中國銀行大廈：中國前途的象徵？

第13章 壞風水

貝聿銘最後終於決定放棄北京香山飯店之後，他回到香港文華酒店邀集助理們前來飲酒，並宣布他的下一件計畫，將是爲中國銀行在香港商業區邊緣、距文華酒店只有幾條街外的地方，蓋一棟超級大廈。貝聿銘拒絕接受重建蘇州的邀請，他在香山飯店的最後一天曾氣憤地告訴華頓說：「我要離開中國。」但是中國銀行香港分行這件委託案卻讓他難以抗拒。中國大陸的高階銀行主管官員是受過西式教育，相當世故的人，因此貝聿銘不必再和破壞香山飯店的草率中共幹部打交道。而且，香港的承包商及工程師和世界其他地方一樣的精良。

此外，接受這件工程也有一些感情的成分。一九一八年貝聿銘滿週歲的時候，是他父親創設了這家銀行的香港分行。共產黨從貝祖詒手中奪走了這家銀行，如今他們要請昔日敵人的兒子，來設計一棟新的分行辦公大廈。在此種歷史情結之下，這件事勿寧增添了樂觀與和解的氣氛。

一九八二年，中國銀行官員與在紐約的貝祖詒聯絡，並尋求他的支持。貝祖詒時年八十九。「那是中國作風，」貝聿銘說：「儘管他們的政治立場相左，但態度上非常尊重他人。所以，一方面我父親希望不要再跟它扯上關係，另一方面又認爲它對我很重要，我應該去做。我同意他的看法。」

貝聿銘的弟弟貝聿昆在俄亥俄州康寧玻璃公司作了很多年的材料工程師以後，打算搬回北京住。不像貝聿銘，貝聿昆仍然把中國視爲老家，同時想帶年邁體衰的老父一同回去。貝祖詒必須離開他的第二任妻子，他們的生活老早就分道揚鑣了。「他坐在公寓裏瞪著四壁發呆，」貝聿昆說：「他的妻子年輕許多、還有活力，興趣也不同，所以沒人和老父親說話。這樣的日子是不適合老人家的，我想帶他回到中國是個好主意，他可以跟他認識的人度過餘生。我們可以住在一起，我會照顧他。他也可以和老朋友聊聊，看看中文電視。」

貝聿昆的手足都贊成這件事——甚至他們的繼母都同意了，唯獨貝聿銘例外。根據弟弟的說法，貝聿銘擔心別人說閒話，指他在紐約過好日子，而把老爸送回醫療落後的中國去，似乎有違孝道。身爲長子，貝聿銘的意見比較有分量。幾個月之後，他父親便在紐約辭世了。

重溫舊夢

到香港工作讓貝聿銘感覺非常自然。香港這個地方新舊交會、東西文化雜陳，就像貝聿銘自己一樣，是別處所比不上的。它是通往大陸有形與無形的大門，是爲看不見的移民網路樞紐。每當貝聿銘偶爾前往北京或是新加坡之前，都會有香港最有權勢的家族傳真邀請函到貝氏紐約的辦公室，請他中途到香港落腳做客。「他們知道父親抵達香港時，邀請便如潮水般湧來，」貝三弟說：「他似乎有應接不暇的應酬。父親便在文華酒店長期訂房，方便應酬。對他來說，香港這個地方既能做衣服又吃得好。」

貝氏年少之時，經常跟小叔帶著一瓶酒在上海的街上逛。流連在茶館、麻將館之間時，他們會品嚐螃蟹湯、鐵鍋裏嗞嗞作響的海鮮和放在柳條籃子裏的點心。香港也有這樣的美食街，在高聳的大廈旁邊，華人擺設有篷架攤子賣地方小吃。有一回，貝氏和合夥人雷納德在等候飛往新加坡的班機時，帶著雷納德逛街享受了一次豐盛的中國美食。「我們約有三個小時的時間，正好是中午，於是我們同意先去吃中飯。」雷納德回憶說：「我們走到中環後面的小山邊，從山腳一路吃上去。先是湯麵，再來是雞塊、豬肉，還有鮑魚薄片、蝦蟹、鴨肉等各種不同的食品。雖然我們沒有帶酒，仍算是重溫了一次貝聿銘的舊夢。」

雖然對香港有感情上的眷戀，貝氏於聲望如日中天之際，在香港的作品也只有一棟普通的帷幕大廈。因爲在香港找不到像別的地方那種大客戶，所以他沒有更深入這個市場。這裏的英國人只雇用大英國協的建築師，有錢的亞洲銀行家或是航業鉅子，只要蓋出一棟單調的金屬玻璃帷幕大樓就感到滿意了。

一九八〇年代後期，諾曼・佛斯特（Norman Foster）爲香港上海匯豐銀行設計了一棟大膽的高科技大樓之後，香港的建築名聲大噪。佛斯特好似在著名的港區降落了一艘太空船：他精密的創新設計，包括像橋般由體外骨架（編註：生物學名詞，龜、蝦、蟹等皆屬體外骨架生物）伸出無柱撐的樓板，六十二具玻璃罩的交叉自動電扶梯，以及能將陽光導入工作場所的鏡面，另有一條垂直軌道可以在銀行內部輸送文件。由橫樑與鋼管組合的未來派作風，是全世界最前衛、最昂貴的建築之一。它也使得建築界視香港爲思想前衛的地區。

匯豐銀行與中國銀行自上海外灘時期即展開在建物方面的競爭，佛斯特的作品是匯豐銀行新一回合的反擊。在自由主義盛行的城市中，銀行爲重要的機構，數十年來這兩家銀行像跳馬背一樣地在建築物上較勁。舉例來說，被佛斯特作品所取代的銀行大樓，曾經是自舊金山到開羅之間最高的建築物，也是亞洲第一座配置有空調的大樓。這棟堂皇的花崗石大廈內有個扁壓了的內庭，宏偉的銀行大廳天花板以馬賽克描繪著商業、運輸及獲利的榮耀事蹟。這家銀行曾要求建築師「爲我們建造一座全世界最好的銀行」。一九三五年落成時，一名高級官員曾說：「尚未出生的一代將用今日我們景仰德耳翰大教堂的眼神，注視這棟建築。」

中國銀行則回敬以一棟稍高的大樓，在共產黨的控制下，他們在隔壁的板球場上方展示著燙金的毛澤東中文標語。他們也在前門擺著一對獅子，而且比匯豐銀行門口的那對獅子還要大，還要兇猛。

挑戰極限

由於柴契爾夫人同意於一九九七年將香港主權歸還中國，貝氏的中銀香港分行大廈，不可避免地將象徵在共產黨統治下香港的前途。共產主義登陸這個亞洲資本主義要塞之後，中銀大廈必須要矮化佛斯特的作品，以及其他殖民地色彩的象徵。同時它要向工商界提出保證，香港在中國管理之下，還能維持繁榮。貝聿銘說，它必須要代表著「中國人民的雄心」。

貝氏以六十五歲的高齡迎接這個好機會，讓他能在作品裏留下一棟傲人的摩天大廈。尤其是當全美各大城市戴著高帽的後現代主義大樓林立之時，這棟大樓能讓他有所回應。「我認爲它（後現代主義）没有把握到重點，」貝聿銘說：「近乎純真——結構意識上的純真，進而達到美學上的純真——可以有很大的成就。」

貝氏的事務所以建造玻璃帷幕出名，不過多數皆出自合夥人柯伯與傅瑞德之手，貝氏則專注於大型法人機構的肥缺。貝聿銘認爲那幾件出自他設計的作品都不重要，在其專題論文當中提到：「没有一件特別具有紀念意義，但是爲了事務所的生計不得不做。」（他的這番否定言論冒犯了一些從前的客戶，特別是新加坡人。他們把貝氏的作品視爲擺脫殖民地色彩的象徵。）

佛斯特以十億美元的大手筆，在熱鬧的港區建造這棟聞名的大廈，但貝氏卻没有這麼寬裕的經費，他拿到的預算只有一億三千萬美元，與一塊三面是高架道路的狹小荒地。更糟的是，在二次大戰期間這裏曾是日本軍營。許多香港人相信有遭受折磨的戰犯鬼魂在此出没。

如果要在港區與山丘之間密集的四、五十層摩天大樓中顯得突出，貝氏就必須在這塊不毛之地設計出一棟超高的建築。他知道這件設計案的設計基礎在於全然垂直，與香山飯店的審慎、謙遜將有一百八十度的轉變，反正香港早已是全世界摩天大廈密度最高的城市了。他向紐約時報保證說：「這家銀行將完全西化。香港是東西文化的交會點，有辦法蓋出一棟現代化建築。」

在傳統的高樓中，每一層樓板所承受的重量會逐漸累積：樓層愈高、牆壁愈厚。建築師在直角的結構體側向加以支撐，以防止大樓向兩側搖動。由於香港經常遭受颱風吹襲，建物的側向支撐規格是紐約的兩倍。受限於預算緊俏，較無想像力的建築師可能會滿足於格式化的五十層樓方型建築。但爲了跟佛斯特在兩條街外備受推崇的作品暗中較勁，驅使貝氏嘗試挑戰建築結構的極限。

自香山飯店回到凱統市之後不久的某一個週末，貝氏要三弟做四支三角形的箭，尾端斜切四十五度角，並以橡皮筋綁起來。貝氏把這四支箭柱排成直線呈階梯上升型態。這棟容積逐漸縮小的階梯狀大樓便隱然成形了。第一層外牆縮入四分之一，第二層剩下一半，第三層高度達四分之三，剩下的一支則突出角錐形的尖端。「我父親在召集助理之前，有一套獨立作業的方式，」三弟說：「我認爲，他早已在心中形成一個概念了。」

貝聿銘畫圖並做出模型給建築工程師萊斯里・羅伯森（Leslie Robertson）看，羅伯森的高樓作品包括紐約世貿大廈。他領悟到，貝氏這種三角型設計的概念，有可能以較爲經濟的垂直空間結構，取代傳統高樓造價昂貴的工字樑。「貝氏有很棒的直覺，」羅伯森說：「他對建築物、對人及對各種事物都有基本的概念。雖然不能把關節連結起來，但是毫無疑問的，你可以仰賴他

▼ 貝聿銘回國時，蘇州祖宅的外觀。

對建築的感覺。」

要讓高樓穩定的一個辦法是使將重量移轉到角落去，就像水手把兩腳張開抵禦强風一樣。爲了辦到這點，羅伯森以每十三層樓爲一基準，設置交叉型支柱，整棟樓像是支收音機天線。大樓所有的重量經由立體與平面的對角線傳達到四個角柱。過多的側撐鋼材則改用到向上的結構。「它代表著一種新的建築方式，」羅伯森說：「它開啓了人們對建築結構的嶄新思考方向，破除了高度的限制。」

爲了强調這種結構同樣具有美感，貝聿銘以紅色來突顯對角線與每隔十三層樓的水平衍架。他說：「如果不强調出它的結構，這棟建築看起來就會不舒服。」

入境難問俗

貝聿銘自這個最高科技的個案中休息了好一陣子，以表達對歷史潮流的尊敬。一九八五年，他回到中國大陸，參加蘇城建城二千五百週年紀年。整整四天的時間，這個城内最有名的人物流連於獅子林，觀賞傳統戲劇和蘇州方言説書，和親友團聚。他拿到一份族譜，將來要傳給他的子女，好讓他們知道家族歷史。由於貝家祖墳在文革時期被毁，貝聿銘爲父母和祖父母在城郊的公墓重新修墳。

貝聿銘對歷史表現出儒家的尊重，但他並不永遠歡迎歷史入侵他的專業生涯。他經常開玩笑說，他沒通過紐約州建築師執照考試的基地規畫部分，是因爲他運用了中國古傳的風水學說。所謂風水之說，是中國古代的建築準則；舉凡城市、建物、牆壁、家具，甚至於墳墓的位置，都要與自然力量配合運用在地形上。和針灸一樣，風水也是要找出氣最旺的地方。例如，面向海洋或河流的景觀不能受到阻礙，才能增加「助力」；山丘在北面可以擋掉邪惡之事；房屋在墳地之南會招致不幸；三角型的房地產則會招災引難。違反這些原則都會招致巨變。曾有某些例子是因鄰近的建築破壞風水，導致整個村落搬得空無一人。

風水之說在香港也相當流行。這種旨在撫慰未開化世界的神秘論調和迷信的行爲，非常不搭調地跟監控著全球市場的高科技金融中心並存。譬如，麗晶酒店（Regent Hotel）在動工之時，有人擔心代表九龍的那九隻龍（即週圍的幾座小山）將找不到它們喜愛的洗浴處所。這個問題相當受到重視，以至於酒店必須增建一面四十呎的中庭窗戶，讓它們能找到去嬉水的路。

佛斯特曾接受一名道行高深的風水師建議，把匯豐銀行裏的電動扶梯重新裝置，並且利用盆栽擋掉內部十字型支架所引來的惡運。在銀行搬遷到新家之前，風水師指示兩隻躺著的銅獅子必須在週日淩晨四點搬運到側面擔任守衛。這兩隻獅子爲紀念早年的經理分別取名爲史帝芬與史帝特，還必須同時搬運以免牠們心生嫉妒。銀行主管必須要到場祭拜牠們。

貝氏公然地輕視風水之說。某方面來說，它是一門古老的藝術，富涵文化意義和智慧；但就另一方面來說，它不合理之處讓西方認定中國是塊落後迷信的土地。「我怎能相信那些事呢？」

貝聿銘說：「然而，風水是我所訓練的一部分，也是建築的一部分。」他仍然慎重其事地詢問每一位遠東地區的客戶，他們是否肯搬到這棟大樓。

在進行中國銀行的工程時，他給了一名助理一本風水的書，請他根據其原則來評估設計。經過小心研讀之後，這名助理報告說有幾點違反了風水原則。「哦，那些中國人，」貝聿銘譏笑說：「他們真迷信！」

「香港的中國人是你能找到最迷信的人，」貝聿銘後來解釋說：「風水在那兒是門大生意。風水師就像這裏的律師一樣：他們無所不在，你的一舉一動都得請教他們。我知道我有麻煩了，但我並不清楚究竟會是怎樣的麻煩。」

蓮花出污泥

因爲共產主義把這些斥爲異端邪說，中國銀行不便過問風水，至少不能公開。無論如何，還在繪製工程圖的階段時，銀行方面便拍給貝聿銘一封電報，對這座建物正面出現的巨型交叉支柱表示關切。在中國，畫個大叉叉表示詛咒，部分原因是死囚背上會被插上木牌，寫上年籍並打個紅色大叉。中國銀行的高級主管或許不信風水，可是他們擔心冒犯存戶或是承租戶。在香港沒有幾個房地產經紀商能解決風水不好的地段。貝聿銘說：「他們客氣地建議我再去看看這個大叉叉。我告訴他們，這個交叉的支柱是這棟建築設計最重要的部分。它們是支撐整座大樓的。」

經過一番深思熟慮，貝氏把每十三層樓設置的水平衍架隱藏起來，很巧妙地留下來被形容爲一串鑽石的外部景觀——這對銀行來說可是個吉兆。他同時把這座大樓比喻成春雨過後的新筍，依照中國的說法，這代表著新生與希望。「中國古諺說，蓮花出汚泥而不染，」貝聿銘說：「我們希望這棟大樓能具備這種氣質。」

貝氏以香港能瞭解的符號表達出他的設計，除了鑽石和竹子以外，他將亮麗尖塔奠基在三層樓高的花崗岩地基上，環繞著一個寬廣的大廳，以殖民時代銀行固若金湯的堅固性爲訴求。這個笨重的後現代基座和它上方輕柔的塔門不太相稱，但它表達出莊重威嚴，已達成其目的。貝聿銘的父親有一次這樣告訴他：「銀行必須看起來很安全。」貝聿銘原本打算利用這個陡峭的地形，讓泉水穿過這棟建築物。不過，根據風水之說，這樣會散財的。因此，他改在建築物側面各造一座瀑布，以蓋過週圍吵雜的交通噪音。

由於貝氏設計出高效率的龍骨結構系統，他得以在紐約與芝加哥以外的地區，用有限的預算蓋出全世界最高的大樓。即使爲了應付颱風必須有額外的支柱，這棟建築仍然較傳統大樓節省了百分之四十的鋼材與四分之一的焊接點。自一九八五年中開工之後，每四天即可蓋出一層樓來。只花了十六個月的時間，這座超高大樓的結構體即已完成。一九八八年八月八日舉行安樑儀式，兩百名賓客頭戴塑膠頭盔，搭乘工地用電梯上升到第七十層樓的粗糙水泥樓板，刻有一百名工人名字的橫樑以慶典用的金色螺栓固定住。當大人物們象徵性地拿起繫著紅彩帶的鏟子鏟起水泥時，彩色氣球開始升空。接著捻香祭拜，大家共飲清酒，享用烤乳豬。他們取笑佛斯特的匯豐銀行大樓，從這高處看下去，好像是玩具城裏的裝飾品那樣渺小。

上樑儀式特別選了好日子：由於廣東話的「八」近似「發」，表示興旺之意。香港人相信一九八八年的八月八日是本世紀最吉利的一天。然而選了這樣的好日子仍然無法消除這棟大廈會給鄰居帶來惡運的說法。受貝氏與中銀方面排拒的風水師向媒體陳述他們的觀測：貝聿銘比喻爲竹筍的尖塔，對他們來說卻是一把鋒利尖銳的刀，刀鋒將會釋放出地底的惡靈。「如果有尖角對著你，就像有把刀指著你一樣，不利於健康或財運。」風水師宋學廣說：「有的尖角指向大樓的核心，像是刀子刺進了肚子。」緊張的鄰居們在窗戶及廂房外懸掛八卦鏡，以反射掉這棟大廈散發出來的惡運。

還有一種說法是這支尖角對準了港督府，甚至說是對準了港督本人。就在報紙刊登這些事情之後不久，貝聿銘自巴黎視察羅浮宮金字塔回來，在飛機上遇到了港督衛奕信夫婦（David Wilson）。衛奕信邀請貝聿銘次日到官邸做客。在坐下來用午餐之前，主人引領他們到一座花園。衛奕信稍後解釋說：「對很多人來說，總督府象徵著香港政府，我們便在那座尖角與官邸中心點的連線之間，種植兩棵柳樹做爲防禦措施。柔軟、圓融的柳樹可以抵消掉像劍一般銳利的尖角建築物。如此一來，問題解決了，大家都很高興。」

傷心的中國

風水不好的消息很快就被另一件大災難所壓過。一九八九年六月四日凌晨，鄧小平派出坦克車與軍隊輾過障礙物，向聚集在天安門廣場上，要求民主的上千名示威民衆開火。當時，貝聿銘正好要前往中國大陸，爲中銀大樓的流水花園挑選石頭。他按原訂計畫進入中國大陸，假設自己的地位可以保護他，但他勸告同行的記者馬丁・費勒留在安全的香港。

之後的數週，中共强硬派逮捕了上萬人。中國再度回到恐懼與鎮壓的時期。貝聿銘比一般美國人更瞭解，中國在軍事戒嚴法下將面對何種悲慘的情境。曹凱文回憶説：「我從來没聽過貝聿銘説話如此坦白，他不斷表示説自己是多麼的失望。我從不知道他是如此地關心中國。」

這次武力鎮壓動搖了港人對於共黨統治下，前途安定與繁榮的脆弱信心。港人害怕地覺悟到，一九九七年後他們也會站在火線前，這個原本只關心生産消費、賺錢花錢的貿易樞鈕，此時突然産生了少見的政治覺醒。數萬名港人身著喪服、臂膀上繫著黑布，在街上秩序井然地示威遊行。

貝氏的中銀大廈原本是回歸祖國後的希望圖騰，如今成爲提醒全世人，老鄧即將接收香港的標誌。存款戶在中國銀行門前排隊等候抽回資金，工人在建築外牆上懸掛巨幅黑布標語，上面以中文書寫著：「血債血還、民主萬歲！」

就像許多受到鄧小平改革開放鼓舞的觀察家一樣，鎮壓事件發生之後，貝聿銘覺得被騙了。說了一大套改革，結果中國根本沒有改變。他說：「這件事對我造成很大的傷害。因爲蓋這棟建築係表達我對這個國家的信心。天安門事件發生之後，我看著這大廈，心裏覺得糟透了。」

貝氏接到一大堆的電話，詢問他對這件事的看法，但是他拒絕公開表示意見。除了簽署請願書，反對改建布魯意的惠特尼美術館與邦沙夫特的槓桿屋等兩棟現代主義建築經典之作，貝氏盡量避免公開表明政治主張。「鮑比・甘迺迪遇刺讓我父母遠離政治，」他女兒蓮說：「他的死亡是個轉捩點。雖然他們仍然維持自己的信念，卻不再參加募款活動，或是讓別人借用他們的名義。」

事實上，貝聿銘對這種事是非常畏首畏尾的。舉例來說，一羣參加一項抗議遊行的建築師走到第五街時，剛好看到貝家人在逛街。詹姆斯・波席克（James Polshek）說：「貝聿銘一直是個政治態度積極的人，卻以含蓄的方式來表達。他從不參加遊行活動，因爲這樣太招搖了。」

對於天安門這件事，貝聿銘更是特別小心。因爲他的弟弟已回到中國，而且就住在靠近天安門廣場的一棟公寓裏。貝聿銘的言論可能會對他弟弟不利。

不過，天安門事件促使貝聿銘放棄根深柢固的謹言慎行，轉變爲政治活動的實踐主義者。他很難得的公開在紐約時報特別報導版發表了一篇文章：

五十多年前，我和內人由中國來到這個美好的國家。四十年中，我們夢想有朝一日可以在故土工作。我們非常希望能結合，對這個國家的熱愛與我們想貢獻祖國的願望。一九七八年，拜鄧小平偉大經濟改革之賜，我們有機會在中國工作。和新一代中國人一起工作時，我從未對中國的前途感到如此之樂觀。我們相信中國已逐漸擺脫戰亂和鎮壓的夢魘……今日，那些夢想已被天安門事件給粉碎。我們震驚莫名……雖然在美國工作是比較輕鬆，但我們仍在中國工作，不論有多少挫折，因爲我們愛她，並相信事情已好轉……我們能再度在中國工作嗎？我不確定。無論如何，我都不能接受，一九八七年六月三日週六晚上，在天安門廣場上所流的血都是枉然的想法。

非常的組合

當記者詢問旅美華人界對天安門事件的反應時，貝聿銘無言以對。因爲大家看法並不一致，華人社會分裂成許多小團體，香港人、大陸人、台灣人、共產黨、國民黨、貝聿銘之輩的上流華人，以及在餐館和工廠做苦工的新近移民等，林林總總。這些華人也不願整合成爲類似反毀謗協會與NAACP這類的團體。在天安門事件發生期間與事件之後，電視主播訪問各大學和智囊團的白種人漢學家，但獨缺華裔美人，有時被稱爲「沈默的少數民族」。貝聿銘說：「旅美華人既無組織，也無發言人，這是很可惜的。」

十多年來，中國友人一直敦促貝聿銘出任官職，理由是身爲全球僅次於鄧小平的最著名亞裔人士，他有資格發出華裔美人向來缺乏的政治之聲。貝聿銘始終婉拒，直到天安門事件發生一週後，他邀請一些傑出的華裔美人好友到他的辦公室，包括通用公司副總裁楊雪莉（音譯：Shirley Young）、投資銀行家奧斯卡・譚（音譯：Oscar Tang）及哥倫比亞大學諾貝爾物理獎得主李政道。雖然我們已不把中國視爲我們的家，貝聿銘說，但大家是否仍應共同討論她的福祉，並且一齊表達出來？

「和我們許多人一樣，他被殺戮和鎮壓給嚇壞了，特別是相對於幾個月前民運所激發的樂觀氣氛，」奧斯卡・譚說，他和貝聿銘一樣在上海法租界長大。「我們一直在注意中國大陸走向理性化，盼望在歷經一百五十年的動盪和統治之後，中國大陸終將吸收新觀念，邁步前行。天安門事件令一切爲之改觀，看起來中國大陸似乎又要陷入混亂。」

那年夏天，這個核心小團體有更多人參與，計有大提琴家馬友友、作家黃大衛（音譯：David Henry Hwang）、軟體企業家林大衛（音譯：David Lam）、舊金山房地產開發商李絲莉・席林（音譯：Leslie Schilling）、小說家包貝蒂（音譯：Bette Bao Lord）、美國地方法院推事羅朗洛（音譯：Ronald Lew）、太空人王贛駿和加大柏克萊分校校長田長霖。

這是一種幾乎不可能的組合。「中國人通常不認同非家庭因素的聯盟，」委員會主席楊雪莉說：「加入委員會有違他們的天性。」

然而，他們在固定的午後三三兩兩地走入貝聿銘的會議室，被暑氣曬得全身乏力，被深夜的CNN害得眼眶濕潤。他們在危機中開會，剛開始時，有人提高嗓門，有人搥桌子，這羣最有成就的海外華人考慮立刻公開譴責中共。但慢慢的，夏天結束時，中國人深思熟慮的天性顯露出來。「他們是經歷大風大浪，非常世故的人，」楊雪莉說，她的父親曾任中國駐菲律賓總領事，於二次世界大戰時被日軍處決，之後她來到美國。「未若全國其他聯署簽名和募款的特別委員會，這是一個考慮周詳，大格局的團體。正如我們所言，天安門事件絕不是我們應當團結的唯一理由。我們專注在更深遠的寓意：當眼前的危機解除後，我們能做些什麼有用的事？」

菁英意識遭罵名

九月時，他們自稱爲「百人委員會」（Committee of One Hundred），並起草一份任務宣言，自許爲一個超然的組織，以促進「華裔美人和全球華人固有之尊嚴和不可剝奪之權利。」（實際會員人數與會名不符，當時只有大約八十人）。

委員會的第一屆年會是在紐約的世紀俱樂部舉行，這裏是位於第五街由麥克奇姆・美德和懷特公司設計的堂皇俱樂部。貝聿銘的朋友，美國大使理查・候柏魯克（Richard Holbrooke）建議他們的眼光要超越天安門事件，重視這類團體所能產生的影響，對於如此不同的歷史文化僅有模糊認識的華府決策者而言，他們將是商量對象。「美式作風不適用於亞洲，」任職律師的貝蓮說：「西方政治家不瞭解中國人的天性。美國人愈施加壓力，愈討不到便宜……我父親看到這些感到非常憂心。有很多好機會就這樣錯失了。」

一九九一年三月該委員會在舊金山文華東方酒店召開第一次正式會議，當時布希政府對北京政權開始採取修好的姿態。美國駐中共大使李潔明（James Lilley）還到舊金山爲委員會打氣。（李潔明說：「我並不是每天都能收到由貝聿銘署名的信。」）北京方面則派遣其駐美大使朱啓楨表達支持之意。

這些達官貴人的背書，並不能消除亞裔草根團體對百人委員會的攻訐。他們指責這些有錢有名氣的會員，自以爲是地代表所有的華裔美人發言。委員會名稱所暗含的菁英意識亦招致怨恨。「馬友友怎麼能在社會問題上代表我的立場？雖然我很尊重他的音樂家身分，」L中國民主教育基金會主席洛蘭・羅威博士（Dr. Rolland Lowe），向紐約時報的福斯・巴特費爾德抱怨說：「貝聿銘也是一樣……我們有句中國話說，領導是靠他人的承認，而不是自封的。」

該團體不願支持任何明確的議題，也招致批評。「那是典型的中國式謹慎，」一名亞裔美人政治活動召集人說：「你知道的，風中蘆葦彎腰但不折斷。」一家舊金山報紙「亞洲週刊」把百人委員會比喻爲：「一羣沒有約會的高中學生，打扮得很漂亮，卻沒有地方可去。」

巧份魯仲連

一九九〇年代初期美中關係惡化，委員會找到更明確的角色定位。意識到東歐共產主義急速的崩潰，鄧小平大幅放寬企業自由，惟仍抗拒政治開放。天安門事件發生幾年後，中國人忙著賺錢，根本無暇顧及政治改革。中國廣大的人口，聚集財富的速度成爲世界主要國家之中最快的。過去用來展示毛語錄的告示牌，如今變成了照相機與電腦的廣告看板；商店販賣軟性飲料和彩色電視機；肯德基炸雞店就開在毛澤東陵墓附近；上海也成立了股票市場。街上因西方企業服飾，時髦的髮型、化粧和高跟鞋而耀眼起來。

拿破崙曾經預言：「中國一旦覺醒，天下震動。」中國大陸似乎已實現他的預言，起飛的經濟引發國家主義情緒，以及新一波仇外的心理。中國大陸如今已是擁有核武，聯合國安理會席位，全球最龐大的軍隊，並有充足的軍火，可以收回上個世紀飽受巧取豪奪的領土的正統政權。

自然地，中國大陸的國家意識引起其貿易夥伴的不安。一九九四年三月中旬，柯林頓總統派遣國務卿克里斯多福秘密前往北京，告知中共如果不改善其人權政策以及消除貿易障礙，美國將不延長中共的最惠國待遇。在克里斯多福抵達前夕，中共當局四處搜捕異議分子，並集中軟禁，以示對他來訪的輕蔑。中共總理李鵬告訴美國記者說：「對中國施壓是沒有用的。」

就在克里斯多福秘密出使的數週後，百人委員會正巧安排派遣一支二十人的代表團赴北京，進行爲期一週的諮商。這次的中國之行係透過貝聿銘童年時期好友經叔平的安排，現在他是中共高階經濟學家。這正是巧扮魯仲連的完美時機。「雙方似乎透過另一人來談話，」楊雪莉說：「由於我們都是雙文化，可以訴諸個人和情感手段，來說明彼此的立場。」

貝聿銘擔負起首要代表的角色：他帶團進入會場，坐在中共代表旁邊的主位上，敬酒時帶頭舉杯。由於能操中文，他所傳達的訊息遠遠超過必須依賴翻譯的美國外交官。

在意氣相投之下，貝聿銘向鄧小平的接班人中共國家主席江澤民，及其他中央政委，傳達美國政策背後的人權含意。一項對一三〇〇名美國人進行的民意調查顯示，美國民間對中國看法分歧——在大陸經商的公司表示支持，國會領袖及幕僚則嚴厲非難。委員會警告習於單一政治路線的中共官員，不要被美式民主的不和諧聲音所惑。他們解釋說，國會的反彈和報紙社論不一定反映出政府的決策。

貝聿銘建議，改善輿論對他們觀感的不二法門就是善待西方記者，這羣受挫的小團體單是要打聽消息都會遭到官僚的百般阻撓。由於行動受限，他們便經常去採訪北京的異議人士，結果招致公安的跟監和竊聽。委員會跟中共領導人說，表達自己意見的最佳辦法是提供更多消息，而非秘而不宣。

國家主席江澤民則警告說，美國不能再將他們自己的貿易及人權法規，套用在一個文化截然不同的國家。他重申中華人民共和國的一貫主張，「人權」一詞在中國有著另一種意義，儒家思想將社會福利——美國人視爲理所當然的吃、住和醫療服務，置於個人權利之上；北京當局的首要之務是在邁向市場經濟的轉型期維持穩定（比如黨的權力）。江澤民並提出民族尊嚴，他回憶兒時在上海租界的情景，他說：看到那些中國半殖民地式的象徵，讓他決心抵抗外國的入侵。這些華裔外賓聽得出他話中的弦外之音：遊民及種族犯罪充斥的美國，竟敢訓誡中國這個文明古國，恍若她是個未開發國家似的。無論如何，這是一次非常具說服力的對話。貝聿銘跟一位委員會的朋友說：「我已經比較能夠瞭解了。」

「對他們而言，穩定，穩定，再穩定，就是這樣，」貝聿銘告訴西方記者說：「如果你容忍十二億個聲音，便可能會遭到滅頂。我認爲我們必得體諒他們的困境。我就已經諒解了。」委員會向當時柯林頓總統的國家經濟委員會主席兼白宮貿易政策首腦魯賓提出報告。在致總統的信函中，他們籲請決策者不要取消貿易最惠國待遇，反倒要鼓勵貿易及文化交流，既可使中國對外開放，又可讓中共領導人保住顏面。他們保證，中國經濟的持續成長終將導致改革與開放。

美國總統柯林頓同意了。在接到委員會來函的三天後，柯林頓宣布改善人權紀錄不再是延長中共貿易最惠國待遇必要的條件。自此之後，美國公司充斥中國大陸，但貿易成長並未帶來貝聿銘和其他人期待的政治開放。相反的，記者和人權團體報導，過去一年間中共仍然進行毫不留情的鎮壓行動。十一月二十四日，詩人北島甫抵達北京機場立刻遭中共公安逮捕；經過連夜問話後，他飛回美國。一週後，五名男子侵入劉再復在北京的寓所，他是旅居美國的著名文學家和民運活躍人士。一月份美國國務院發表聲明，表示中國大陸人權紀錄毫無進展。「坦白說，就人權紀錄來說，情況是每況愈下，」負責東亞事務的國務次卿羅德坦承，他是百人委員會委員鮑蓓蒂的生先。「他們逮捕異議人士，不斷騷擾他們。」

同時，委員會嘗試運用其名望及影響力，促進華裔美人的利益，而不像其他種族團體的遊說組織，僅支持特定的條款。例如，委員會支持兩黨的華裔美籍候選人，將他們介紹給會裏有錢有勢的委員。受惠者包括前洛杉磯市長候選人麥克・吳（音譯：Michael Woo）、加州財務長麥特・方（音譯：Matt Fong），以及角逐内華達州長寶座失利，而後被任命爲美國衆議院總顧問雪瑞兒・劉（Cheryl Lau）。「我們左右逢源，」一名委員會主管説：「我們在布希時代有朋友，柯林頓時代也有朋友。」

抵禦抹黑毀詆

委員會也負責抵禦毀謗。一九九四年五月十九日，宗毓華在CBS晚間新聞訪問國家安全專家尼可拉斯・艾福提米亞德斯（Nicholas Eftimiades），内容提及中共當局以他們在中國大陸的親屬爲要脅，强迫華裔美人替他們從事間諜活動。「每天都有數班飛機的中國公民合法入境美國，」她說：「都是一般老百姓。不過對中共政府而言，其中有些人是明日間諜，幾年後他們將被策動侵入美國的軍事和科技領域，不論他們願意與否。」

六月份，百人委員會要求美國民權委員會調查這項魯莽、片面的報導，不公平地造成數十萬名華裔美人被他們的鄰居和同事視爲不可信賴。「這種以偏概全的說法，可說引導美國大衆將華裔美人和中國大陸訪客視爲間諜，」他們在信上說：「我們相信這項報導會建立起華裔美人奸詐邪惡的錯誤印象……」

結果，民權委員會去函給CBS新聞總裁艾瑞克·歐伯（Eric Ober），表示他們擔心這項報導「可能已播下猜疑的種子，讓人以爲，許多華裔美人和在美國的中國國民有可能是外國特務……第一修正案保護言論自由，即使報導是不公正或煽動性的。然而，新聞機構有責任在新聞事件可能擴大既有之種族和民族衝突時，特別敏感地加以報導。」

一週後，歐伯邀請一羣華裔美人代表到CBS總公司發洩他們的不滿。「我對他們的反應相當吃驚，」宗毓華說：「我絕不認爲我們的報導中傷了生活在美國的任何人，我以爲人們會高興我們揭露中共政府的所作所爲。我以爲人們的注意力會集中在這上頭，讓中共知道他們不能躲過那種壓力。」

那項報導播出五個月後，宗毓華在CBS晚間新聞發出一則罕見的「澄清啓事」。

諷刺的是，宗毓華是最著名的華裔美人。百人委員會早先曾打算吸收她入會，如果不是CBS的政策不鼓勵員工參加任何可能被視爲利益衝突的組織，她或許早已簽名加入。爲代替她本人無法加入，她捐了一筆錢，金額不詳。

一如美國建築學會會長麥克・爾班在即將卸任前的海外旅行，讓貝氏得以低調地回國，百人委員會讓貝氏得以用不顯目的方式發揮政治影響力。百人委員會的主席楊雪莉説道：「貝先生是我們的教父與精神領袖。他是個高尚優雅的中國人，要領導委員會會務，卻不能把他放在檯面上。」

◀ 日本新之主命教的鐘樓。

第14章 尾聲

中華文化吸納外國的影響——印度的佛教、蘇俄的共產主義，兼容並蓄成爲自有文化，乃至於能夠歷久不衰。

貝氏在建築界獨領風騷，部分原因即爲他有類似的包容能力。他以超高感度的觸角探視地平線，並明智地吸取他所喜愛的一切。他的最佳才智或許就是吸收他人長處的本事。他不像「古典變色龍」菲利浦·強生的隨波逐流改造自己，貝氏舐食各家風格的養分，卻不必貶低自己持續委身的精緻、紳士派幾何學風格。「建築就是綜合生活和歷史的精華，」他說：「只要仍是妥當的，不管有多古老，儘管使用它。只要是不妥當的，便丟棄它。」

憑著敏捷地汰蕪存菁，貝聿銘讓擴展後的現代主義超越了單調的箱型屋，進入新的領域，新的境界。「他讓現代主義派的機能主義（functionalism）浮出水面，」高柏格說：「他證明平民式的宏偉，永恆不朽和偉大的建築的確能夠存在。」

貝氏年歲漸增之後，深諳培養大客戶之道，因此能夠拓展他的領域。他的天分尚包括有辦法讓大家不計代價地追求比原先所希望更美好、更具企圖的東西。「他能神奇而微妙地將客戶引領到更高的價值觀，」他的友人華頓曾說：「並解釋爲何他們不會想要做出他們原先所要的水準。」

「這是相互挑戰的事，」貝聿銘說：「我挑戰客戶；當然，反之亦然。如果我細數所有喜愛的作品，它們背後都有絕佳的業主。」

ﾉﾉ ﾉﾉ ﾉﾉ ﾉﾉ ﾉﾉ

「貝聿銘市」

尼曼馬卡斯百貨公司的前任首腦史坦利．馬卡斯（Stanley Marcus）曾說，貝聿銘是「最有概念的銷售人員」。在甘迺迪遇刺之後，達拉斯市這個土裏土氣的「仇恨之都」，實行一項高瞻遠矚的計畫，以掃除這些壞名聲，當中包括雇用貝聿銘設計一棟新的市政廳。而馬卡斯即爲此計畫的委員會主席。貝氏所提出的計畫是柯比意式的建築型態，混擬土立面傾斜三十四度角，搭配廣場上的亨利，摩爾彫塑與原本即有的橡樹。貝聿銘堅稱他們是不可或缺的。這是現代主義企圖說服通常只熟悉古典主義的市政當局的明顯例子。

達拉斯市爲了改善形象所做的努力，在甘氏遇刺之後二十年仍在進行。爲了培養一點文化氣息，他們計畫再蓋一棟交響樂廳。市政當局希望這座新的交響樂廳，配合巴恩斯所設計的美術館，吸引藝廊與咖啡館的設立，將尚未充分利用的東北角地區，變成富有藝術氣息的區域。同時爲這個充滿大樓與高速公路的城市注入生機。

馬卡斯再度負責尋找建築師的任務。他在羅斯．裴洛的電算資料系統公司會議室與九位著名建築師個別會面，徵詢他們爭取這項工程的理由。他們的答案都很接近：這是個榮耀，而且重要的機會。只有積習難改的强生回答說：「嗯，我不知道爲什麼要爭取你們這個工程。」

由於沒有理想的人選，馬卡斯詢問貝聿銘是否有興趣飛來達拉斯談談。貝氏起先未加以考慮，原因是自市政廳之後他的事務所又在該市做了幾件工程。有些閒言閒語說達拉斯已成爲「貝聿銘市」。無論如何，貝聿銘還是來了。「達拉斯晨報」描寫他是：「像個負有高階任務的大使」。其他的競爭者都帶著專題論文、幻燈片與模型，貝聿銘則單槍匹馬、神采奕奕地出現。他穿著一件灰色西裝，打著暗紅色領帶，只在襯衫口袋插了一支鋼筆。他回憶起無數個在林肯中心和卡內基音樂廳聆聽莫札特、貝多芬與巴哈的夜晚。他告訴他們：「我對設計音樂廳所知不多。但是我已下定決心，要在有生之年完成一座偉大的音樂廳。」

之後，馬卡斯要籌備委員會的成員提出三名中意的人選。交響樂團的執行總監萊儂．史東（Leonard Stone）寫著：「貝聿銘，貝聿銘，貝聿銘。」

「對於選中貝聿銘毫無爭議，」史東回憶說：「貝聿銘立刻就掌握住整個委員會。他以個人的魅力與含蓄的表現俘擄了我們。」當貝聿銘的事務所舉行聖誕節舞會時，馬卡斯來電通知他這個好消息。「這是一個很棒的新年禮物。」貝聿銘說。

貝氏曾經參與紐約薇薇安波蒙特戲院（Vivian Beaumont）的修繕工程，但是卻因爲與音響專家西里爾・哈里斯（Cyril Harris）意見不合，而於一九八二年辭去這份工作。好的建築不一定能製造出好的音效，反之亦然。爲了阻止貝聿銘遵循建築師的天性，犧牲音響效果讓建築設計優先，達拉斯方面請來了一名地位崇高卻相當固執的音響專家羅素・詹森（Russell Johnson），並要求他直接向籌備委員會負責，這使得音響師與建築師的地位相當。

創造中的破壞

本世紀絕大多數的音樂殿堂，都是由舞台延伸出低矮斜面天花板所構成的扇型建築，這種空間架構其實造成了一連串的音響效果失真。詹森中意的型態是十九世紀古典主義式的鞋盒子空間，如維也納的樂友協會音樂廳（Musikvereinsaal）以及紐約卡內基廳等都是。根據這些先例，詹森設計的演奏廳形狀爲狹長、兩側高起，加上環狀的包廂。他的音響設施包括吸音帷幔、舞台上端重達四十二噸的可調式反射大音篷，以及在包廂頂端配置混凝土門扉的調音室。最重要的是，他使室內空間變得很狹小（只有二千零六十六個座位），以維持最佳的音響效果與觀賞視線。

交響樂廳的職員看著貝氏與詹森互不相讓，兩個目標不一致的頑固完美主義者，不可避免地發生了一場拉鋸戰。「這個人有對好耳朵，」貝聿銘說：「但沒有眼睛。」詹森反唇相譏說貝聿銘只在意外觀，而不管音效。他們兩人甚至在個性上差異都很大：詹森並不像貝氏那樣輕鬆而有個人魅力，他是個沉默寡言而敬業的人。達拉斯的報紙對兩人之間的爭論加油添醋，兩人都吵著要辭職的說法甚囂塵上。不過雙方都予以否認。

籌建委員會主席摩特・麥耶生（Mort Meyerson）對兩人的爭鬥不以爲意。他在擔任裴洛的電算資料系統公司的總經理時，曾有過在複雜的計畫中護衛脆弱自我的經驗，使他相信衝突經常導致最好的結局。他說：「報紙上說這件事具有破壞性。對我而言，這應該是創作過程的一部分。」

然而，當兩人鬧得工程一拖再拖時，麥耶生誓言要「强制兩人停止爭吵直到他滿意爲止」。據說他飛往紐約威脅要開除其中一人，如果他們不能消除歧見攜手工作，甚至要兩人都滾蛋。

最後，詹森大多數的要求都獲得滿足：演奏廳空間的型態與座椅的位置；安排的音響設施的方式；能反射低音頻率，由混凝土、灰泥和沈木構築的厚牆，都按照他的意思去做了。詹森親自持木槌敲打牆壁，傾聽吸音的氣阱效果（air pockets）。

「詹森在我身上施了音響禁錮。」貝聿銘抱怨說，但是他卻贏得了重大的讓步。在風琴上方的笨重U型拱腹（他將之喻之爲船的底面）被換成一排反射音篷。舞台改以兩根巨大的支柱來支撐，而調音室用欄柵及布幕來遮掩。

在這些易引起爭執的事解決之後，貝聿銘才能隨心所欲地美化演奏廳。他把這些事情交給了查爾斯・楊（Charles Young），此人熟悉歐洲的大型音樂廳，他所採取的手法介於傳統音樂室奢華裝飾與現代嚴肅樸實之間。內牆做成柵欄格子狀，包廂正面飾以美國櫻桃木和鑲銅的柔和條紋瑪瑙。座椅椅背採用非洲櫻桃木鑲邊，椅套質料爲鐵銹色毛海。小提琴家伊沙克・史坦說：「它不是座建築物，而是個樂器。」

貝聿銘瞭解，籌建委員會的人想要一座國際化水準的音樂廳，同時也要一個能夠聚會的場所。他從音響中心對角線兩端，設計出一道充滿戲劇效果的新月型大廳，可以讓達拉斯市民在中場休息時互相打量。這是查爾斯・加尼爾（Charles Garnier）的法國歌劇院與貝氏招牌中庭的結合：一個俗麗的空間設計，能把觀衆引領到可由長橢型包廂俯視的宏偉樓梯。貝氏爲達拉斯設計了一座德州式的社交舞台，衣香鬢影的紳士淑女在進入內廳之前，得以相互欣賞一番。

貝氏並不滿足於將强生式的長方型大廳放置在平淡無奇的石灰石方盒建築內。他要證明晚期的現代主義，也能夠展現布雜式的俗麗以及平民化的堂皇。因此他將大廳以渦旋式曲線包被，用三個複雜的鑲嵌天窗將它照得像是透明的馬戲團天蓬。貝聿銘說：「如果你們看過德國或奧地利的巴洛克式教堂，就能明白波狀起伏空間的魅力了。我們試圖用這棟建築開發波狀起伏空間的可能性。它並不完全像是巴洛克式，但是無論如何達到了同樣的效果。」

「虧損狂想曲」

蘇州庭園在每個轉角都有讓遊客意想不到的設計，有三個消點的三角型東廂藝廊，同樣有讓人迷惑的效果。經過十年之後，貝氏面對的是不斷變換視界的曲線型態。「達拉斯晨報」寫道：「他的幾何學設計讓我們進入一種探險的境界，每一樣設計都不是立即展現出來。當我們在大廳漫步時會好奇，角落或者是樓梯頂端有些什麼。平面會改變、線條也會消失。觀衆會提早到場，只是爲了在包廂或是樓梯上暢談與觀看來往的人羣。」

貝氏首次與籌建委員會開會時，曾警告他們，他將遊說他們超出原本的預算。結果他成功了：達拉斯爲了要增進文化氣息所付出的代價，是原先選民所預估的兩倍。他們先前投票贊成發行公債，以籌措五千萬美元的預算，捐贈者支付其中的百分之四十。

最初的預算尚不包括籌建委員會在展示模型上看到，他們很喜歡的石灰石外牆。於是他們找到一個捐贈者拿出一百五十萬美元，條件是要交響樂中心再找經費來做大廳的大理石地板。「達拉斯晨報」的建築評論者大衛・狄龍（David Dillon）說：「貝氏的策略是先設計一座陽春的演奏廳，然後再找人捐錢增建。他經常使用的台詞是，『你們要蓋這麼漂亮的音樂廳，爲什麼現在就喊停？不是說要全世界最好的嗎？』他們想要控制預算，可是都失敗了。」

貝氏是化解反對力量的大師。他溫和地誘哄他所說的「達拉斯闊佬」，堅定地完成這座音樂

◀

麥耶生交響樂中心。貝聿銘曾警告，他要試著超出原本的預算。

一個看人和被人看的地方：麥耶生交響樂中心壯觀的樓梯挑空。

▼

廳，在態度上完全不像紐約一些有名的建築師那樣高傲或是卑下。提供初期概念的設計師勞夫．黑索爾（Ralph Heisel）說道：「他絕不會讓人處於貶低身分或是失去面子的狀況；他總是傾聽客戶的說法，然後給他們最好的。」

許多捐獻者和裴洛這類精明的德州生意人大不相同——這羣人很難用動人的圖片引誘，依然很難抗拒貝聿銘的懇求。麥耶生有一次預料到貝氏會有所求，於是與交響樂中心的執行總監史東說：「讓我們發個誓，堅決地看著貝聿銘的眼睛然後說不。」當然，在貝氏漂亮的透視圖之前，他們還是投降了。麥耶生說：「這傢伙又成功了，他是怎麼辦到的？」

到了一九八〇年中期由於油價暴跌、德州銀行枯竭，工程預算膨脹到令人窘迫的地步，達拉斯晨報說它是「虧損狂想曲」。一九八二年貝氏公布他的設計時，油價每桶超過三十美元。到了破土時，油價已跌到每桶不及十美元。當大多數達拉斯市民都在過苦日子時，富人卻將錢亂花在交響樂廳這種財富的象徵上，怎能不招來怨懟？其他的文化機構則抱怨，交響樂中心壟斷了該市的慈善捐款。直到今天，市議會對藝文方面的支出仍把關甚嚴。

貝聿銘仍然堅決追求完美。一九八九年當這項工程已較預算超出三千萬美元之際，他提出在樓梯兩側由半透明條紋瑪瑙天花板垂吊一對燈具的計畫。當貝聿銘說出這兩座燈具將在義大利製造，每具造價達一萬二千美元時，不少人聞之瞠目結舌。燈具的預算早已用完了。不過，貝氏所設計的燈具能使空盪盪的大廳充頹廢派風格的豔麗色彩。一名捐獻者說道：「我的天啊！它們看起來像是萊特設計的。」最後，貝氏不但爭取到兩具燈具，還增加到十一具，並以「照明彫塑」的名義籌措到二十五萬美元的捐獻。

要不是裴洛捐輸一千萬美元，換取交響樂中心以他的合夥人兼好友麥耶生命名，這整項計畫可能因花費龐大而告流產。之後裴洛另外又捐贈了兩百萬，提供內廳裝飾非洲櫻桃木及銅料所需的經費。

世紀樂廳

這件工程得以順利進行，貝氏居功厥偉。查爾斯．楊說：「偉大的建築師除了要眼光獨到之外，還要能啓發客戶並引導他們度過難關。貝氏是個政治家，不論時機好壞，他都能指引正確方向。」

此時，交響樂中心開始緊張地準備九月份的開幕。耗費了這麼多的時間與金錢，任何品質上的瑕疵都會是市民的恥辱。盛會登場之前的兩週，有一名俄羅斯出生的大提琴家走進尚未完成的舞台自行測試音效。「聽到之後，」史東回憶說：「我大叫『對了！』它聽起來是如此的豐潤低沉。我知道我們達到目的了。」

企畫經理泰德．安柏格（Ted Amberg）回憶起最後夜以繼日的準備階段說道：「那是我一生當中最興奮的幾天。全身充滿了幹勁。有好幾百人在一起幹活。」交響樂中心總監艾德拉多．

馬它（Eduardo Mata）在預演時勉為其難的讓工人進來安裝扶手、燈泡與椅子，不過必須要盡量小聲。「噪音慢慢大起來了，」安柏格回憶說：「直到有人掉落一塊厚板。然後馬它停下來要求大家安靜。接著他繼續預演半個小時，再受到干擾而停下來。」貝聿銘自己穿著長袖襯衫與運動鞋忙裏忙外的。一下子到廣場照料新種的橡樹，一會兒又去大廳一角懸掛名畫，或者是要工人們小心別弄壞了木料。

貝聿銘在城中心一家飯店主持開幕記者會，共有來自維也納及新加坡的記者二百多人參加。首先提出問題的是一名英國記者，詢問貝聿銘關於與詹森之間不和的傳聞。「為何要提到我們百分之十的意見不合，」貝聿銘回答說：「而不把焦點擺在我們意見一致的百分之九十？」詹森帶著微笑站起來說道：「我不確定我們意見一致的比例有百分之九十，我想大概有百分之八十五吧。」

當晚德州籍的音樂家凡・克里伯恩（Van Cliburn）演奏柴可夫斯基的《第一鋼琴協奏曲》，交響樂中心人員齊聲感嘆：這音樂聽起來清澈明亮。樂評興奮地指出只要改善微調音（fine-tuning），這座演奏廳將是本世紀最佳的演奏空間。

「舊金山記事報」（San Francisco Chronicle）樂評羅伯特・卡曼戴（Robert Commanday）報導說：「達拉斯交響樂中心的音效平滑、輕快而溫暖。在對回聲的特別要求之下，讓音樂家所釋放出來的音符達到完美的境界……閃耀的音符原音重現，直達三樓演奏廳最後一排和包廂。」

在名指揮家與獨奏者鞠躬下台之後，貝氏和詹森步上舞台。兩人在指揮台相互謙讓一番，掌聲達到高潮時，兩人在聚光燈下擁抱並緊握著手高舉起來。史東説道：「真是光輝的一刻，這座建築原本是這兩名戰士過去幾年來的戰場呢。」

雖然這個預想中的藝術地區被毫無節制的開發給糟踏了，貝氏仍然給這個歷經艱苦歲月的城市帶來生機。「我希望二十一世紀的觀衆在某一個寒冷的星夜，聽完一場美妙的演出後，在離開我們這座溫暖的交響樂中心之際，能夠回憶起我們並未失去勇氣。」麥耶生當時曾寫道：「同樣的，我也希望他們在面對達拉斯的未來時，也不要失去勇氣。」

⁂ ⁂ ⁂ ⁂ ⁂

好萊塢大亨

那一年，貝聿銘在兩個不同的文化領域發揮他成熟的現代主義風格。在柴可夫斯基和馬勒的作品爲麥耶生交響樂中心完成啓用典禮之後，沒過幾個月，貝氏爲歐維茲和他那個勢力龐力的電影經紀公司所設計如珠寶般的比佛利山辦公室，也落成了。

在八〇年代以前，歐維茲等於擁有好萊塢。他的創意藝人經紀中心（Creative Artists Agency）爲大牌製作人、演員、導演與劇作家所做的包裝，連攝影棚所產生的效果都黯然失色。

他旗下的藝人包括有凱文・柯斯納、勞勃・狄尼諾、邁克・道格拉斯、湯姆・漢克斯、麥可・基頓、比爾・墨瑞、羅賓・威廉斯、史蒂芬・史匹柏、芭芭拉・史翠珊、麥可・傑克遜與瑪丹娜。

歐維茲並不以現代的托伯格（Thalberg）或高德恩（Goldwyn）而自滿。他要將觸角延伸到演藝事業以外的更崇高領域。一九九〇年他建議全世界最大的消費性電子產品公司，日本松下電器以七十億美元購併MCA，同時在新力公司以三十五億美元買下哥倫比亞電影公司的行動中，扮演仲介者的角色。這些事情讓他博得超級掮客的名聲，而與菲利・羅哈亭（Felix Rohatyn）及亨利・克拉維斯（Henry Kravis）等華爾街傑出人士齊名。

接下來，歐維茲決定蓋一座高格調的比佛利總部，以搭配他不斷擴展版圖的帝國。他不像麥克・艾斯納（Michael Eisner）和迪士尼公司那樣雇用羅伯特・史坦與邁可・葛拉夫這種時髦的建築師，歐維茲要運用建築物創造形象的能力，彰顯自己有別於洛杉磯膚淺、不用大腦的文化。他需要的是具有保守品味的傑作，以突顯他屬於較高層次的事業經營者，而非腐敗的演藝圈騙子。

經過兩年的尋找，歐維茲拋棄如法蘭克・吉瑞之流的加州新秀而選上貝聿銘。歐維茲告訴洛杉磯時報說：「我做了很多的研究，最後決定貝聿銘才是我要的人。我喜愛現代主義裏的古典派時期風格，尤其是三〇年代德國包浩斯。我覺得貝氏繼承了這個傳統……我對創意藝人經紀中心最大的心願，就是要有一棟能在未來十年內都不褪流行的現代洛城風格建築。我要直接出自貝氏手筆的設計。這個心願已然達成。」

歐維茲藉著一名雙方都認識的朋友阿尼．葛林徹，與貝聿銘搭上線，葛林丘是紐約培斯藝廊的老闆，也是一個電影人（他曾製作過電影「迷霧森林十八年」，並執導過「曼波王」）。貝氏最初並不想接一個遠離他地盤的小型工程；他甚至有十年沒有到過洛杉磯了。但是歐維茲像是糾纏明星一樣地追逐他。「歐維茲決心要我父親做這件工程」貝三弟說：「我父親對他的決心印象深刻。他不斷地拜會我父親，而且拒絕接受我父親說不。」

歐維茲雖然不是保羅．梅儂，但是他展現出一種無懈可擊的品味。歐維茲收藏不少戰後抽象派藝術品如畢卡索、杜巴費、和李奇登斯坦（Lichtensteins）等人的作品，這些都是貝聿銘最喜歡的。「他像是個真正要做些大事業的人，」貝聿銘說：「我被說服替他工作，因爲他要求品質。那在好萊塢是很難得的。」由於他對改變非常敏感，貝聿銘或許察覺到權力和贊助已由舊有的美東勢力，轉移到歐維茲這類新起的通訊和娛樂大亨。貝聿銘是個永不休息的吸收者，好萊塢是他從未涉足的王國。此外，還有一個來自心靈深處的動力：五十年前是電影把年輕的貝聿銘拉到美國來的。最後，貝聿銘同意了。

東方迷

歐維茲醉心於東方式的紀律，因此貝聿銘必須要和受到這種影響的公司文化打交道。歐維茲黎明即起練東方武術，還要求公司上下閱讀孫子兵法，這些事在好萊塢都是相當出名的。這家經紀公司被比喻成毛澤東的勞改營，熱誠年輕的經紀人——洛杉磯新聞媒體總愛叫他們是「忍者經紀人」——與其助理每天集體工作十五個小時而沒有任何正式的頭銜。

歐維茲希望辦一場佛教的開工大典，俾以確保他的王國和諧繁榮，所以貝三弟推荐了林雲大師，他在二十名學生的伴隨下由加州柏克萊飛來。透過翻譯，林雲大師告訴歐維茲如何擺設他在世紀城辦公室裏的辦公桌。然後，他檢視貝聿銘的計畫，指出哪些地方要做修正才能讓氣運行。之後，所有的經紀人與助理從他們原先的辦公室走到幾條街外，圍成一圈啜飲香檳、吸雪茄，林雲大師釋放白鴿，以通告破土的消息，還灑米、酒和硃砂，以種下繁榮的種子及餵飽惡靈，好讓他們離開。整個過程中，林雲大師說他看到千萬菩薩在工地上散發神力的光芒。

在蓋香港中銀大樓時，貝聿銘就不太贊成他認爲落伍過時的迷信，或許是因爲它增强了中國人落後的形象。他在洛杉磯時也同樣冷眼旁觀，沒有參加破土典禮，也沒有跟林雲大師會面。

貝聿銘把歐維茲及高級經紀人安排在三層樓的淡色玻璃帷幕弧型大樓裏，從大窗戶的泠漠中，俯視聖塔莫尼卡街與威爾夏大道的交叉口。公司次要人員的辦公室位於包覆著石灰華建材的邊廂裏，深色後現代主義式窗楣的後縮窗戶，則貫穿整個側翼。兩個不同型式且不平衡的側翼被五十七呎高的接待廳連貫在一起，這裏面有貝氏招牌中庭的特色——奶油色石灰華（審註：溫泉等的石灰質沈澱物。）牆壁、天橋與包廂、裝飾樹與大件藝術品——在這件設計案裏，有喬爾·

沙皮羅（Joel Shapiro）的銅雕，以及李奇登斯坦仿奧斯卡・舒勒默（Oskar Schlemmer）一九三二年的畫作『包浩斯樓梯』所繪的二十六呎高壁畫。

大樓有一個臨街的正式入口，但是在交通繁忙車多擁擠的洛城很少派上用場。絕大多數的來客先進入地下車庫，由專人泊車後，再由警衛護送上電梯。貝氏原本可以讓歐維茲那些有名的客戶隱密地上樓會面，惟考慮到該公司公開交流的氣氛，他讓電梯停在一樓。這樣一來，連最有名的大明星如芭芭・拉史翠珊、麥可・傑克遜都必須經過接待廳，從環繞在中庭上方的辦公室可以一覽無遺。

半圓型的中庭提供一個有組織的核心空間方便相互接觸，有助於促進創意藝人經紀公司協調合作的企業文化。貝聿銘用昂貴的義大利建材、淡色玻璃與優雅線條，所呈現出來的都市商業建築的莊嚴隆重，對理應隨性互動的熱血年輕經紀人來說，是個陌生的正式環境，而有別於洛城玩世不恭與詼諧的氛圍。數個世代以來，建築師和舞台設計師交互影響下，已在洛杉磯製造出大量廉價而俗麗的好萊塢式城堡、馬雅式劇院、摩爾式公寓大廈以及阿茲特克式旅館。山莊是這個城市可笑的優良傳統，貝聿銘被指刻意加以漠視。創意藝人經紀中心與對街冷峻的皮草店、租車公司形成强烈的滑稽對比，它正式的外觀，也和隔鄰西班牙殖民地式及藝術裝飾化建築風格顯得格格不入。有個評論員把它比喻成，不願把頭髮放下來的優雅女士。紐約時報形容它是「聚酯連身工作服中的香奈爾套裝，韓國現代汽車間的寶馬車，以及在秘書型原子筆裏的萬寶龍鋼筆。」評論家馬丁・費勒寫說：「它可以成爲一個興盛小國的首都建築，在某些方面創意藝人經紀中心確實已是如此。」

評論家李昂・懷特森（Leon Whiteson）在洛杉磯時報評論道：「這就好像是一個來自曼哈頓的人，招計程車要到公園大道去，結果卻出乎意料地到了比佛利山這個角落下車。」歐維茲心胸狹窄是出了名的，據說他曾向洛杉磯時報的主管友人抱怨評論不熱烈。花了一千五百萬美元——相當於大部分同樣大小辦公室造價的兩倍，他原期望會佳評如潮。

無論如何，它實現了歐維茲的雄心：它是一座由知名現代主義大師所設計，具有保守品味的高尚建物。展現出歐維茲在商業領域所要表達的——時髦卻不失穩重、奢華卻很雅緻。藝評家亞當・哥普尼克（Adam Gopnik）在「紐約客」雜誌裏寫道：「好萊塢基本上是個封建社會。在封建社會裏的封建勢力最重要的是絕不可讓自身陷於模糊的處境——因此他們絕不讓自己看起來很可笑。按照這種推論，好萊塢的人都急著要蓋出屬於自己的正經建築物，貝聿銘所設計的創意藝人經紀中心就是範例之一。」

〃 〃 〃 〃 〃

▶

世代交替。自左到右：傅瑞德、柯柏、雷納德、貝聿銘。

貝聿銘嘗試藉著紐紡四季飯店，喚起人們大飯店也是一個有趣地方的觀念。

▼

人生的巔峯

除了天安門事件之外，一九八九年是相當完美的一年。貝聿銘在這一年當中足跡遍布全世界，參加一場又一場的盛會。達拉斯交響樂廳於九月開幕，接著是他的朋友保羅・梅儂捐贈興建的康乃狄克州喬耶特羅絲瑪麗中學科學大樓剪綵；井然有序的創意藝人經紀中心；最後是中銀大廈。此外，已經是享譽天下、勳獎無數的貝聿銘，還獲得第一座帝賞獎（Praemium Imperiale），同時獲獎的包括庫寧及大衛・哈克奈（David Hockney），這是日本藝術協會（Japanese Arts Association）針對諾貝爾獎沒有涵蓋的五個領域，所頒發的終身成就獎。

在一九八九年落成的多項工程中，羅浮宮的啓用典禮給貝氏如日中天的名聲帶來最後的祝福。這是對其冒險生涯的加冕，也代表其畢生權力與名望的顛峯。菲利浦・强生說：「他將那座金字塔化爲無懈可擊的風采。」如果要以一幕畫面來描寫他最後的勝利，必然是密特朗總統完成剪綵啓用幾天之後，在金字塔下所舉行的盛宴了。當晚貝聿銘注視著電扶梯，逐一與每位前來捧場道賀的朋友或客戶擁抱。賓客包括有：季辛吉夫婦、艾特剛夫婦、麥可・艾斯納、潘蜜拉・哈瑞曼、卡特・布朗、阿米・阿嘉・凱恩、伊沙克・史坦、菲利浦・蒙特培羅與克勞德・李維史特勞斯（Claude Lévi-Strauss）等人。晚宴之後，法國文化部長賈克朗舉杯向這位建築師致敬，難得共聚的賓客們同舉酒杯齊聲說道：敬貝氏！貝聿銘被推到麥克風前面，他以蹩腳的法文帶點顫抖的聲音說：「謝謝大家！」

自威奈公司的桎梏解脫以來三十五年，以及歷經漢考克大樓打擊十五年之後，貝聿銘已成爲藝術空間大師。根據某些人的說法，他已是全世界最知名的建築師了。「他深怕被人視爲商業建築設計師，」高柏格說道：「畢竟，他希望能成爲偉大建築物的設計者而留下美名。他的深思熟慮確實將他帶到了專業領域的高峯。」

當其他第二代現代主義者逐漸失寵没落之際，貝聿銘依舊優雅地向前航行，散發出一股無懈可擊的魅力。建築歷史學家史古利說，當世人早已摒棄現代美學之後，他仍活躍不已，原因是他那怡人、寧靜的幾何圖形蘊含一種與生俱來的均衡感。在一篇名爲「貝氏年度」的專文裏，紐約時報稱他是現代主義的大主教，以及「能臻至不朽現代主義者的地位」唯一的執業建築師。新聞週刊說他是，「改裝車與凱迪拉克之間的賓士車」。一項調查則顯示，同業推崇他是「對當今設計界最具正面影響力」的建築師。

然而，貝聿銘並非受到舉世的推崇。儘管成就卓越，他將永遠無法得到理查森、密斯、柯比意、萊特及其死對頭凱恩等，第一流創造潮流者所達到的至高無上地位，因爲他從未將他的概念傳授給校園演說或遵循理論的建築師，他的建築不過是嚴謹修飾以前早有的東西而已。他是一個整合者，而非先驅。貝聿銘的風格並没有任何創舉可激發後人跟進。「他没有關聯性，」普林斯頓建築學院院長雷夫・勒那（Ralph Lerner）說：「他的作品没有理論可言；他的形式似乎都是不必要的；他的力量在於建築通常是技術傑作。我總是被無與倫比的技術所感動，但從來沒有被他的意念感動過。」

「他不是一股設計影響力，」菲利浦·強生附和道：「他只是位成功先生而已。他總是比別人來得乾淨俐落，很可惜沒有人能理解他這個人。」

貝聿銘對未來的看法則是一貫的保守含蓄。他希望留給人們的印象「不是一位晚近的現代主義派，因爲現代主義在我死後仍將持續很久，而是（記得我爲）現代主義注入新生命，帶領它向前進。」

合久必分

貝聿銘具有一種天賦，能在最佳時機轉換環境。不管是否發自內心的自覺，他選擇了最理想的時間離開中國到麻省理工學院，再由麻省理工轉到哈佛，從哈佛到威奈公司乃至於自己執業。一九八九年在事業軌跡的最高峯，他退出自己一手創設的事務所。九月份貝氏與合夥人事務所更名爲貝柯柏與合夥人事務所（Pei Cobb Freed & Partners），以示將事務所傳承到他長期戰友手中的意義。兩個月之後，他寄出一封措詞謙遜的信，宣布他與行政合夥人雷納德將自一九九〇年元月起退休。「我不想再跟以前那樣執業，」他後來說：「我要稍微享受生命，而且我想做比較好的作品。我想接一些以前對公司來說規模太小的個案。我的生理機能正在衰退；這是必然的。爲了做出我的最佳作品，我不能再用那種步調工作。」

貝聿銘離開了他創設多年的事務所。原始的合夥人只走了一個，其他都還在公司裏，許多屬下一輩子都在這裏做事。貝氏很能潛移默化與他共事的人，他留給事務所最佳資產就是曾訓練過上千名的設計人才。紐約建築界等於是貝氏校友會的延伸擴大，在頒獎典禮和專業會議這類場合裏，貝氏可謂桃李滿天下。新一代的建築師如詹姆斯・波席克、威廉・彼得森和巴特・沃桑吉（Bart Voorsanger），都曾向貝聿銘師法如何構思工程，如何跟客戶討論，以及如何將房子以技術美感組裝起來。許多人開公司都學習貝氏的經營之道。

當公司還只是由六十餘名員工處理少量的工作時，一直維持著家庭的氣氛，但是當事務所員工總數隨著業務而膨脹到三百人之際，讓他們平安度過漢考克大樓黑暗歲月的團隊精神卻消失無蹤。組員之間的創意交流逐漸被爭權奪利與相互排擠所取代。經過八〇年代的成長，事務所分裂成三個小國，貝氏與柯柏、傅瑞德各自在不同的樓層辦公。合夥人不再知道每位員工的名字，有太多員工需要照顧，合夥人無法再到每個人的桌前面巡視。合夥人關起門來決定事情，與部屬聯繫也改由秘書通知。小組內的責任歸屬不再明確，以促使大家發揮最大的努力。一名員工說：「這是個高度競爭、不友善的地方，你到這裏來上班幾個月或許還沒有人會認識你。」有一名設計師爲了香山飯店的工程住在中國，等他回來時，發現事務所已變成麥迪遜大道上的滿清朝廷了，這裏辦事推拖拉、擁擠不堪、充斥著奴才。

貝聿銘自己則是被外界的榮寵給分了心。他不得不四處旅行以維持他的公共形象於不墜——參加凱瑟琳・葛拉漢的生日宴會，出席白宮的傑出移民招待會，國家藝廊開幕典禮，到馬利歐・古謨（Mario Cuomo）的遊艇上參加國慶慶祝活動，以及無數的受獎典禮。助理合夥人黃家樂說：「我們對貝生先和他的獎項感到非常厭煩。老實說，我們根本不知道他拿到了多少的榮譽學位，而且他還拒絕了一大堆。」

中國皇帝

中國有句諺語說，兩人共一乘，必須有一人坐在後頭。儒家學說强調對單一權力効忠，例如族長或天子。麥迪遜大道六〇〇號也是如此，多少年來柯柏與傅瑞德完成貝氏交辦的案件，卻不能以自己的名義出鋒頭。當客戶們專注於事務所的主角時，他們只能暗自吞下原本屬於他們的榮耀。客戶們會問道：「貝先生認爲怎麼樣？」「你是不是按照貝先生的意思做的？」「貝先生會參加開幕典禮嗎？」

「不管任何問題，他們立刻把貝聿銘拉進會議裏，」一名設計師說：「只要他說幾句話事情就解決了。大家都露出微笑。」員工們經常在說，貝氏得到好處卻從未向合夥人答謝。就大衆而言，這些都是貝聿銘的建築成績。辦公室裏有則閒話是這麼說的：「柯柏想做亨利・詹姆斯，傅瑞德想做貝聿銘，貝聿銘想做中國皇帝。」

就像中國家庭一樣，貝聿銘及合夥人事務所呈現出安詳和諧的表象，但貝聿銘刻意要維持自己的公衆角色形象令人頗有微詞。員工感覺得到合夥人之間有點冷漠。「合夥人之間的緊張關係從未表面化，」藍根說：「但是我們感覺得到。特別是貝聿銘與柯柏兩人之間，據說更是不和。」事務所的元老摩爾説道：「貝氏太過於自我，他不要別人出鋒頭。只有他能領獎——其他人都是次要的。柯柏與傅瑞德辛苦作出好設計，貝氏卻坐享其成。除了「合夥人」之外，他不給他們別的身分頭銜。他不把他們的名銜掛在門上，這很悲哀。他從未平等對待過他們。他才是創立這家公司的人，他才是具有概念的人，他才是主持大局的人。貝聿銘有最好的個性，但是他實在不是一個氣度恢宏的人。」

柯柏與傅瑞德這兩位當代最優秀的建築人材，竟甘於蟄伏在貝氏威風八面的陰影之下那麼多年，讓同事們感到很奇怪。他倆之所以不願離去，原因是無法營造出在貝氏事務所裏累積的人才與專門知識，同時他們也趕不上貝氏爭取大工程的能力。柯柏與傅瑞德願意做幕後英雄，因爲他們以爲將來終究會出頭的。合夥人制度成爲便宜行事的保護傘，尤其是對柯柏這個極度害羞的北佬紳士更是如此，他的保守審慎態度不利於接待客戶。建築師羅伯特・史坦説道：「柯柏是個安靜、波士頓風格的貴族。他無法走出去大聲地與客戶言歡，他不是那種人。或許他喜歡在晚上下班以後和老婆來段知性的談話，或者是看一本知性的書。他有點冷漠，而他的作品除了少數例外，也都不會顯得光采奪目。」

柯柏不擅於自我推銷或是說客套話。貝氏擅長應付推銷建築物的瑣事——取悅客戶、緩和社區羣衆不滿情緒，以及提供各式各樣的服務使事情更順暢，讓柯柏能專心於設計工作。柯柏承認：「我和貝聿銘的關係需要壓抑自我，這對我一點也不困難，因爲我就是這樣的人。這樣才能讓我們創立這家事務所。我是個保守主義者，我認爲如果你做了一項投資就不應該輕易放棄。我對我們所發展出來的運行模式有信心，不願放棄它，但是我認爲這種自我壓抑的結果，似乎已造成了對公司生計的威脅。如何以更明確的辦法來建立自我，而不必讓我脫離這種執業關係，確實是個兩難的局面。」

退伍

一九八〇年出現了改變的徵兆，柯柏不顧貝氏的反對，出任哈佛大學建築設計研究所主任。柯柏說：「貝聿銘不認爲這對公司有好處，他所想的是這對執業沒有用處，它將剝奪我到公司上班的時間，公司因而會衰弱……他想的是明天的事，我所想的是後天的事。這件事長遠的重要性在於它，可以建立我個人的聲望，而這是在貝氏與合夥人事務所無法做到的。同時它可以在貝氏之後確保公司長遠的生計。」

在貝聿銘六十二歲生日當天，同事們爲了給他一個驚喜特別舉辦了生日宴會。黃家樂與方佛瑞送給貝氏一句孔子的話：「吾十有五而志于學，三十而立，四十而不惑，五十而知天命，六十而耳順，七十而從心所欲，不踰矩。」

一九八九年四月在巴黎的金字塔開幕之後的兩週，貝聿銘過七十二歲生日。此時，他的事務所變成需要大量工作的飢餓商業機器。身爲至高無上的合夥人與公司知名的代表人物，他監督整個公司的運作達四十年了。他能一方面評論合夥人的設計，一方面與多達八名左右的客戶周旋，還有餘裕改進自己的工程。他經常說，你利用百分之七十的時間來做必須要做的事，以便有百分之三十的時間做喜愛做的事。貝聿銘認爲現在已到了改變這種比例的時刻。卸下日復一日的監督重任與無休止的旅行，對他來說是一種解脫。艾琳經常抱怨看不到丈夫的影子，就算在家的時候他也經常被未完成的設計所分心。貝氏經常說道，如果你不會在半夜三點醒來慮憂一些未解決的問題，你就不算是盡了全力。艾琳有一次告訴記者說：「他真是令人無法置信，他聽不進任何事情。我無法接近他，必須要靠寫紙條。他常在半夜就爬起來了。」

貝氏刻意讓繼承問題模稜兩可，他的兩個兒子貝執中與貝三弟都已分別擢升到助理合夥人與高級助理的職務。傳聞指出，他的兩個兒子最終還是會繼承父親的王朝。保全顏面的辦法是貝氏退資，由柯柏與傅瑞德掌權，貝氏的兩個兒子則自行創業。解除了行政重擔之後，貝氏可以追求一些符合「個人或哲學理由，而不必擔心可以讓多少位設計師保持忙碌」的小型工程。在中國，退休的老人會種一些蔬菜水果的小玩意兒自娛。黃家樂開玩笑的建議貝聿銘，現在他可以純粹爲了興趣獻身於一些小而精緻的建築了。貝聿銘說：「我錯過了多數建築師曾有過、令人羨慕的經驗，設計一棟家屋實在是很有趣的事，這些都是我所失去的。」

「其間的分際在於他退休是爲了可以做想做的，」在公司重組時離開的助理合夥人佛瑞登·伯格說：「事實上，他一直是在做他想做的。」

頓失造雨人

人們注意到，貝氏及時退休以避開九〇年代初期的經濟不景氣。更糟的是，客戶見到貝氏已不再參與，即不願將案件交給他們做。一件又一件的工程從他們手中溜過，逼使事務所不得不暫時裁員。一名受害者詹德墨說道：「經過三、四個月之後我回到公司，走近辦公室時我在想我第一個看到的會是誰。打開大廳的門我看到了貝聿銘，我告訴自己說，『看哪，是上帝呀！』」

「他說，我很久沒有看到你了，你最近在做什麼案子？」

我回答說：「我是在做一件案子，但是並不是在你的公司。他說，『哦，我並不知道。』，接著他臉上放出光芒說道，『你知道嗎？我也不是在做我的老本行！』」

貝氏曾是這家事務所的造雨者，他的性格正是貝氏與合夥人事務所環繞著的核心。「貝聿銘在公司裏散播他的幽默感與熱誠，」黃家樂說：「那些氣氛具有傳染性。當他在這裏的時候你可以感覺得到工作的步調加速，開關全部打開。」貝聿銘離去之後，公司便失去了主要的能量來源。有一陣子看起來似乎傅瑞德可以撐起這家公司，他有一連串重要的設計案在推動。他所設計的華府猶太屠殺紀念博物館（Holocaust Memorial），於一九九三年在華盛頓陌區一處重要地點開幕，這座紀念博物館是近幾年來最著名的建築物，也是貝氏事務所最重要的工程之一。不幸的是，當傅瑞德正要爬升到事業的頂端時，卻罹患了巴金森氏病。儘管他幾乎已無法控制自己的運動機能，仍勇敢地繼續進行一些重要工程，包括舊金山公共圖書館、歐馬哈郡聯邦法院與華府聯邦三角大廈的完工階段，這座位於賓州大道與憲法大道之間的辦公大樓，因經濟大蕭條致使工程停頓。落成後，聯邦三角大廈將是僅次於五角大廈的第二大政府大樓。「傅瑞德比以前更勤奮地工作，他一直是個勤奮到可怕的工作者。」建築師梅爾說。

巴金森氏病並未使他的智能受損，不過愈來愈難表達自己的想法。他說起話來含糊不清，頭部會不自主地搖動，無法自己穿衣服。在與客戶會面或是出外旅行時，助理們不曉得他的攝生機能到底可以維持多久。

傅瑞德的狀況加重了柯柏的負擔，如果公司要生存下去，柯柏必須要學會貝聿銘那一套爭取大工程的手法。當位於倫敦特拉法加廣場的英國國家美術館增建工程物色建築設計師時，柯柏以他如同自身性格的不愛出鋒頭、保守的新古典主義風格，成爲最佳候選人之一。這件工程若是到手，可以提升他的地位，塑造出高格調、公共建築設計師的形象。貝氏事務所在美術館增建工程方面，一向是無與倫比的，因此這件工程必然非柯柏莫屬。然而美術館方面的選擇卻出乎大家意料之外，《向拉斯維加斯學習》（Learning from Las Vegas）一書的作者文特瑞，獲選爲這棟收藏文藝復興早期藝術精品的美術館，進行設計工作。柯柏還遭遇到另一次挫敗：他原本要大規模翻修紐約甘迺迪機場，改建重點是一座圓頂中央大廳，使之成爲這座城市的象徵性大門。然而不知何故，這件工程在一九九〇年卻突然叫停。目前他正在進行，波士頓沿岸地帶的一棟龐大聯邦法院的嶄新工程，這是史帝芬・布瑞耶（Stephen Breyer）被擢升到最高法院之前發起的計畫。

「天使之樂」

貝聿銘離開麥迪遜大道六〇〇號後，每日的生活並沒有太大的變化。每天早上他仍然由蘇登廣場走路到這兒上班，並在向從前合夥人租來的舊辦公室工作。在新環境之下，他所承接的第一件工作，是爲一個日本名爲新之主命教的神道教派設計鐘樓。一九八七年當這個教派的精神領袖——小山教主，在翻譯陪同下到貝氏事務所拜訪時，貝聿銘告訴這名老婦人說，他的公司無法承接這麼小型又特殊的工程。貝聿銘當時並不知道她的重要性，而且他在全世界各地的沈重工程負擔讓他分身乏術。他也不知道她千里迢迢由東京飛來，就是爲了見他一面。無論如何，他送走這位老婦，並且答應她下一年會到日本去看看。在這次旅行當中的見聞改變了他的想法：在京都東方的一處森林茂盛、高低起伏的鄉間，一條石板路引領到由雕塑家長良政行（Masayuki Nagare）所設計的聖泉，信徒們在這裏以冷泉洗手漱口。後面是一座斜頂神殿與巨大的石灰華廣場，大得足以容納三萬名信徒在此聚會，神殿與廣場是由紐約世貿大樓的建築師山崎實留（Minoru Yamasaki）所設計。小山教主計畫在這裏建造一座鐘樓。以前合資的時候無法接受這種工程，但是貝氏認爲他可以——而且應該——自己來做，以紀念自己的母親。

後來貝氏經歷了一次他形容爲「近乎神秘」的創意衝擊。那時他想用一支一九五四年自京都買回撥弄古弦樂器的象牙琶子做爲鐘樓的模型，但這支琶子有一邊碎裂掉了，貝聿銘認爲這件意外反而造就了它更爲完美的形態。在具有東印度血統的助理克里斯多福・蘭德（Christopher Rand）的協助之下，他把這支破裂的古玩，變成了自狹小地基上突然竄起的二百呎高鐘樓。這座鐘樓是貝氏最接近純粹雕塑的作品。

小山教主根據京都一所寺廟所發現的天使撥弄琶子的影象，把鐘樓命名爲「天使之樂」。一九九〇年十二月鐘樓啓用時，有一萬五千名信徒聚集，他們在進入鐘樓之前先脫鞋，把它視爲與寺廟一樣神聖的地方。

新之主命教致力於大自然和藝術之美的追求，它的創教者岡田茂吉（Mokichi Okada）曾蓋了兩座美術館。在鐘樓未完工之前，他的繼任者小山教主，委託貝氏在距鐘樓不到一哩的地方蓋第三座美術館，以容納該教派日漸增多的收藏品。當三保美術館（Miho Museum of Art）於一九九六年六月年完成，參觀者必須先抵達一座接待館，然後搭乘電車穿過一道橋樑與隧道才能到達。這種行進過程係配合山區地形，同時也象徵著進入另一個特殊的境界。貝聿銘告訴蘭德說，它像是中國山水畫，人們進入山區朝聖而得到啓迪。

紐約的一首情歌

日本是貝聿銘曾工作過的六個國家中之一，唯獨紐約市卻沒有他的手跡。他的事務所當然做了不少紐約市的工程，包括基輔灣公寓大樓，一些辦公大樓，以及令人失望的賈維茲會議展覽中心（Jacob Javits Convention Center）。他們原先預期賈維茲會議展覽中心會是一棟堂皇的公共建築，結果卻變成一棟醜陋、没人喜歡的玻璃巨獸，聳立在一大片聲名狼藉的河邊土地上。它就像美國任何一座會議中心一樣，只是一座隔音箱，與週遭城市毫不相干。

貝聿銘仍未在第二故鄉做出他的代表性作品。幾年前，高級助理詹德墨在一次辦公室派對中，攬著貝聿銘的肩頭鼓勵他。「我們看著窗外的天空，」詹德墨回憶說：「我說，『你是世界冠軍。但你在哪裏呢？我們必得在結束之前到達那裏。』我猜想他認真的考慮了我的話。他說，『没錯，不過現在還不是時候。』接著他開始談論起經濟情勢了。」

在告老還鄉之前的最後階段，貝氏終於能夠精挑細選地承接案件。貝氏在紐約市最傑出的作品，爲一九九三年開幕，造價達三億六千萬美元的四季大飯店。這家飯店位於第五十七街，距離貝氏的辦公室只有半條街遠。貝氏讓人回想起宏偉的大飯店也能是一處十分優雅，又令人興奮的休息場所。就像讓貝氏自童年時期對建築產生興趣的上海國際飯店一樣，四季大飯店變成了繁華大街上光采奪目的地標。法國石灰石牆壁（與羅浮宮同樣的材質）與八角形欄柱挑高三十三呎，天花板是磨光條紋瑪瑙。走上六個台階有一個像壁龕似的接待桌，在藝術裝飾的扶手椅邊懸掛著柯比意的版畫。白天有不少在鬧區上班的中產階級聚集在此吃早飯，大廳兩側的廣大空間滿是購物者。有太多好奇的路人進來參觀，因此飯店只得派駐十名員工，引導即興的遊覽行程。

四季大飯店有五十二層樓高，是紐約最高、造價最昂貴的飯店。它的三百六十七間客房只有最有錢的旅人才住得起（每晚二百九十美元到三千美元）。但是在它的宏偉的大廳裏，貝氏嘗試用現代的詞彙創造自麥克奇姆・美德和懷特公司時代以來，紐約僅見的大型公衆空間；介於貝氏的嚴肅企業現代主義，與老電影裏的浪漫都市作品之間。室內設計評論家瑪麗蓮・貝莎妮說它是：「紐約的一首情歌。」

責難者形容它是突顯自我的表徵。「貝氏試圖創造一座都市摩天大廈，」羅伯特・史坦說道：「如同菲利浦・強生的美國電報電話大樓、華爾道夫飯店與克萊斯勒大樓。但是它的氣勢太過淩人了。旅館應該是舒適愉悅，而不是捧人的地方。以我的觀點，那些像廉價珠寶的燈光，看起來相當俗氣的。」

搖滾，搖滾

在貝氏晚期所有不尋常的現代主義風格作品當中，沒有一件比搖滾樂名人堂（Rock and Roll Hall of Fame）更爲特別。原本一年一度的名人入會儀式，是在紐約的華爾道夫大飯店大舞池舉行，但是主其事者認爲應該在克里夫蘭設立一個永久的紀念堂。因爲這裏是搖滾樂的發源地，電台節目主持人亞倫・佛瑞德（Alan Freed）使「搖滾樂」一詞風行起來，一九五二年他舉辦了首次的搖滾音樂會「幻月加冕舞會」。主其事者聘請貝聿銘在這個音樂工業公認具有紀念意義之聖地——庫葉何加河畔（Cuyahoga River），設計這座紀念堂，使搖滾巨星巴迪・哈利（Buddy Holly）的眼鏡、吉米・漢垂克斯（Jimi Hendrix）的吉他能夠在此陳列。「當搖滾樂名人堂基金會的委員會請我設計這棟建築時，我大吃一驚，」貝聿銘說：「我告訴他們，『你們都知道，我不是個樂迷。我真的不是。想到搖滾樂時，我只會想到我的小孩，對我來說它一直是「孩子們，關小聲點。關小聲點。」』但是委員會的人說我還沒成爲樂迷也沒關係，令我受到無比的鼓舞。所以我開始我的音樂教育。」

搖滾樂名人堂較創藝經紀中心更深入通俗文化的領域。大西洋唱片公司的創始人——禿頭、眼皮下垂的阿梅德・耳特根（Ahmet Ertegun），負責說服貝聿銘運用他的高雅幾何學突顯這種通俗藝術。要讓貝聿銘對搖滾樂這種低下粗俗的半上流社會產物發生興趣，則非耳特根莫屬了。

耳氏是一名土耳其外交官之子，同樣也是有能力同化別人的移民。一九三〇年代當他在巴黎度過童年時，即對美國的爵士樂與藍調音樂產生狂熱的興趣。一九四七年他創設了大西洋唱片公司，隨後幾年之中，他曾出版雷查爾斯、歐提斯瑞丁、阿瑞莎富蘭克林、滾石合唱團與齊柏林飛船等搖滾巨星或團體的唱片。

與貝聿銘相似的是，耳氏優遊於不同的領域。多年來他在騷亂的搖滾樂界以開朗的姿態出現，同時他又與紐約名流如季辛吉、梅爾柯姆・富比士（Malcolm Forbes）和比爾・布拉斯（Bill Blass）等人交往甚密。一種絕妙的美式戲劇性場面於焉出現：土耳其外交官之子教導中國銀行家之子，有關貓王和戴爾他（Delta）藍調的事。

「美國音樂對我來說就像棵樹，」貝聿銘說：「我在猜搖滾樂只是一枝分枝，還是樹幹的一部分。如果搖滾樂只是分枝，我就沒有興趣。」

最後的詩篇

爲了使貝氏相信搖滾樂在通俗文化有恆久的地位，耳氏與《滾石雜誌》發行人珍・溫納（Jann Wenner）開始引導貝氏入門。他們帶他到紐澤西州的大草地演唱會場聽創世紀合唱團，到無線電城音樂廳聽保羅・賽門演唱會，他們還到曼斐斯的貓王墓園及紐奧良保存遺物的廳堂參觀。貝聿銘還聽披頭四、貓王、死之感恩合唱團（Grateful Dead）和性感步槍合唱團（Sex Pistols）等的錄音帶。

貝聿銘戴耳機欣賞一些低俗齷齪旋律的不思議景象，讓公司裏的同事覺得很有趣，但是貝氏接受了這件設計案，使所有人都頗爲吃驚。在第三年的盛會裏，鮑布・狄倫與海灘少年合唱團繼披頭四之後獲選進入搖滾名人堂，貝氏在此盛會公開了他的設計。他展示一座立在正方型塔樓上的玻璃金字塔模型。由於基金籌募及缺乏組織所造成的問題，破土時間延後到一九九〇年。這時興建的地點又出了問題，整件計畫陷入泥淖難以解決，於是歌星米克傑格把它說成是「搖滾樂的幻影神廟」。後來計畫經過修正，把興建地點改到伊瑞湖邊（Erie Lake），並且預定在一九九五年開幕。

貝聿銘曾說過，他的夢想是做一艘海上郵輪的設計。這個夢想不會成真，他執業生涯的最後一章正隨著一票精挑細選的工程而展開，他的進度表已排到接近下一個世紀。他將在雅典蓋一座私人美術館，以容納高蘭德洛斯家族的席克勒底斯（Cycladic）藝術收藏品，馬林郡衰老防治研究中心，巴塞隆納凱克沙儲蓄銀行（La Caixa savings bank），以及坐落在曼哈頓市區的南韓聯合國使館。「我想他非常喜愛現在做的事，」柯柏說：「我猜想這種樂趣會呈現在完工後的作品上。」

貝聿銘從不耽溺於追悔。即使是現在，他的生涯已展開終章，他並不緬懷過去而是專注於現在及不久的將來。他有更多的時間和家人、孫輩及朋友相處，但他仍搜尋小型、親切的工程，這些工程因業主有著很高的野心而顯得突出。「他只是稍微慢了下來，」傅瑞德說：「他說他把睡醒後的每個早晨都當成是一項禮物，因爲這表示還有一天可以工作。他只做他認爲美麗的事——沒有震驚效果的美感。你無法解釋的美感。」

「我已到了可以感受到難免一死的年紀了，」貝聿銘同意說：「我要將僅剩的所有時間都用來工作。」

截至目前，貝聿銘並没有發生戴高樂總統所說的「年歲的船難」。他的活力毫不減當年，活潑、冒險犯難的精神也依舊。就像畢卡索與萊特，其創作火焰在垂暮之年並未燃燒殆盡。這個在中國西化都市長大的中國人，彷佛還持續在創造新的領域、滲透進各個城市的內部、結交新的友誼，並在他私人地圖上的空白地方填滿東西。在少見的時刻裏，貝聿銘剖析他的內心想法——豐富他整個生活的均衡世界，陰和陽——上海和蘇州，東方和西方，新與舊：

當你思及人類情感的歷史，亦即建築的歷史，你會注意到，成果最豐的想像力，幾乎都在多條顯著不同的思想或情感線路交會時發展出來。他們或許根植於對比强烈的文化土壤，一旦交會時……便會產生一種意料不到的豐富關係。或許這些年來我所參與的建築發展，並不如我曾感受到那些發展那樣的新穎、實用及具啓發性，因爲我生活中的對比已逐漸得到互補。如同耕耘與收獲，季節與心境的更迭，光線與內省的律動。你永無法明確知道你已播種的東西何時才能收割；或許只有一次收成，或許可重複收成。你也許遺忘曾播種了些什麼，一次經驗，一種感受，與某人的關係，抑或一種哲學及一項傳統。然後，忽然間就開花了，被全然不同的環境所喚醒。這種盛開可以衝破藩籬及整個時代。

中國哲學家孟子曾說過：「大人不失其赤子之心。」貝氏一名從前的助理有一天晚上從辦公室走出來，看見貝聿銘像少年人般敏捷地衝過第五十七街，這名建築界的巨擘正趕著回家呢。「貝聿銘永遠不老，」黃家樂說道：「他的耐力，他的體態，他的精力、他的習性與魅力，以及他眼裏閃耀著的光芒都還在。」

老子說，與自然界無形的力量調和在一起的人，才能得到深沈的寧靜。貝聿銘差不多已將凱統市的房子給了兒孫，不過他偶爾會回來在樹林裏散步。貝聿銘在那裏並不是特別用心地造園，這樣的好處是可以活得更久。一個春日的週末，貝聿銘著手清理樹林間一塊營養不良的土地，他的子女在旁看著咯咯地笑。「我們都在猜想老爸在做什麼？」貝蓮說：「他勞動後，呈現出一羣美麗的樹木挺立在灑滿陽光的林間空地。這是一種啓示。其中確實有道理，但是只有他看得出來。」

人文系列

編號	書名	作者/譯者	定價
CW20001	山徑之旅	Bill Irwin/李成嶽	200
CW20002	西方不敗——一個打不敗的人	W.Mitchell & B.Lemley/林爲正　黃明仁	160
CW20003	天無絕人之路	Kevin Sarnders & Bob Darden/劉泗瀚	200
CW20004	不老青春	Bob Dardon & W.R. Spence/林宴夙	220
CW20005	莎拉塔的圍城日記——塞拉耶佛烽火錄	Zlata Filipovic/麥慧芬	240
CW20006	我在毛澤東身邊的一萬個日子	S.Rittenberg & A.Bennett/林瑞唐	350
CW20007	飛越雲端——衝破親情的迷霧	Jonathan Bach/劉泗瀚	220
CW20008	邁可・喬丹——飛人祕笈	Michael Jordan/林爲正	149
CW20009	超級跑者——最後的也能跑第一	Dick Traum & Mike Celizic/蕭恬	220
CW20010	癌症邊緣	Robert Brody/杜默	220
CW20011	單飛——失去另一半的悲傷調適	Robert DiGiulio/吳白玲	220
CW20012	關不住的父愛	A.Hamilton & W. Banks/黃玉真	180
CW20013	我是你的延伸	Ellen Uzelac/徐荷	160
CW20014	榮耀與傳奇——艾許：球王、父親、愛滋鬥士	Arthur Ashe, Arnold Rampersad/何亞威	240
CW20015	曠野的聲音	Marlo Morgan/李永平	200
CW20016	棒球小英雄	Paul Harasim/麥慧芬	200
CW20017	攻頂——攀登生命的大山	Mark Wellman & John Flinn/歐陽平	200
CW20018	迷網——蘿莉的隱祕世界	Lori Schillor & Amanda Bennett/李成嶽	240
CW20019	心牆裡的女人——心靈尋根五千里	Mary Morris/林爲正	200
CW20020	希望的季節——從依附走向自立	Millicent Collinsworth/劉惠瑛	240
CW20021	經營生命的奇蹟	William J.Buchanan/吳玫瑛　葉宏明	200
CW20022	新納粹風暴——猶太記者深入德國追蹤報導	Yaron Svoray & Nick Taylor/杜默	260
CW20023	烙印——特派員的生與死	Terry Anderson/張抒	260
CW20024	贏的策略——明星球員兩次抗癌成功的故事	Karl Nelson & Barry Stanton/任慶華	220
CW20025	天使不會死——前美國總統雷根與女兒的親密對話	Patti Davis/杜默	180
CW20026	父愛不缺席——心理醫生剖析父親的十二種模式	David Stoop/林爲正	200
CW20027	石頭外公	Max Apple/李永平	240
CW20028	蘇菲的世界（上冊）	Jostein Gaarder/蕭寶森	240
CW20029	蘇菲的世界（下冊）	Jostein Gaarder/蕭寶森	240
CW20030	和記憶拔河——成功奮戰老年癡呆症	Diana Friel McGowin/劉泗瀚	180
CW20031	輕輕鬆鬆禪一下——成功人生的七大觀照	Carol Orsborn/杜默	200
CW20032	何必獅吼—— 如何運用專業領導在企業叢林昂首闊步	D.A. Benton/楊亞南	260
CW20033	隨心所欲——探尋幽深聖潔的心靈境界	Thomas Moore/李永平	240
CW20034	心靈風情畫——向愛與關係的奧秘致敬	Thomas Moore/林爲正	240
CW20035	智慧書——永恆的處世經典	Baltasar Gracian/彭淮棟	280
CW20036	胖太太減肥日記	Rosemary Green/汪仲	280
CW20037	疼痛——不受歡迎的禮物	Paul Brand & Philip Yancey/江智惠　陳怡如	320
CW20038	諜變——美國史上最大宗間諜案秘辛	Peter Maas/杜默	250
CW20039	金錢書——現代人的金錢智慧	Jacob Needleman/杜默	260
CW20040	一席之地——女性的新成就與圓滿	Patricia Harrison/杜默	240
CW20041	心想事成——打造開創富裕的鑰匙	Deepak Chopra/林爲正	160
CW20042	福至心靈——成功致勝的七大精神法則	Deepak Chopra/吳玫玲　葉宏明	160
CW20043	邁可・喬丹——I Am Back	Bob Greene/杜默	280
CW20044	安妮的日記	Anne Frank/彭淮棟	280
CW20045	暗潮下——當心理醫生得了憂鬱症	Martha Manning/吳傑民	200
CW20046	阿嬤遊美國	Broughton Coburn/李永平	280
CW20047	懶得外遇	Erma Bombeck/馮克芸	240
CW20048	永遠的芭比	M.G. Lord/閻蕙群	280
CW20049	如意體重——達成理想體重的完全身心計畫	Deepak Chopra/薛璞	160

CE20049	英雄寶鏡——流傳千載的成功箴言	Baltasar Gracian/彭淮棟	240
CE20050	潛力再開發——你目前的成就夠好了嗎?	Tracy Goss/周學治	260
CE20051	現代人完全禮儀手冊——居家、旅遊、宴客	Letitia Baldrige/鄭超銘　張瑞林	200
CE20052	現代人完全禮儀手冊——工作、社交、用餐	Letitia Baldrige/鄭超銘　張瑞林	180
CE20053	現代人完全禮儀手冊——愛情事業兩全其美	Letitia Baldrige/鄭超銘　張瑞林	180
CE20054	另眼看經濟——看大師與鉅著如何扭轉人類歷史	John Kenneth Galbraith/徐鋒志	300
CE20055	穿梭經濟時光—— 看資本主義經濟如何統一全人類生活	John Kenneth Galbraith/徐鋒志	280
CE20056	新工業國——企業經營者與政府如何左右經濟大局	John Kenneth Galbraith/譚天	340
CE20057	經濟治國——社會不公的透視與改革	John Kenneth Galbraith/董更生	280
CE20058	成功要徑——找出最適合你的人生目標	Laurie Beth Jones/蕭美惠	200
CE20059	耶穌談領導——健全自我與獲得人心的竅門	Laurie Beth Jones/陸志倩 張思忠	200
CE20060	整合優勢——群雄並起世界中的領先之道	Jean Lipman-Blumen/席玉蘋	360
CE20061	我是溝通大師——全美第一名家傳授獨門妙技	Nido Qubein/張駿瑩	240
CE20062	致富頻道——我如何用有線電視創下一億美元業績	Peter Bieler/張篤群	240
CE20063	成功,由轉型開始——創業與企業轉型的利基策略	Adrian Slywotzky/真如	300
CE20064	行銷煉金術——從發明、行銷到販售的成功指南	Ron Popeil/李文翠	240
CE20065	D.M.大創意—— 郵購女王Lillian Vernon傳授在家創業要訣	Lillian Vernon/李金梅	280
CE20066	爸爸，我要去迪士尼!—— 迪士尼樂園製造歡樂的七大秘訣	Thomas K. Connellan/黃碧惠	240
CE20067	聯邦快遞——準時快遞全球的頂尖服務	James C. Wetherbe, Ph.D./張瑞林	240
CE20068	企業同盟——如何與廠商客戶建立共榮共贏	Fred Wiersema/張篤群	250
CE20069	顧客服務心—— 諾斯壯如何創造員工、顧客與老闆三贏	Robert Spector & Patrick D. McCarthy/李佳霖	240
CE20070	耶穌談生活——熱情與喜樂的處世哲學	Laurie Beth Jones/張篤群　江麗美	240

如有變動,請以書中版權頁爲準.

智庫股份有限公司
台北市大安區新生南路一段97巷6號1樓
電話:02-27783136　傳眞:02-27782349　劃撥帳號:17391043
(郵撥九折優待,訂購金額未滿500元者,請另付30元掛號郵資)

企管系列

編號	書名	作者	定價
CE20001	縱橫美國——山姆.威頓傳	Sam Walton/李振昌　吳鄭重	280
CE20002	奇異傳奇	Noel M. Tichy/吳鄭重	280
CE20003	21世紀汽車大對決—— 通用、福斯、豐田三大車廠贏的策略	Maryann Keller/吳鄭重	280
CE20004	西點軍校領導魂	Larry R. Donnithorne/陳山	200
CE20005	憂鬱巨人——IBM	Paul Carroll/傅梅	360
CE20006	葉爾欽革命手冊	B.Yeltsin/汪仲　張定琦	280
CE20007	CNN——泰德・透納傳奇	Porter Bibb/鄭懷超	300
CE20008	肥皂劇——寶鹼的魅力與魅影	Alecia Swasey/傅梅　詹溢龍	280
CE20009	夥計.接棒——最新、最跳的同心圓企業	Ricardo Semler/顧淑馨	280
CE20010	談判上道——老子精神.西方衝突	Joel Edelman & Mary Beth Crain/蔡桂華	280
CE20011	讚！——漫談活力管理	William C. Byham/黎素美	220
CE20012	賣場如秀場——行銷服務致勝奇招	T.Scott Gross/黎素美	240
CE20013	競爭大未來——掌控產業、創造未來的突破策略	Gary Hamel & C.K. Prahalad/顧淑馨	300
CE20014	Just Do It——透視耐吉如何締造運動王國	Donald Katz/麥慧芬	320
CE20015	妙語12訣——CNN脫口秀名人賴利.金傳授竅門	Larry King/徐仲秋	220
CE20016	惠普風範——比爾.惠烈及大衛.普克的創新傳奇	David Packard/黃明明	260
CE20017	戰・爭——美國海軍陸戰隊教戰手策	U.S. Marine Corp./彭國財	180
CE20018	廣告大創意	George Lois/劉家馴	280
CE20019	真正英雄——服務業尖兵的塑造	W. Fromm & L. Schlezinger/韓定國	300
CE20020	藍血十傑	John. A. Byrne/陳山　真如	360
CE20021	好萊塢・好萊塢——華納兄弟的故事	Sperling & Millner/林憲正	350
CE20022	春田再造奇蹟——中小企業重整的典範	Jack Stack/徐鋒志	240
CE20023	國家競爭力——創造財富的價值體系	Hampden-Turner & Trompenaars/徐聯恩	360
CE20024	傳媒大法師——時代華納總裁羅斯的併購霸業	Connie Bruck/徐鋒志	340
CE20025	全錄精神——化單兵作戰爲團隊出擊的奇蹟	Frank Pacetta Roger Gittines/林瑞唐	320
CE20026	不倒神話——世界地產鉅子芮奇曼家族的樓起樓塌	Walter Stewart/林添貴	320
CE20027	企業人完全禮儀手冊——商業社交禮儀	Letitia Baldridge/陳芬蘭	200
CE20028	企業人完全禮儀手冊——塑造專業形象	Letitia Baldridge/林憲正	180
CE20029	企業人完全禮儀手冊——商務應酬藝術	Letitia Baldridge/蔡正雄	180
CE20030	活力英雄	William C.Byham.Ph.D.&Jeff Cox/賈靄蘭	240
CE20031	讀者文摘傳奇	John Heidenry/林麗冠　余慕薌	340
CE20032	天才方程式——透視創業領袖的他	Gene N. Landrum/真如	280
CE20033	天才方程式——剖析叱吒風雲的她	Gene N. Landrum/毛羽	280
CE20034	驚讚服務——輕鬆贏得忠實顧客的竅門	T. Scott Gross/韓世芳	240
CE20035	企業傳家寶——五十家頂尖企業的使命宣言	Patricia Jones&Larry Kahaner/蔣希敏　陳娟	300
CE20036	權力論——如何成爲制定遊戲規則的人	Robert L.Dilenschneider /陳絜吾	280
CE20037	職場攻頂——創造事業巔峰的二十二步	Joe Girard/陳芬蘭	240
CE20038	基業長青——百年企業的成功習性	James C. Collins&I. Porras/真如	300
CE20039	媒體帝王——紐豪斯傳	Thomas Maier/徐紹銘	320
CE20040	卓越210——管理大師湯姆.彼得士的成功要訣	Tom Peters/席玉蘋	280
CE20041	綠林創業家——木業大亨父子的致富傳奇	Robrert B. Pamplin, Jr./張瑞林	260
CE20042	時代之眼——左右全球輿論的亨利魯斯	Robert E. Herzstein/林添貴	330
CE20043	總裁的綠手指——放手與放心的鮮活企業	Ken Melrose/羅若蘋	240
CE20044	贏家通吃的社會——當前就業與市場的現實面	Robert Frank&Philip Cook/席玉蘋	250
CE20045	X世代的未來——前瞻2005年市場與社會的權威報告	Ian Morrison&Greg Schmid/張篤群	240
CE20046	百世達傳奇——惠善佳的影視娛樂王朝	Gail DeGeorge/李靜瑤	320
CE20047	創意的魔法——開發創造力與自我分析	Dr. Carol S. Pearson&Sharon Seivert/張佩傑	320
CE20048	混世自白書—— 《今日美國報》創辦人努哈斯自剖發跡過程	Al Neuharth/李端珺　李淑珺	300

CW20050	圓融消化——腸胃健康的完全身心計畫	Deepak Chopra/吳玫英	160
CW20051	自然好眠——滿足恬靜睡眠的完全身心計畫	Deepak Chopra/葉宏明	160
CW20052	歡喜活力——精力無限的完全身心計畫	Deepak Chopra/李永平	160
CW20053	艾倫：非常玩笑	Ellen DeGeneres/胡洲賢	200
CW20054	籃球夢——追逐打進NBA的大夢	Ben Joravsky/黃治蘋	280
CW20055	做自己的心靈帝王	Deepak Chopra/杜默	180
CW20056	我的老人與海——父子歷險奇航一萬七千哩	David Hays & Daniel Hays/吳傑民	240
CW20057	紙牌的祕密	Jostein Gaarder/李永平	280
CW20058	十二根金線——愛與成功的十二項祕訣	Aliske Webb/閻蕙群	180
CW20059	小腳與西服——張幼儀與徐志摩的家變	Pang-Mei Natasha Chang/譚家瑜	220
CW20060	聖誕樹	Julie Salamon/殷石	240
CW20061	8848的征服與敬畏——台灣第一人登上世界最高峰	吳錦雄　周美里	200
CW20062	醜女與野獸——女性主義顛覆書寫	Barbara G. Walker/薛興國	240
CW20063	雁爸爸——帶領雁群遷徙的真實故事	William Lishman/李永平	220
CW20064	心風潮——揭開信心療法的奧祕	Larry Dossey/麥慧芬	260
CW20065	愛因斯坦的太太——百年來女性的挫敗與建樹	Andrea Gabor/蕭寶森	280
CW20066	大山之歌——山與生命的對話	Jim Hayhurst Sr./譚家瑜	200
CW20067	安東尼・昆探戈獨舞	Anthony Quinn \ Daniel Paisner/游琬娟	280
CW20068	喂！有人在嗎？	Jostein Gaarder/劉泗瀚	260
CW20069	Super Shopping——超級愛買家	陳世珍	180
CW20070	誰背叛了女性主義—— 年輕女性對舊女性主義的挑戰	Rene Denfeld/劉泗瀚	300
CW20071	愛情書——現代人的愛情智慧	Jacob Needleman/杜默	200
CW20072	北國靈山	Olga Kharitidi,.M.D./李永平	250
CW20073	玄奘絲路行	Sally Hovey Wriggins/杜默	220
CW20074	教天鵝跳舞	Daphne Gray/汪仲　尹鴻智	220
CW20075	可樂妞，法國行	Megan McNeill Libby/周靈芝	180
CW10076	蘇菲的世界（精裝本）	Jostein Gaarder/蕭寶森	540
CW20077	主教的情人	Jostein Gaarder/杜默	249
CW20078	超猛新女人——善用侵略性格的女人，積極快樂	Rene Denfeld/ 編審 吳淑文	220
CW20079	女君王論——女人獲取權力的戰略、戰術與武器	Harriet Rubin/王瑞香	260

如有變動,請以書中版權頁為準.

智庫股份有限公司
台北市大安區新生南路一段97巷6號1樓
電話:02-27783136　傳真:02-27782349　劃撥帳號:17391043
(郵撥九折優待,訂購金額未滿500元者,請另付30元掛號郵資)

藝術系列

編號	書名	作者/譯者/審訂	定價
CM20001	偉大作曲家群像——韋瓦第	John Booth/陳慧蓉/樊慰慈	300
CM20002	偉大作曲家群像——巴哈	Tim Dowley/徐仲秋/金慶雲	300
CM20003	偉大作曲家群像——海頓	Nell Butterworth/賴慈芸/陳美鸞	300
CM20004	偉大作曲家群像——莫札特	Peggy Woodford/程秋堯/王櫻芬	300
CM20005	偉大作曲家群像——舒伯特	Peggy Woodford/黃正喬/叢培娣	300
CM20006	偉大作曲家群像——舒曼	Tim Dowley/朱健慧/徐頌仁	300
CM20007	偉大作曲家群像——華格納	Howard Gray/連惠幸/羅基敏	300
CM20008	偉大作曲家群像——布拉姆斯	Paul Holmes/王婉容/郭志浩	300
CM20009	偉大作曲家群像——貝多芬	Ates Orga/蕭美惠　林麗冠/樊慰慈	300
CM20010	偉大作曲家群像——韋伯	Anthony Friese-Greene/黃幸華/陳樹熙	300
CM20011	偉大作曲家群像——羅西尼	Nicholas Till/陳澄和/羅基敏	300
CM20012	偉大作曲家群像——白遼士	Robert Clarson-Leach/陳素英/廖年賦	300
CM20013	偉大作曲家群像——孟德爾頌	Mozelle Moshansky/陳素英/顏綠芬	300
CM20014	偉大作曲家群像——李斯特	Bryce Morrison/賴慈芸/黎國媛	300
CM20015	偉大作曲家群像——德弗札克	Neil Butterworth/郭思蔚/張己任	300
CM20016	偉大作曲家群像——拉威爾	David Burnett-James/楊敦惠/蘇恭秀	300
CM20017	偉大作曲家群像——帕格尼尼	John Sugden/楊敦惠/彭廣林	300
CM20018	偉大作曲家群像——史特勞斯家族	Peter Kemp/陳明哲/曾瀚霈	360
CM20019	偉大作曲家群像——蕭邦	Ates Orga/江靜玲/樊慰慈	300
CM20020	偉大作曲家群像——威爾第	Peter Southwell-Sander/陳明哲/邱瑗	300
CM20021	偉大作曲家群像——奧芬巴哈	Peter Gammond/余慕薌/廖年賦	300
CM20022	偉大作曲家群像——馬勒	Edward Seckerson/白裕承/羅基敏	300
CM20023	偉大作曲家群像——德布西	Paul Holmes/楊敦惠/顏綠芬	300
CM20024	偉大作曲家群像——拉赫曼尼諾夫	Robert Walker/何貴鳳/黎國媛	300
CM20025	偉大作曲家群像——吉伯特與蘇利文	Alan James/徐仲秋/邱瑗	360
CM20026	偉大作曲家群像——艾爾加	Simon Mundy/黃幸華/張己任	300
CM20027	偉大作曲家群像——理察.史特勞斯	David Nice/劉瑞芬等/羅基敏	300
CM20028	偉大作曲家群像——西貝流士	David Burnett-James/陳大鈞/顏綠芬	300
CM20029	偉大作曲家群像——巴爾托克	Hamish Milne/林靜枝　丁佳甯/潘皇龍	300
CM20030	偉大作曲家群像——維拉-羅伯斯	Lisa Peppercorn/李君豪/徐昭宇	300
CM20031	偉大作曲家群像——普羅高菲夫	David Gutmann/白裕承等/黎國媛	300
CM20032	偉大作曲家群像——蕭士塔高維契	Eric Roseberry/楊敦惠/洪崇焜	300
CM10033	音樂家的生活	Kathleen Krull/林麗冠	640
CM20034	帕華洛帝自傳——我的世界	Luciano Pavarotti & William Wright/陳澄和	280
CM20035	伯恩斯坦創見集	Leonard Bernstein/林元	300
CM20036	寂靜之聲——進入葛利果聖歌的幽微境界	David Steindl-Rast, O.S.B.&Sharon Lebel/周靈芝	160
CM20037	音樂百匯——1.繽紛多彩的樂器世界	Ketth Spence/吳家恆	220
CM20038	音樂百匯——2.目睹音樂大師的風采	Ketth Spence/吳家恆	240
CM20039	三大男高音的X檔案	Marcia Lewis/周靈芝　徐仲秋　陳澄和	240
CM20040	四季樂賞之春——巴哈（附CD）	Alan Rich/吳家恆　尹鴻智	350
CM20041	四季樂賞之夏——貝多芬（附CD）	Alan Rich/陳澄和	350
CM20042	四季樂賞之秋——莫札特（附CD）	Alan Rich/李玫玲　周靈芝	350
CM20043	四季樂賞之冬——柴可夫斯基（附CD）	Alan Rich/林光餘	350
CM20044	進入古典音樂之門	吳家恆	240

如有變動，請以書中版權頁為準.

國立中央圖書館出版品預行編目資料

貝聿銘:現代主泰斗 / 麥可．坎奈爾 (Michael Cannell) 著;
蕭美惠譯.--第一版. -- 臺北市：智庫,1996〔民85〕
面； 公分.-- (智庫；7)
譯自：I. M. Pei:mandarin of modernism
ISBN 957-9553-14-9(平裝)

1.貝聿銘（Pei, I. M.）-傳記

782.886 85001339

智庫 7

貝聿銘—現代主義泰斗

原　著/麥可．坎奈爾
譯　者/蕭美惠
發行人/華文衡
編　審/黃柏鈴
主　輯/鄭佳美
美　編/廖秀貞
地　址/台北市新生南路一段97巷6號一樓
電　話/(02)2778-3136(代表號)
傳　真/(02)2778-2349
電子郵件信箱/triumph@triumphpublish.com.tw
http://www.triumphpublish.com.tw
郵政帳號/17391043
郵政帳戶/智庫股份有限公司
印　刷/沈氏藝術印刷股份有限公司
地　址/台北縣土城市中央路一段365巷7號
出版者/智庫股份有限公司
登記證/局版北市業字第68號
總經銷/秋雨物流股份有限公司
電　話/(02)2763-6000
地　址/台北市東興路45號5樓

1996年2月第一版第一次印行
1999年4月第一版第14刷印行
原　名/I. M. Pie_Mardarin of Modernism by Michael Cannell

定價/320元

※本書如有缺頁、破損、裝訂錯誤，請寄回本公司調換。
ISBN：957-9533-14-9 (原文 ISBN:0-517-79972-3)